스타트업 스타트!

성공적인 창업을 위한 실전 매뉴얼

김민규

이상훈

김변, 이변의 장사하는 법 VOL.2

박영사

이 책을 선택해 주신 독자분들께!

먼저, 이 책 스타트업 스타트를 선택해 주신 독자 여러분께 진심으로 감사의 말씀을 드립니다.

이 책이 독자분들이 본인만의 스타트업을 스타트(시작)하는데 많은 도움이 되는 책이 되면 좋겠습니다. 필자 입장에서 많이 부족한 책이고, 아직도 아쉽지만, 이 책 스타트업 스타트를 엮어 내면서 필자는 공저자인 이상훈 변호사님과 함께 많은 노력을 경주하였습니다.

이 책은 사실 2018년도에 초고가 완성된 책입니다.

필자는 본래 학창 시절에 변호사가 되기 보다는 기업가가 되고 싶었던 마음이 컸던 사람이지만 기업을 운영하는데 필요한 법률부터 먼저 배워보자는 생각으로 로스쿨에 입학하여 변호사가 되어 현재까지 기업사건 및 형사사건을 주로 하는 변호사로 살아가고 있습니다. 그래서, 이 책은 필자가 스타트업 업계에 책으로나마 몸을 담고 싶은 마음을 담아 완성하였고, 2018년 초고가 완성된 즉시 서둘러 책을 출간하려고 했습니다.

그러나 공저자인 이상훈 변호사와 논의한 결과 아직 책의 내용이 많이 부족하다는 결론을 내리고 시간을 충분히 갖고 책의 완성도를 높이기로 하였습니다. 그렇게 출간을 미루고 책의 완성도를 높이기 위하여 시간을 보내다 보니 어느덧 6년이라는 시간이 흘러 이제야 출간을 앞두게 되었습니다.

그동안 스타트업 업계도 부침을 겪었고, 새로운 제도도 출현하여 새로 담고 고쳐야 할 부분도 상당히 있었습니다. 그래서 이 책은 초고와 비교하면 환골탈태 수준으로 많은 변화를 담아냈고, 이 과정에서 이상훈 변호사님이 많은 수고를 해 주셨습니다.

필자는 이 책을 스타트업을 처음 시작하는 사람들이 반드시 읽어야 할 필독서로 만들겠다는 목표로 공저자와 합심하여 많은 시간을 투자하여 내용을 채웠습니다. 그리고 스타트업을 하는 사람들에게 필요한 법률적인 내용에 관해서는 어려운 법률 용어를 최대한 배제하여 쉽게 쓰기 위해 노력하였고 이를 통해 스타트업을 하는 사람들에게 실질적인 도움이 되는 내용을 담으려고 하였습니다. 다만 필자들이 처음에 마음먹은 만큼 충실한 내용이 이 책에 담겼는지 필자가 판단하기는 어렵습니다.

앞에서 말씀드린 것처럼 필자는 사실 어릴 때 변호사가 아닌 사업가의 꿈을 갖고 있었습니다. 인생은 어디로 갈지 알 수 없고, 다만 묵묵히 걸어갈 뿐이기에 필자는 현재 변호사로서 생계를 꾸려가고 있습니다만, 기업을 일으켜 세상을 변화시키고 세상 사람들에게 도움이 되는 서비스와 제품을 만들겠다는 꿈에 조금이라도 다가가기 위하여 이 책을 쓰게 되었습니다.

필자의 이런 바람이 이 책 "스타트업 스타트" 졸저를 찾은 모든 사람들에게 전해지기를 바랍니다.

끝으로 이 책을 펴낸 데 많은 도움과 응원을 아끼지 않은 아내 희원, 딸 지우, 아들 건호에게 고마움을 전하고 같이 책을 만들어 내는 긴 여정을 함께 한 이상훈 변호사님께 감사한 마음을 전하면서 글을 마칩니다.

이 책의 목표는 창업자들이 사업운영에 있어서 꼭 필요한 법률적 지식을 다룸으로써 성공 확률을 높이는 로드맵을 제시하는 데 있습니다.

오늘날의 변화는 엄청난 속도로 쉴 새 없이 진행되고 있습니다. 본 책을 통해 세상에 도전하는 창업가들에게 조금이나마 더 나은 환경에서 창업에 임할 수 있는 계기가 되길 바랍니다.

엔피프틴파트너스 허 제

복잡하고 어려운 제품에 제품설명서가 있듯이, 이 책은 스타트업을 시작할 때 어렵다고 느낄 수 있는 법률적인 사항들을 알기 쉽게 전달해주고, 창업자가 놓칠 수 있는 리스크들을 족집게처럼 찾아 안정적으로 사업을 운영할 수 있도록 도와주는 '스타트업 설명서' 입니다.

이 책을 따라가기만 하면 당신의 반짝이는 아이디어를 어려움 없이 세상에 성공적으로 내놓을 수 있을 것이라 확신합니다.

삼도회계법인 김지수 회계사(전 엠벤처투자 주식회사 사외이사)

본 책의 저자인 김민규 변호사는 법학을 전공한 변호사이자, 저와의 개인적인 인연으로는 ROTC 장교 출신의 후배입니다. 김 변호사는 지적 호기심이 넘치고 다방면으로 능통한 사람입니다. 변호사가 아닌 다른 길을 걸었다면 훌륭한 스타트업 창업자로서 세상을 바꿀 아이디어를 실현했을 것 같은 인물입니다.

어느 날, 법률 상담을 겸한 저녁 자리에서 김 변호사가 6년 동안 준비해온 책 원고를 마침내 탈고했다며 『스타트업 스타트』 초고를 제게 건넸습니다. 이어 오랜 벤처캐피탈리스트 경력을 가진 제가 이 책을 읽고 추천사를 써줄 것을 요청했습니다.

처음에는 책 제목만 보고 약간의 의구심이 들었습니다. 이미 국내외에서 번역서와 성공 사례를 바탕으로 한 스타트업 입문서가 다수 출간된 상황에서, 변호사가 쓴 이 책이 과연 대중의 관심을 끌 수 있을지 의문이 들었던 것입니다. 하지만 12월의 어느 주말 한가한 시간에 책을 읽기 시작하며, 이 책이 기존의 입문서들과는 확연히 다르다는 점을 깨닫게 되었습니다.

김 변호사는 익숙한 주제를 법률적 시각에서 접근하며, 창업을 준비하는 이들이 마주할 수 있는 법률적 문제를 현실적으로 풀어냈습니다. 기존 스타트업 책들이 주로 희망과 동기를 제공하는 데 초점을 맞췄다면, 이 책은 창업 과정과 이후에 직면할 법적 과제를 구체적이고 쉽게 설명하며, 예비 창업자들이 실제 상황에 대비할 수 있도록 돕습니다.

저자는 변호사로서 많은 스타트업 창업자들을 만나 법률 조언을 하며, 그들의 창업과 실패의 과정을 자문한 경험을 토대로 이 책을 집필했습니다. 그는 창업자들이 간과하기 쉬운 법률적 문제들을 알기 쉽게 전달하여, 새로운 기술과 아이디어가 실패로 사라지지 않도록 도와주고자 했습니다.

또한, 이 책은 국내외 다양한 스타트업 통계 자료를 활용하여, 스타트업 창업이 글로벌 경제와 정부 정책에서 차지하는 중요성과 미래 트렌드를 쉽게 이해할 수 있도록 돕습니다. 특히, 이공계 출신 창업자들이 종종 놓치기 쉬운 계약 문제를 구체적으로 다뤄, 사소한 계약상의 실수가 큰 손실로 이어지는 것을 예방할 수 있도록 안내합니다.

이 책의 집필 과정에 함께한 공저자 이상훈 변호사의 전문성 또한 돋보입니다. 창업 과정에서 발생하는 다양한 법적 이슈에 대해 심도 있는 통찰을 더하고, 실질적이고 현실적인 조언을 제공하는 데 큰 기여를 했습니다. 특히 스타트업의 성장 과정에서 발생할 수 있는 법적 갈등과 리스크 관리에 대한 그의 실무 경험이 책의 깊이를 더했습니다.

저는 20여 년 이상 벤처캐피탈 업계에 종사하며, 많은 스타트업 창업자들을 만나왔습니다. 대부분의 창업자들이 성공의 기쁨에만 집중하고 창업 후 겪게 되는 고난과 역경을 간과하는 경우를 많이 보았습니다. 그래서 저는 항상 "작은 성공의 순간에도 위기는 예고 없이 찾아온다."고 조언하며, 스타트업을 하면서 항상 위기에 대비해야 한다고 강조하곤 했습니다.

김민규, 이상훈 변호사의 『스타트업 스타트』는 창업자가 사업을 시작하며 직면할 수 있는 모든 법률적 문제를 사전에 인지하고 대비할 수 있는 훌륭한 지침서입니다. 이 책이 예비 창업자들에게 법률적 분쟁의 위험을 줄이고 성공에 한 걸음 더 가까워지는 데 실질적인 도움을 주리라 믿습니다.

대한민국의 모든 스타트업 창업자들을 응원하며, 이 책이 창업자들에게 실패의 확률을 낮추고 성공의 길을 열어주는 등불이 되기를 진심으로 바랍니다.

2024년 12월 어느날,
벤처캐피탈리스트 권준희(현, ㈜ iM투자파트너스 대표이사)

차례

1장

'스타트업' 하기 전생각해야 할 것들

2장

스타트업의 시작

3장

자본금 마련하기

4장

함께할 멤버 모집 – 이봐 너 내 동료가 돼라!

5장

계약의 체결

6장

사업 공간 마련하기

7장

자본금 마련하기

8장

스타트업의 종료

9장

책을 마치며

'스타트업' 하기 전
생각해야 할 것들

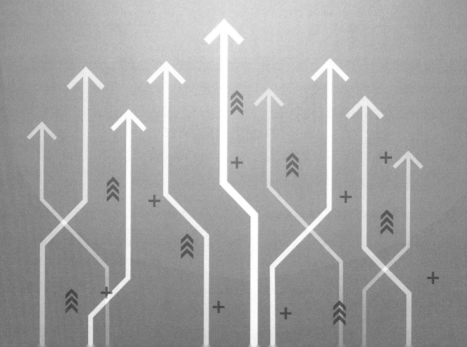

제1장

'스타트업' 하기 전 생각해야 할 것들

1. 새로운 시대의 도래와 '스타트업'
2. 스타트업과 법

1. 새로운 시대의 도래와 '스타트업'

'4차 산업혁명'. 여러 번 언급하기도 새삼스러운 이 단어는 이미 현실이 되었습니다. '급진적이고 근본적인 변화'를 의미하는 '혁명'이 차용된 것처럼, 2016년 세계경제포럼(World Economic Forum, WEF)에서 클라우스 슈밥(Klaus Schwab)이 주창한 이 단어는 정보통신 기술(ICT)을 기반으로 한 새로운 산업 시대를 상징하는 용어로 자리 잡았습니다. 이는 우리를 둘러싼 현실, 즉 오프라인 세계에서 벌어지는 현상들을 모두 데이터화하고 이를 **인공지능**(Artificial Intelligence, 人工知能)으로 분석해 맞춤형 예측서비스를 제공하는 새로운 미래를 함의합니다. 2차 산업혁명이 석유와 전기를 대중화하면서 전자공업, 중화학공업을 발전시키고(대량생산의 혁명), 3차 산업혁명이 컴퓨터, 인터넷, 인공위성의 발명을 통해 정보화 산업을 이끌었다면(지식정보의 혁명), 4차 산업혁명은 인공지능을 통해 사물을 자동적·지능적으로 제어할 수 있는 시스템의 구축을 기대하게 만듭니다. 3차원의 물질로 이루어진 현실, 즉 오프라인 생태계가 0과 1의 숫자로 구성된 온라인 세상과 동기화되면서 우리 삶 자체가 그야말로 혁명적인 변화를 겪는 형국입니다. 4차 산업혁명은 기술혁신의 21세기적 대응으로 이해하는 프레임으로 기능하고 있습니다.

각 산업혁명은 거듭되면서 기술 간, 사업 간의 융합이 일어나고 패턴이 다양해지는 특징과 경향성을 보입니다. 이 점에서 4차 산업혁명을 **'융합혁명'**이라 부를만 합니다. 그리고 이 융합을 선봉에서 이끄는 것이 바로 각종 4차 산업기술을 적극적으로 활용한 **'스타트업'**들입니다.

인공지능이나 클라우드, 사물인터넷과 같은 기술과 '코로나19'는 많은 기업들이 디지털 기술 도입과 이를 통한 혁신에 박차를 가하는 동력이 되었습니다. 가트너(Gartner) 발표 자료에 따르면 클라우드 분야 유망 업체 중 60%, 빅데이터/AI 분야 유망 업체 중 85%, 블록체인 분야 유망 업체 중 87%, IoT 분야 유망 업체 중 54%, 자율 주행 분야 유망 업체 중 83%, 3D 프린팅 분야 유망 업체 중 50%가 스타트업 업체인 것으로 나타났습니다.[1] 국내의 상황도 다르지 않습니다. 국내 대기업들은 4차 산업혁명에 대응하기 위한 방법으로 스타트업을 적극 활용하고 있습니다. 2014년 171억 원이었던 국내 500대 기업의 4차 산업혁명 관련 스타트업에 대한 직접 투자액은 2018년에는 4,580억 원으로 급증했으며, 5년 동안 누적 투자액은 1조 2천억 원에 달했습니다.[2]

많은 기업이 다양한 기술을 도입하여 새로운 시대에 맞춘 사업을 추진하고 있지만, 이와 함께 기술의 투명성과 책임성 부족, 불공정과 편견에 대한 우려도 제기되고 있습니다. 특히, 응용 프로그램을 구성하는 수백만 줄의 코드와 소프트웨어 알고리즘이 자동으로 결정에 도달하는 과정을 이해하기 어렵다는 '블랙박스' 문제가 심각하게 제기되고 있습니다. 이 점에서 스티븐 호킹(Stephen Hawking)의 경고는 깊이 새겨볼 만합니다.

---

1 사회적가치연구원, "4차 산업혁명 기술로 인한 미래사회 영향 연구", 2023. 5.
2 이성희, "500대 기업, 4차 산업혁명 스타트업에 1조 2천억원 투자", 2019. 7. 17, CEO SCOREDAILY (https://m.ceoscoredaily.com/page/view/2019071615562366243).

"지금까지 개발된 초보적 인공지능 기술은 매우 유용함을 증명했지만, 인간에 필적하거나 뛰어넘는 수준의 것이 개발될 가능성은 두렵다(The development of full artificial intelligence could spell the end of the human race.)[3]."

이러한 변혁의 물결은 마치 숙련된 길잡이처럼 우리를 아직 가보지 않은, 어쩌면 생각조차 하지 못했던 새로운 영역으로 이끌고 있습니다. 그리고 바로 이러한 도전과 기회에, 우리 스타트업들이 뛰어들어야 할 이유가 있습니다.

(1) 사람들은 왜 '스타트업' 할까?

'스타트업(start-up)'.

이 말을 들으면 어떤 생각이 떠오르시나요? '스타트업'은 이제 우리에게 익숙한 용어가 되었습니다. 2021년에는 '스타트업'이라는 제목의 드라마까지 방영되었을 정도니까요. 이 책을 읽는 독자 여러분들 중에 '스타트업'이라는 단어를 처음 접하거나, 그 의미를 전혀 모르는 분은 아마 없을 것입니다.

일반적으로 스타트업은 '신생 창업기업'을 지칭하는 말로 사용됩니다. 조금 더 풀어쓰면, "(주로) 소규모로" "혁신적인 기술과 아이디어"를 바탕으로 "도전하기 어려운 분야"에 "과감히 도전"하는 "기업의 초기 형태"를 의미한다고 할 수 있습니다. 최근에는 '신생기업'이라는 단순한 의미를 넘어, 1990년대 1차 글로벌 창업 붐과 2010년대 2차 창업 붐(특히 IT 기술 창업)에 힘입어 등장한 '초고속 성장 신생기업'을 통칭하는 용어로도 사용되고 있습니다. 이러한 맥락에서 'IT 기술', '파괴적 혁신', '수평적 조직문화' 등은 스타트업의 필수적인 요소로 자주 언급되곤 합니다. 통계기관이나 공공기관에서는 투자 유치 시점을 단순

---

3 Cellan-Jones, Rory. "Stephen Hawking warns artificial intelligence could end mankind." 2014. 12. 2, BBC News (https://www.bbc.com/news/technology-30290540).

한 신생기업이 스타트업으로 전환되는 중요한 단계로 보고 있습니다.

실리콘밸리의 유명인사 스티브 블랭크 교수는 스타트업을 "반복적 (repeatable)이고 확장 가능한(scalable) 비즈니스 모델을 찾기 위해 만들어진 조직"이라 정의하고 있고, 와이콤비네이터(Y Combinator)의 폴 그레이엄(Paul Graham)은 "매우 빠르게 성장하는 기업"으로, 클레이튼 크리스텐슨(Clayton Christensen) 교수는 기존 시장을 흔들면서 판을 새로 짜는 "파괴적 혁신"이 스타트업의 속성이라 말했습니다. 이를 종합하면 "혁신적인 아이디어를 가진 창업자가 과감한 투자자들을 등에 업고 좋은 사람들과 빠르게 성장"하는(할 수 있는) 회사이자, "액셀러레이터(accelerator)나 벤처캐피털(venture capital)[4]의 투자를 받았거나 받을 목적으로 사업을 영위하는 회사"를 스타트업이라 할 수 있을 것 같습니다.[5]

온 우주의 기운이 모여 스타트업이 성공하면, 즉 주식시장에 상장(IPO, initial public offering)하거나 다른 기업에 인수(M&A)되면 더 이상 스타트업이라 할 수 없습니다. 이미 다 '성장'해버렸기 때문이죠. 이를 '**엑시트**(exit)'[6]라 하는데, 엑시트 과정에서 크게는 조 단위에서 적게는 몇십억 원 상당의 자금이 오가고(보통 '딜deal 규모'라고 합니다), 창업자는 그야말로 떼돈을 벌어갑니다.

이제는 세계적인 IT기업이 된 구글, 페이스북, 네이버도 스타트업으로 출발한 대표적인 사례들입니다. 이들 기업은 주로 외부 자본(벤처캐피털이나 엔젤 투자자)의 투자를 바탕으로 신기술 기반의 고위험-고수익 분야에 진출했습니다. 정보통신기술(ICT)의 발전과 4차 산업혁명의 도래, 그리고 크라우드 펀딩의 확산 등으로 창업에 대한 진입장벽이

---

4   모험자본을 운용하는 투자전문회사로 중소기업창업투자회사(창투사), 신기술사업금융업자(신기사), 각 기업의 부서나 자회사 형태로 존재하는 CVC(corporate venture capital, 기업주도형 벤처캐피털), 대학 기술지주회사 등을 망라합니다. 투자 규모는 몇십억 원에서 몇천억 원대까지 다양합니다.

5   이기대, "초보 창업자를 위한 HR가이드북", 스타트업얼라이언스, 2022, 21면.

6   태생적으로 투자자의 도움으로 빠른 성장을 꾀하는 스타트업 모델이 미국에서 건너온 사업 형태이다 보니 업계의 용어 대부분이 영어로 이루어져 있습니다.

낮아지면서, 스타트업이 성장할 수 있는 기반이 마련된 것입니다.

특이하게도 한국에서는 **'벤처기업'**[7]과 거의 같은 말로 쓰이고 있지만, 법적으로는 벤처투자기업, 연구개발기업, 기술평가보증·대출기업 중 어느 하나에 해당하는 기업을 '벤처기업'으로 정의합니다.[8] 한국 벤처기업협회에서는 벤처기업을 "개인 또는 소수의 창업인이 위험성은 크지만 성공할 경우 높은 기대수익이 예상되는 신기술과 아이디어를 독자적인 기반 위에서 사업화하려는 신생 중소기업"으로 설명하고 있습니다.[9]

말하자면, '스타트업'은 '성공'이라는 결과를 얻기 위해 '모험'을 '시작'하는 것이죠. 그렇다면 사람들은 왜 이렇게 '위험한' 모험을 시도하려는 것일까요. 단순히 많은 돈을 벌기 위해서일까요?

지금 이 순간에도 수많은 사람이 스타트업을 꿈꾸고 있습니다. 그중에는 물론 **큰 돈**을 벌고 싶은 사람도 있겠지만, 그 이유만으로 이 길을 선택하는 사람은 생각보다 많지 않습니다. 단지 돈만을 목표로 한다면, 오히려 안정적인 직장에 남아있는 것이 더 쉬운 길일지도 모릅니다.

어떤 사람들은 반복적이고 틀에 박힌 직장 생활에서 벗어나 **자신만의 비즈니스**를 시작하고 싶어합니다. 매일 똑같은 일상을 반복하기보다는, 자신만의 규칙과 철학을 만들어가는 삶을 원하는 것이죠. 또 다른 사람들은 많은 사람들을 이끌며 조직을 운영하는 **CEO**가 되는 꿈을 꿉니다. 자신의 결단과 선택이 기업의 성패를 좌우하는 위치에 있다는 것은 그들에게 매우 매력적인 목표입니다. 또 누군가는 불현듯 떠오른 **아이디어를 실현**하고 싶은 강렬한 열망에 사로잡히기도 합니다. 이

---

7 '벤처(venture)'는 영어지만, 사실 일본에서 쓰이던 'ベンチャー'를 그대로 사용한 '재플리시'입니다. 이에 반해 '스타트업'은 영어권(실리콘밸리)에서 시작되어 전 세계적으로 통용되는 단어로 둘 모두 첨단의 신기술과 아이디어를 통하여 사업에 도전하는 신생 중소기업이라는 뜻으로 유사하게 쓰이고 있습니다.

8 「벤처기업육성에 관한 특별조치법」 제2조의2 제1항.

9 벤처기업은 재플리시이므로 이보다는 '벤처자본이 투자한 기업(venture-backed company)'이라는 용어가 보다 적합합니다.

런 아이디어는 인생에서 단 한 번밖에 오지 않을 기회처럼 느껴질 때가 있습니다. 그 기회를 놓치지 않으려는 마음은 때로 인생에서 매우 중요한 전환점이 될 수 있습니다. 스타트업 자체가 **멋있어 보이기 때문에** 이 길을 선택하는 사람들도 있습니다. 뉴스에서 성공한 창업가들의 이야기를 들으며 그들의 화려한 삶을 동경하는 경우도 적지 않죠. 특별한 이유가 없더라도, 인생에서 한 번쯤은 **자신만의 도전**을 해봐야 한다고 생각하는 사람도 있습니다.

이처럼 저마다 스타트업을 시작하는 이유는 다르지만, 한 가지 공통점은 바로 모두가 **성공을 향한 열망**을 가지고 있다는 것입니다. 성공의 정의는 각자 다르겠지만, 그 목표를 이루기 위해 **위험을 감수하고 새로운 모험을 시작한다는** 것은 누구나 공감할 수 있는 공통된 지향점일 것입니다.

스타트업을 시작하려는 이유가 각기 다른 것처럼, 그 과정에서 가지는 마음가짐도 사람마다 다를 수 있습니다. 어떤 사람은 절실한 마음으로 출발하지만, 비교적 가벼운 마음으로 시작하는 사람도 있습니다. 그렇다면 어떤 이유로, 어떤 마음가짐을 가져야만 스타트업을 성공으로 이끌 수 있을까요? 이 질문에 대한 명확한 정답은 없지만, 한 가지 분명한 사실은 **스타트업이 결코 쉽지 않다**는 것입니다. 사실, '성공하는 스타트업은 극히 드물다.'는 것이 더욱 직설적이고 현실적인 답변일지도 모릅니다.

이러한 현실을 고려해 최근에는 **가벼운 스타트업**, 즉 흔히 말하는 '린 스타트업(Lean Startup)'[10]이 이상적인 창업 형태로 주목받고 있습니다. 적은 자원으로 시작해 빠르게 시장 반응을 테스트하고, 필요에 따라 신속히 변화를 주는 린 스타트업 방식은 특히 불확실성이 높은 창업 환경에서 더 나은 선택지가 될 수 있기 때문입니다.

---

10 '린 스타트업(Lean Startup)'은 제품이나 시장을 발달시키기 위해 기업가들이 사용하는 프로세스 모음 중 하나로써, 애자일 소프트웨어 개발과, 고객 개발(Customer Development), 그리고 기존의 소프트웨어 플랫폼(주로 오픈소스) 등을 활용하는 창업형태입니다.

이 글을 쓰고 있는 지금도 언론에서는 '유니콘'이라는 단어를 쓰며 일부 성공한 스타트업의 사례를 많이 소개하고 있습니다.[11] 아무래도 대중에게는 스타트업의 실패 사례보다는 성공 사례가 더 많이 소비되고 보이게 마련입니다. 언론에서 비추어진, 성공한 스타트업 멤버들이 돈을 많이 벌고 유명해지는 모습을 부러워하고 동경하는 사람들이 많은 것은 어쩌면 당연한 일입니다. 그러나, 단지 이러한 스타트업의 결과적인 면들만 보고 많은 돈을 벌고 싶다거나 멋있어 보여서 스타트업을 시작한다면, 스타트업하는 길은 생각보다 힘들고 고통스러울 수 있습니다. 현실은 드라마가 아니고, 대부분의 스타트업은 "성공해서 행복하게 잘 살았습니다."라는 기사 몇 줄로 요약할 수 있는 낭만적인 동화가 아니기 때문입니다. 스타트업의 여정에는 수많은 난관과 실패, 그리고 예상치 못한 도전들이 기다리고 있습니다.

사람들은 하나의 번뜩이는 아이디어로 스타트업을 시작하고, 그 기발한 아이디어에 스스로 만족하며 장밋빛 미래를 꿈꾸곤 합니다. 그러나 스타트업에서 정말 중요한 것은 그 '시작'이 아니라, 시작한 이후의 '지속 가능성'과 '성장 과정'입니다. 스타트업은 단순히 하나의 아이디어를 제시하는 것을 넘어, 그것을 현실화하고 지속적으로 발전시켜 나가는 긴 여정의 연속입니다. 창업 이후의 과정에서 제품 개발, 시장 진입, 자금 조달, 마케팅 전략 수립, 팀 구성과 운영 등 모든 단계를 창업자가 직접 설계하고 실행해야 하며, 이를 위해서는 상당한 시간과 자원이 필요합니다.

그래도 우리는 스타트업을 합니다. 스타트업을 배우고, 시작하고 성공하기 위해 이 책을 폈습니다. 여러 위험부담이 있음에도 말이죠. 왜 우리는 스타트업에 그토록 매달릴까요?

스타트업은 많은 매력을 가지고 있습니다. 스타트업은 창업자에게는 자신의 아이디어를 현실화할 수 있는 기회이자, 기성 회사에 구속

---

11 김영배 기자, "몸값 1조원 이상 'k-유니콘' 올해 5곳 더 생겼다.", 2022. 7. 21. 한겨레 (https://www.hani.co.kr/arti/economy/startup/1051879.html).

되지 않고 자유롭게 하고 싶은 일을 할 수 있는 자아 실현의 장이며, 걸어야 할 판돈은 크지만 성공하기만 하면 월급쟁이가 감히 꿈꿔볼 수도 없는 큰 수익이 들어오는 도박이기도 합니다. 실제로 성공한 스타트업의 창업주는 막대한 부와 명성을 손에 얻었고, 그중 일부는 사회면의 1면을 장식하며 우리 경제를 이끄는 큰 손이 되었습니다.

스타트업은 비단 창업자에게만 매력적인 곳이 아닙니다. 이 곳에서 일하는 직원들은 대부분 창업주와 회사, 개인이 함께 성장해 나갈 수 있다는 믿음을 가지고 합류합니다. 다른 곳보다 좀 더 주도적인 위치에서 일할 수 있고, 조직문화가 수평적이며, 스스로 회사를 (좋은 쪽이든, 안 좋은 쪽이든) 변화시켜 나간다는 성취감을 느낄 수 있다는 점도 장점입니다. 무엇보다 회사의 시작기에 참여한 직원들은 스톡옵션이나 지분을 받고, 회사가 성공하면 큰 보상을 나눠 받을 수 있습니다. 이는 스타트업이 단순한 경제적 성공을 넘어, 개인과 조직의 성장을 촉진하고 변화를 주도하는 역동적인 환경이라는 평가를 받는 이유입니다.

🔍 스타트업의 과실

(1) 게임 개발사 블루홀의 자회사인 PUBG는 몇 해 전 배틀그라운드라는 게임을 개발하여 전 세계에 흥행시켰습니다. 스타트업 성공의 대명사가 된 블루홀은 2018년 4월 배틀그라운드 프로젝트 초기부터 개발에 참여한 10명 이내의 직원들에게 10억~50억가량의 인센티브를 지급하겠다고 밝혔습니다.

(2) 음식 주문ㆍ배달 애플리케이션인 '배달의민족'을 운영하는 우아한형제들은 전 직원들을 대상으로 연봉 10% 수준의 성과급을 일괄 지급했습니다. 2013년 이전 입사자에 대해서는 연봉의 50~200%에 달하는 공로포상금을 지급했고, 이외에도 우아한형제들은 사내 복지 차원에서 주택자금 대출 지원 제도도 신설했습니다. 이런 결정의 배경에는 스타트업(초기 벤처기업)에서 유니콘(기업 가치 1억 달러 이상인 비상장 스타트업)으로 성장한 데 따른 포상 성격과 핵심 인재 관리 차원이라는 성격이 모두 담겨 있다는 분석입니다.

(3) 모바일 금융서비스 '토스'를 운영하는 비바리퍼블리카는 경력 입사자에게 전 직장 연봉의 1.5배를 제안하고, 추가로 최대 1억 원 한도로 전 회사 연봉에 준하는 금액을 입사 후 첫 월급날에 사이닝 보너스로 일시에 지급하는 인재영입 관련 보상안을 발표했습니다. 사이닝 보너스는 회사에 합류한 새 직원에게 주는 1회성 인센티브를 말합니다. 토스 입사자가 스톡옵션(주식매수선택권)을 원하는 경우, 사이닝 보너스 대신 1억 원 상당의 스톡옵션도 선택할 수 있다고 설명했습니다.[12]

(4) 지역생활 커뮤니티 당근마켓은 2022. 5. 전 임직원에게 150억 원 규모의 주식 증여와 격려금을 지급했습니다. 당근마켓은 임직원 300명에게 주식을 증여했는데, 직급과 직책에 관계없이 근무 개월 수에 비례해 평균 5천만 원의 주식을 증여받게 됩니다. 정규직뿐 아니라 비정규직 역시 격려금 대상입니다.[13]

스타트업은 경제적 번영과 부의 창출의 원동력일 뿐만 아니라, 혁신과 기술 발전을 주도하는 중요한 힘으로 작용합니다. 이러한 이유로, 세계 각국의 선진국과 신흥 경제국들은 스타트업을 경제 정책의 핵심 요소로 삼고 있습니다. '혁신'은, 잃을 것이 많고 규모가 큰 대기업보다는 기민하고 유연한 신생기업에서 더욱 활발하게 이루어지기 때문입니다. 따라서, 진정한 혁신의 본질을 이해하기 위해서는 스타트업 생태계를 깊이 탐구하는 것이 중요합니다.

많은 사람들이 스타트업에 열광하는 이유도 바로 여기에 있습니다. 도전의 과정에서 얻는 성취감과 성공의 달콤한 열매는 그 어떤 것과 비교할 수 없을 만큼 크기 때문입니다. 스타트업에 대한 열정은 쉽게 사그라들지 않을 것입니다. 지금 이 순간에도 수많은 이들이 스타트업에 뛰어들고 있으며, 이러한 흐름은 앞으로도 계속될 것입니다.

---

12 조혜령 기자, "당근마켓이 임직원에게 150억 원 쏜 이유", 2022. 5. 9, 노컷뉴스 (https://www.nocutnews.co.kr/news/5753065).

13 박수지 기자, "토스 첫 월급날에 직전 연봉 일시지급 파격 보상안", 2019. 10. 31, 한겨레 (https://www.hani.co.kr/arti/economy/finance/915268.html).

🔍 유니콘이란 무엇일까요?

기업가치가 10억 달러 이상인 비상장 스타트업을 흔히 **'유니콘'**이라 부릅니다. 유니콘이라는 이름은, 스타트업이 상장 전에 기업 가치 10억 달러 이상으로 성장하는 것이 마치 상상 속에서나 존재하는 유니콘처럼 매우 희귀하다는 점에서 유래했습니다. 이 용어는 2013년 벤처 투자자 에일린 리(Aileen Lee)가 처음 사용했으며, 당시 1조 원 이상의 가치를 달성한 스타트업들을 유니콘 스타트업이라고 명명한 것이 그 시작입니다.

한편, 기업가치가 100억 달러를 넘는 스타트업은 **'데카콘(Decacorn)'**, 1천억 달러 이상의 가치를 가진 스타트업은 **'헥토콘(Hectocorn)'**이라 부릅니다.

스타트업의 기업가치를 평가할 때는 객관적인 기준이 명확히 존재하지 않습니다. 대부분의 경우 공식적인 기업 가치는 투자자로부터 실제로 투자를 유치했을 때 인정받은 금액을 기준으로 산정됩니다. 투자자들은 수십억에서 수천억 원을 투입하기 때문에, 그 누구보다도 치밀하고 객관적인 평가를 거치게 됩니다. 기업 가치 평가는 시장 규모, 시장 점유율, 현금 유동성, 기술 혁신성, 그리고 창업자의 비전과 야망 등을 종합적으로 고려하여 이루어집니다.

흥미롭게도, 많은 스타트업이 만성적인 적자 상태에 있으며, 매출이 기업 가치의 10%에도 미치지 않는 경우가 많습니다. 이는 기업 가치가 단순히 매출과 수익만으로 결정되지 않기 때문입니다. 오히려 매출과 수익이 안정적인 기업이라면, 창업자의 지분을 희석시키며 외부 투자를 받을 필요성이 적을 수도 있습니다.

최근 조사[14] 에 따르면, 지난 5년간(2019~2023) 전 세계 유니콘 기업 수는 2.7배 증가하여 449개에서 1,209개로 늘어난 반면, 한국의 유니콘 기업 수는 1.4배 (10개→14개) 증가에 그쳐, 한국 유니콘 기업이 차지하는 글로벌 비중은 2.2%에서 1.2%로 1.0%p 감소한 것으로 나타났습니다.

	기업수					기업가치				
	2019	2020	2021	2022	2023	2019	2020	2021	2022	2023
미국	48.6%	48.2%	50.4%	52.3%	54.2%	48.8%	44.6%	51.2%	52.4%	53.4%
중국	24.3%	23.8%	20.7%	16.1%	14.0%	29.4%	32.5%	22.0%	18.7%	19.1%
인도	4.5%	4.8%	4.5%	6.1%	5.8%	5.1%	5.4%	5.0%	5.3%	5.0%
영국	5.3%	5.0%	4.1%	4.0%	4.1%	4.3%	4.4%	4.1%	5.2%	4.8%
독일	2.7%	2.4%	2.1%	2.4%	2.4%	1.9%	1.6%	1.8%	2.0%	2.1%

---

14 전국경제인연합회, "유니콘 기업 주요국 비교 보도자료", 2023. 6. 21, (https://www.fki.or.kr/main/news/statement_detail.do?bbs_id=0035058&category=ST).

프랑스	1.1%	1.4%	2.1%	2.2%	2.1%	0.4%	0.6%	1.1%	1.5%	1.5%
이스라엘	1.6%	1.4%	2.3%	1.9%	2.0%	0.7%	0.6%	1.0%	1.1%	1.4%
캐나다	0.4%	0.4%	1.6%	1.8%	1.7%	0.2%	0.2%	1.0%	1.4%	1.3%
브라질	1.6%	1.4%	1.6%	1.5%	1.3%	1.2%	1.1%	2.3%	1.0%	1.0%
한국	2.2%	2.2%	1.3%	1.1%	1.2%	2.1%	1.9%	1.1%	0.7%	0.8%

자료: CB Insights

주요 국가별로 유니콘 기업 수는 대부분 증가했으며, 비중이 증가한 국가는 **미국(48.6%→54.2%), 인도(4.5%→5.8%), 프랑스(1.1%→2.1%), 이스라엘(1.6%→2.0%)** 등이 있습니다. 반면, 비중이 감소한 국가는 **중국(24.3%→14.0%), 영국(5.3%→4.1%), 한국(2.2%→1.2%), 인도네시아(1.1%→0.6%)** 등이었습니다. 특히 미국은 5.6%p 증가하며(218개→655개) 전 세계 유니콘 기업의 절반 이상을 차지하게 되었고, 중국은 10.3%p 감소하며(109개→169개) 하락 추세를 보였습니다.

업종별로 살펴보면, 2023년 기준 한국의 유니콘 기업들은 주로 **이커머스(28.6%), 인터넷 소프트웨어 및 서비스(21.4%), 모바일 및 통신(14.3%)** 등 일부 업종에 집중되어 있었습니다. 세계적으로 유니콘 기업이 많이 속한 업종으로는 **핀테크(21.3%), 인터넷 소프트웨어 및 서비스(18.9%), 이커머스(8.9%), 헬스케어(8.0%), 인공지능(7.6%), 공급망·유통·배달(5.5%), 사이버 보안(4.8%)** 순으로 나타났습니다.

▶ **유니콘 업종 비중 비교(세계 vs. 한국)**

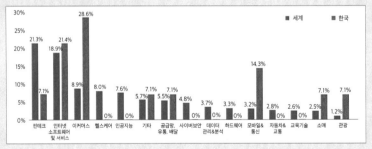

자료: CB Insights

한국의 유니콘 기업은 주요 국가와 비교했을 때 **이커머스(28.6%), 모바일&통신(14.3%), 소매(7.1%)** 업종에서 상대적으로 높은 비중을 차지하고 있습니다. 반면, **핀테크(7.1%), 헬스케어(0%), 데이터 관리&분석(0%), 인공지능(0%)** 분야에서는 비중이 상대적으로 낮은 편입니다. 즉, 한국의 유니콘 기업들은 주요 국가들에 비해 데이터 분석 기술 기반의 혁신적 기업보다는 **커머스, 통신, 유통** 등 판매와 통신 서비스에 치우친 경향이 있습니다.

유니콘 기업은 **혁신을 촉진하고, 신산업을 발굴하며, 고용을 창출하는** 등 다양한 긍정적인 영향을 미칩니다. 이 때문에 주요국들은 스타트업 창업을 적극적으로 장려하고, 스타트업이 유니콘으로 성장할 수 있도록 정책적 지원을 아끼지 않고 있습니다. 하지만 국내 유니콘의 글로벌 비중은 점차 줄어들고 있으며, 스타트업 생태계의 순환도 다소 정체된 상태입니다. 이 상황에서, 스타트업이 어떻게 하면 유니콘으로 활발하게 성장할 수 있을지에 대한 깊은 고민이 필요합니다.

스타트업의 성장을 촉진하고 유니콘 기업 수를 늘리기 위해서는 **스타트업 성장 과정에서** 원활한 **투자가 필수적**입니다. 이를 실현하기 위해서는 기업형 벤처캐피털(CVC)에 대한 규제*를 개선하고, 스타트업이 해외 시장으로 진출할 수 있도록 다양한 지원책을 마련하는 것이 필요합니다.

*주요 CVC 규제
• 지주회사의 CVC 지분 100% 보유 의무
• 지주회사 CVC의 부채비율 제한(200%)
• CVC 조성 펀드에 외부 자금 비중 40%로 제한
• 소속 기업집단 총수일가 지분 보유 기업 투자 금지

▶ **자료 개요**

* 자료: CB Insights
* 시점: 2019년: 449개('19.말) / 2020년: 496개('20.11) / 2021년: 750개('21.7) /
　　　 2022년: 1,074개('22.4) / 2023년: 1,209개('23.5)

(2) 스타트업의 현실: 스타트업은 실패한다.

스타트업은 실패합니다. 한 연구에 따르면, 스타트업의 90%는 창업 후 1년 이내에 실패하고, 살아남은 나머지 10% 중에서도 5년 이상 지속되는 경우는 40% 미만이라고 합니다.[15] 성공하는 스타트업보다 실패하는 스타트업이 훨씬 더 많은 것이 현실입니다.

스타트업이 성공하려면 철저한 준비와 심도 깊은 고민이 필요하니

---

15 Regmi et al., "Data Driven Analysis Startup Accelerators", Universal Journal of Industrial and Business Management 3(2), 2015. 3, 56p.

다. 단순하고 막연한 기대만으로 스타트업을 시작한다면, 그 끝은 대개 실패로 귀결될 수밖에 없습니다. 대부분의 스타트업이 준비 부족과 구체적인 계획이 없는 상태에서 시작하기 때문에 실패합니다. 성공을 목표로 하는 창업가라면, 철저한 계획과 실행력뿐만 아니라 실패를 마주할 때도 이를 극복할 수 있는 강한 동기와 정신력을 갖추어야 합니다. 스타트업의 현실은 냉혹하지만, 이러한 현실을 직시하고 대비하는 것이 성공으로 가는 첫걸음이 될 것입니다.

2024년 발표된 한 보고서에 따르면, 혁신적인 비즈니스 모델로 1조 원 이상의 기업 가치를 달성한 유니콘 스타트업은 전 세계적으로 약 1,460개에 이릅니다.[16] 그중 대부분은 미국과 중국의 기업들이 차지하고 있으며, 우리나라 기업으로는 토스, 옐로모바일, 야놀자 등 단 22곳만이 포함되었습니다.[17] 전 세계 유니콘 기업 중 대한민국 기업이 차지하는 비율은 1.2%에 불과한 것이지요. 미국과 중국이 물론 스타트업 환경에서 좋은 조건을 갖춘 국가들이지만, 우리나라의 경제 수준, 인프라, 높은 기술력을 고려했을 때, 이 수치는 기대보다 낮은 편입니다. 그렇다면, 과연 우리나라는 스타트업을 하기에 적합하지 않은 국가일까요? 이 질문에 대한 답을 통계를 통해 살펴보겠습니다.

---

16 CB Insight, "The Complete List of Unicorn Companies", 2024. 5. 7. 기준 (https://www.cbinsights.com/research-unicorn-companies).

17 중소벤처기업부가 발표한 국내 유니콘 기업은 총 18개입니다(2022. 2. 기준). 이 중 CB Insights에서 인정하는 유니콘 기업은 14개사로, 비바리퍼블리카($74억)·옐로모바일($40억)·컬리($33억)·위메프($23.4억)·무신사($22억)·직방($15.5억)·버킷플레이스($14.0억)·리디($13.3억)·지피클럽($13.2억)·엘앤피코스메틱($11.9억)·쏘카($10.7억)·에이프로젠($10.4억)·두나무·야놀자(이상 $10억)입니다. 데이터플랫폼 기업인 아이지에이웍스는 중소벤처기업부 유니콘 명단에 포함되지는 않았지만, CB Insights 명단에는 포함되어 있습니다. 넷마블과 카카오게임즈는 대기업에서 분사한 기업인데, 이를 유니콘 기업으로 볼 수 있는지에 대한 논쟁이 있습니다. 국내 언론에서는 국내 1호 유니콘 기업을 쿠팡으로, 2호를 옐로모바일로 칭해왔지만, 정부의 발표에 따르면 넷마블(舊 CJ게임즈)이 1호 유니콘 기업이 될 것입니다.

▶ 주요국 기업의 신생률과 소멸률 ────────────────

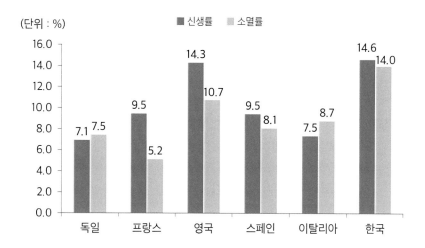

(단위 : %)

▶ 주요국 기업의 신생률 변화 추이 ────────────────

(단위 : %)

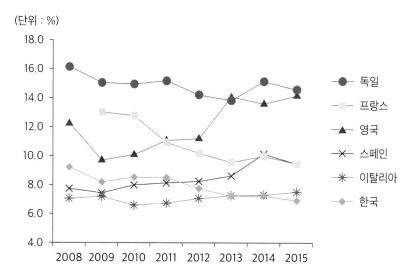

한국무역협회에서 발표한 통계자료에 따르면, 우리나라는 EU 주요 5개국과 비교했을 때 기업의 **신생률**과 **소멸률**이 모두 높은 편입니다. 이는 우리나라 기업 생태계가 매우 역동적이고 활발하게 순환하고 있

다는 것을 보여줍니다. 특히 주요국들의 기업 신생률 변화를 살펴보면, 한국은 EU 주요 5개국보다 신생률이 항상 높아 스타트업에 대한 관심과 도전이 그만큼 많다는 점을 알 수 있습니다. 하지만 신생률이 높은 만큼 소멸률도 높다는 것은 많은 스타트업이 도전과 동시에 실패하고 있다는 의미이기도 합니다. 이 지표는 창업의 문턱을 넘는 스타트업의 수는 많지만, 그 과정에서 철저한 준비나 계획 없이 무작정 시작하는 경우가 많다는 현실을 반영합니다. 우리나라 스타트업 생태계가 좀 더 **체계적**이고 **지속 가능한 성장**을 위해 고민해봐야 할 부분이기도 합니다.

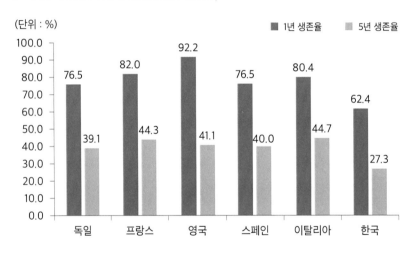

▶ **주요국 신생기업의 1년/5년 생존율**

(단위 : %)　　　　　　　　　　　　　■ 1년 생존율　　■ 5년 생존율

한편, 주요국 신생기업의 생존율을 살펴보면, 1년 생존율은 영국이 92.2%의 높은 생존율을 보인 것에 비해 한국은 62.4%로 그보다 훨씬 낮은 생존율을 보이고 있습니다. 5년 생존율로 범위를 넓혀서 보아도 주요 5개국 모두 40%대에 위치해 있지만, 한국은 30% 미만인 27.3%의 낮은 생존율을 보이고 있음을 알 수 있습니다. 이처럼 한국의 스타트업 생존율은 EU 주요 5개국과 비교했을 때 매우 낮은 편입니다. 이

는 우리나라가 스타트업을 시작하기에 적합한 제도적 지원이나 환경이 충분하지 않다는 점을 시사합니다. 또한, 많은 창업자가 철저한 준비 없이 스타트업을 시작하는 경향이 있다는 것도 한 요인으로 작용하고 있습니다. 이러한 낮은 생존율은 스타트업 창업 전에 보다 철저한 계획과 준비가 필요하며, 정부와 기관의 지원도 체계적이고 효과적으로 이루어져야 함을 의미합니다.

이 책은 스타트업을 시작하려는 분들이 반드시 알아야 할 기본적인 사항과, 창업 과정에서 자주 간과하는 법무 지식을 최대한 쉽게 설명하는 것을 목표로 하고 있습니다. 많은 창업자가 법률적인 문제 앞에서 지레 겁을 먹고 도전을 멈추곤 합니다. 하지만 걱정하지 마세요. 이 책에서 다루는 기본적인 지식만 익혀두면, 두려움은 오히려 훌륭한 **길잡이**가 될 것이며, 나아가 스타트업 성공으로 가는 탄탄한 길을 스스로 개척해 나갈 수 있을 것입니다.

🔍 성공적인 스타트업의 성장[18]

일반적으로 성공적인 스타트업의 성장은 다음 세 단계를 거칩니다.

- **1단계**: 스타트업이 무엇을 하는지 알아내는 기간. 성장이 느리거나 아예 없는 초기 기간
- **2단계**: 많은 사람이 원하는 것을 만드는 방법과 그 사람들에게 다가가는 방법을 알아내는 기간. 급속한 성장을 겪는 시기
- **3단계**: 내부 한계 및 시장의 한계로 인해 성장이 둔화되는 시기. 큰 회사로 성장되는 시기.

성장하는 과정에서 S-curve 형상을 띄며, 성장의 시작의 길이와 기울기가 회사의 규모를 결정합니다.

---

18 이새롬 외 2, "국내 모바일 스타트업 성장패턴 분석", 대한산업공학회, 대한산업공학회 춘계공동학술대회논문집, 2022, 3면.

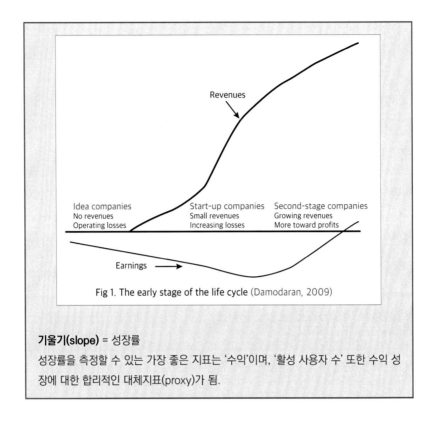

Fig 1. The early stage of the life cycle (Damodaran, 2009)

기울기(slope) = 성장률
성장률을 측정할 수 있는 가장 좋은 지표는 '수익'이며, '활성 사용자 수' 또한 수익 성장에 대한 합리적인 대체지표(proxy)가 됨.

2. 스타트업과 법

창업의 시작은 하나의 번뜩이는 아이디어에서 출발합니다. 그러나 아무리 획기적인 아이디어와 혁신적인 기술, 뛰어난 창업자 그리고 철저한 준비가 뒷받침되더라도, **법률적 측면**을 충분히 검토하지 않으면 그 아이템은 세상에 나오기도 전에 사라질 수 있습니다. 특히 최근에는 **개인정보 보호**와 **지식재산권** 관련 이슈들이 증가하면서 법률 분쟁이 빈번하게 발생하고 있어, 법무적 검토의 중요성은 날로 커지고 있습니다.

실무에서 종종 법률을 사업과 무관한 것으로 여기는 창업자들을 만나곤 합니다. 그럴 때마다 저는 두 팔을 걷어붙이고 **법무의 중요성**을 강조합니다. 아무리 훌륭한 아이템을 바탕으로 사업을 구상했더라도, 각종 규제와 법률에 걸리면 그 사업은 시작도 하기 전에 좌초될 수 있습니다. 아무리 뛰어난 아이디어라도 그것이 불법적인 요소, 예를 들어 마약과 관련된 것이라면 민사적, 형사적 책임에서 자유로울 수 없듯이, 사업을 시작할 때는 반드시 법적인 문제를 충분히 검토하고 대비해야 합니다.

결국 사업을 시작하는 것은 곧 **법률 공부**를 시작하는 것과 다름없습니다. 법인 설립 및 등기, 동업 계약서나 주주간 계약서 작성, 거래처와의 계약서 체결, 직원 채용 시의 근로계약서와 각종 근로 관련 법규 준수, 분쟁 해결을 위한 내용증명 작성 및 소장 접수, 개인정보 처리, 상표 및 특허 출원까지 사업과 법률은 밀접하게 연결되어 있습니다.

특히 스타트업의 경우, 뛰어난 아이디어가 있음에도 이를 사업화시키는 과정에서 예상치 못한 규제의 벽에 부딪혀 사업을 포기하는 사례가 적지 않습니다. 그렇기 때문에 아이템을 구상하는 초기 단계부터 법률적 검토의 중요성을 충분히 인지하고 대비하는 것이 필수적입니다. 이제부터는 몇 가지 구체적인 사례를 통해, 스타트업을 시작할 때 왜 아이템에 대한 법률적 검토가 중요한지 살펴보겠습니다.

타다 금지법[19]

타다 금지법은 여객자동차운수사업법 개정안을 일컫는 말로, 타다 등의 차량 대여사업자의 운전자 알선 예외 규정을 엄격히 하고 플랫폼 운송사업자를 제도화하는 내용을 담고 있습니다. 사실상 타다 서비스를 규제하는 내용으로 이루어져 타다 금지법이라는 명칭이 붙었습니다.

타다 서비스를 운영하던 VCNC는 원래 11인승 이상 15인승 이하의 승합차를 빌릴 경우, 운전자를 알선할 수 있도록 한 여객운수법상 예외규정을 근거로 사업을 해왔습니다. 그러나 개정안은 차량 대여사업자가 11~15인승 차량을 빌릴 때, 관광 목적으

---

19 정윤교 기자, "[시사금융용어] 타다금지법", 2020. 7. 14, 연합인포맥스 (http://news.einfomax.co.kr).

로 6시간 이상 사용하거나 대여 및 반납 장소가 공항 또는 항만일 경우에만 운전자를 알선할 수 있도록 규제를 강화했습니다. 또한, 사업자는 플랫폼 운송사업자로서의 지위를 얻기 위해 일정한 조건을 충족해야 하며, 차고지를 갖추고, 택시 시장의 안정을 위해 기여금을 납부해야 합니다.

결국, 2020년 3월 6일, 국회에서 타다 금지법이 통과되면서, 기존의 타다 서비스는 사실상 불법이 되었습니다. 법 시행까지는 1년 6개월의 유예기간이 주어졌고, 그 결과 VCNC는 2020년 4월 11일부터 수도권에서 약 1,500대가량 운행하던 '타다 베이직' 서비스를 종료했습니다. 이후, VCNC는 희망퇴직을 받거나 차량을 매각하는 등 사업 축소 절차를 밟았습니다.

타다 금지법의 통과에 따라 VCNC는 국민의 기본권, 기업 활동의 자유, 재산권 침해를 이유로 2020년 5월 헌법소원을 청구했지만, 2020년 6월 24일 헌법재판소는 이를 기각했습니다. 헌법재판소는 "자동차 대여 사업자의 운전자 알선이 초단기 자동차 대여와 결합해, 사실상 기존 택시 운송사업과 중복되는 서비스를 제공하면서도 동등한 규제를 받지 않아 사회적 갈등이 크게 증가했다"고 판단하며, "규제의 불균형을 방지하고 공정한 여객운송질서 확립과 여객자동차운수사업의 발달을 도모하는 입법 목적의 정당성과 수단의 적합성이 인정된다"고 설명했습니다. 대여 장소나 대여 시간에 대한 규제도 과도한 제한이 아니라고 덧붙였습니다.

결국 2021년 4월 8일, 타다 금지법이 정식으로 시행되었으며, 2022년 1월 1일에는 플랫폼 운송사업자 3곳이 정식으로 사업허가를 취득했습니다.

(1) 대한민국에서 '우버(Uber)'가 실패한 이유

전 세계에서 가장 유명한 스타트업을 이야기할 때, 공유 운송 수단 플랫폼인 '우버(Uber)'를 떠올리지 않을 수 없습니다. 우버는 2009년 3월 미국 캘리포니아주 샌프란시스코에서 창립된 운송 네트워크 회사로, 쉽게 말해 대리운전, 콜택시, 택배 서비스를 결합한 것과 유사한 서비스를 제공합니다. 우버는 자사 소속의 차량뿐만 아니라 일반 운전자가 제공하는 차량을 승객과 연결해주는 '라이드 헤일링(Ride Hailing)' 서비스를 통해 수익을 창출합니다. 즉, 승객이 이용 요금을 지불하면, 우버는 운전기사와의 중개 역할을 하며 일정 비율의 수수료를 가져가는 방식이죠. 현재 전 세계 150개 이상의 도시에서 서비스를 제공하고 있으며, 그동안 가장 성공한 스타트업 중 하나로 자리매김해 왔습니다.

우버의 비즈니스 모델은 승객과 운전기사를 스마트폰 애플리케이션의 버튼 하나로 연결하는 기술 플랫폼 제공에 있습니다. 플랫폼이라는 말이 상징하듯, 우버는 택시를 소유하지 않지만 택시 서비스를 하고 있습니다. 일반 운전자가 자신의 차량을 평소에는 개인 용도로 사용하다가, 필요할 때 승객에게 운송 서비스를 제공하고 그 대가로 수익을 얻는 구조입니다. 따라서 우버에는 전통적인 의미의 소속 택시기사가 존재하지 않으며, 우버는 단지 모바일 앱을 통해 승객과 운전자를 연결해주는 허브 역할을 할 뿐입니다. 모든 결제는 우버 앱을 통해 이루어지며, 우버는 수수료로 보통 요금의 20% 내외를 가져가고, 나머지 금액은 운전기사에게 배분됩니다. 그러나 이처럼 전 세계적으로 성공한 우버도 우리나라에서도 법률의 규제에 막혀 제대로 된 기세를 펼치지 못하였습니다. 바로 법(여객자동차 운수사업법) 때문입니다.

〈여객자동차 운수사업법〉
제81조(자가용 자동차의 유상운송 금지) ① 사업용 자동차가 아닌 자동차(이하 "자가용자동차"라 한다)를 유상(자동차 운행에 필요한 경비를 포함한다. 이하 이 조에서 같다)으로 운송용으로 제공하거나 임대하여서는 아니 되며, 누구든지 이를 알선하여서는 아니 된다. 다만, 다음 각 호의 어느 하나에 해당하는 경우에는 유상으로 운송용으로 제공 또는 임대하거나 이를 알선할 수 있다.
1. 출퇴근 시간대(오전 7시부터 오전 9시까지 및 오후 6시부터 오후 8시까지를 말하며, 토요일, 일요일 및 공휴일인 경우는 제외한다) 승용자동차를 함께 타는 경우

여객자동차 운수사업법 제81조는 사업용 자동차가 아닌 자동차를 유상으로 운송용으로 제공하거나 임대하는 것과 이를 알선하는 행위를 금지하고 있습니다. 사업용 자동차로 등록하지 않은 일반 자가용을 운송용으로 제공하여서는 안 된다는 규정이 자신의 차량을 우버에 제공

하여 수입을 얻으려는 차량 소유자들을 법에 저촉되게 만들었죠. 또한, 이를 알선하여서는 아니 된다는 규정은 다름 아닌 우버(Uber) 그 자신을 위험에 빠뜨렸습니다. 우리나라의 택시 같은 경우에는 정부에 신고하고 지정된 사람만이 운행할 수 있었지만, 우버택시는 차량의 소유주라면 누구라도 돈을 벌 수 있게 하는 플랫폼이기 때문이기 때문에 법규와 정면으로 충돌한 것이죠. 우버는 수수료를 받지 않고 무료로 서비스를 제공하겠다는 등의 계획으로 우회로를 찾아보았지만 결국 우리나라에서는 규제의 장벽에 막혀 실패를 하고 말았습니다.

기존 택시 산업의 반발도 거셌습니다. 택시업계는 우버의 진출을 강력히 반대하며, 우버가 기존의 면허 기반 운송 시스템을 무시하고 있다고 주장했습니다. 이로 인해 우버 운전기사들이 벌금과 법적 제재를 받는 일이 빈번히 발생했고, 결국 우버는 한국 시장에서 더 이상 서비스를 이어가기 어려운 상황에 이르렀습니다.

또한, 대한민국 정부는 우버의 사업 모델을 택시업계의 공정 경쟁을 저해한다고 판단해 2015년 우버를 불법으로 규정하고, 관련 법적 조치를 강화했습니다. 이러한 이유로 우버는 2015년 3월 서울에서의 우버X 서비스를 중단했습니다. 이후 우버는 렌터카와 기사를 함께 제공하는 '우버 블랙(Uber Black)' 서비스를 통해 틈새시장을 노렸지만, 역시 큰 성공을 거두지 못했습니다.

우버의 실패는 결국 현지 법규와 규제를 충분히 고려하지 못한 사업 모델과 기존 산업과의 이해충돌을 미처 해결하지 못한 데서 비롯된 것입니다. 이러한 경험은 다른 글로벌 스타트업들이 한국 시장에 진출할 때, 현지의 법적·사회적·경제적 환경을 얼마나 중요하게 고려해야 하는지를 보여주는 사례가 되었습니다.

🔍 한국에서의 우버 도입 역사

국토교통부는 우버의 서비스가 자가용이나 렌터카를 통해 유상 운송을 금지하는 여객자동차운수사업법상 제34조와 제81조를 위반했으며, 우버는 여객자동차운수사업법상 운송사업자가 아니라는 입장입니다. 이에 우버는 자사의 서비스가 공유경제 서비스일 뿐이며 적법한 절차에 따라 제공되고 있고, 우버는 서비스에 대한 기술 제공만 하고 있다고 항변했습니다.

이런 상황에서 우버가 유료화를 강행하자 서울시는 2014년 12월 우버 서비스에 대한 신고 포상금 조례를 제공해 신고당 최대 백만 원의 포상금을 제공하는 '우파라치' 제도를 만들고 대대적인 단속에 나섰습니다. 결국 우버는 2015년 2월 26일부로 우버X 전면 무료화 선언을 함으로써 우버와 서울시의 1차전은 서울시의 승리로 끝났습니다.

우버의 전면 무료화는 말 그대로 승객은 내는 돈 없이 '타고 내리면' 되고, 기사에게 지급되는 요금은 전부 우버에서 지급하는 정책입니다. 돈을 받지 않으면 법으로 규제를 할 수 없기 때문에 우버는 이 프로모션으로 운전자와 이용객 수를 늘린 뒤 유료서비스를 재개하려는 전략으로 보입니다.

그러나 2015년 3월 6일부로 우버X 서비스도 종료되었습니다. 서울은 대중교통이 매우 발달되어 있고 교통량이 많아 택시에게는 최악의 조건인데, 언제 어디서나 택시 잡는게 딱히 어렵지 않을 정도로 택시가 이미 과포화 상태입니다. 원래 우버는 **택시 수가 적어서 택시 잡기 너무 어렵다**는 불만 때문에 탄생한 것인데 이와 정반대의 상황인 것이죠. 게다가 택시 요금도 이미 충분히 저렴해 소비자들도 대체제의 필요성을 크게 느끼지 않고 있습니다. 우버가 비집고 들어올 자리가 거의 없었던 것이죠.

그러던 중 2021년 2월 SK텔레콤의 자회사인 티맵모빌리티(주)와 합작한 합작법인을 설립, 2021년 4월 정식 출범하였으며 2021년 10월 기존 T맵택시 어플이 UT로 바뀌면서 국내 서비스를 재개했습니다.

법조문을 잠깐 더 살펴보면, 제81조 제1호에서 "출퇴근 때 승용자동차를 함께 타는 경우에는 유상으로 운송용으로 제공 또는 임대하거나 이를 알선할 수 있다."라고 규정한 것을 알 수 있습니다. 그렇다면 우버가 아니더라도 이러한 방식의 사업은 할 수 있을까요? 그렇습니다. 이 방법은 법률이 금지하고 있지 않기 때문입니다. 출퇴근길에 카풀을 중개해주고 돈을 받는 방식의 아이템은 가능하다는 뜻입니다. 이런 '카풀' 알선을 해 주는 앱은 '카카오카풀'이 대표적이죠. 그런데 법률은 규제라는 명목으로 이 카풀 서비스도 막아 버렸습니다.

카카오카풀은 출퇴근 시간에 한정하여, 일반 차량 소유자와 승객을 연결해주는 카풀 알선 앱입니다. 그러나, 이 카풀 서비스 역시 기존 택시업계의 강력한 반발을 불러일으켰습니다. 택시 기사들은 카풀 서비스가 택시업계의 생존권을 위협한다고 주장하며 대규모 파업과 시위를 벌였고, 정부에 강력한 규제를 요구했습니다. 그 결과, 정부는 카풀 서비스의 운영 시간을 출퇴근 시간으로 엄격히 제한하는 등 사실상 서비스 확장을 원천적으로 차단하는 방향으로 규제를 강화했습니다.[20]

(2) 카풀 스타트업들의 몰락

앞서 본 것처럼 국토교통부는 우버의 서비스가 자가용이나 렌터카를 통해 유상 운송을 금지하는 여객자동차운수사업법 제34조와 제81조를 위반했다는 입장이었습니다. 이에 여러 스타트업은 여객자동차운수사업법 81조 제1항 단서 제1호의 예외조항에 근거해 서비스를 제공하는 것으로 탈출구를 찾았습니다. 출퇴근 때 승용자동차를 함께 타는 경우에 한해서, 돈을 받고 차량을 운송용으로 제공하거나 알선하는 것은 합법이라는 것입니다.

이 중 가장 앞서 나간 스타트업은 '풀러스(Poolus)'였습니다. 풀러스는 실시간 매칭되는 온디맨드(on-demand) 카풀 기반 라이드 셰어링 서비스를 제공하는 회사였습니다. 전화로 호출하거나 위치를 설명할 필요가 없어 쉽고 편리하게 이용할 수 있으며, 예약을 통하여 더 쉽게 매칭될 수 있고, 다양한 쿠폰과 크레딧을 제공해 대중교통과 비교할 만큼 저렴하고, 쿠폰을 잘 활용할 경우 무료로 이용할 수도 있었습니다. 2016년에 사업을 시작하여 택시보다 30~40% 싼 요금으로 시장을 공략했고, '한국판 우버'로 불릴 정도로 크게 성공했습니다.

---

20 지민구 기자, "택시 반 택시 반발·규제에⋯ 길잃은 '카카오 카풀'", 2018. 8. 7, 서울경제 (https://www.sedaily.com/NewsView/1S39OI1TMC).

그러나 풀러스의 성장에 제동을 건 사건은 바로 '출퇴근시간 선택제 시범 서비스' 도입이었습니다. 원래 풀러스는 출·퇴근 시간대 일부에만 카풀 서비스를 제공하고 있었지만, 2017년 11월부터 고객이 출근 시간과 퇴근 시간을 각각 4시간씩 자유롭게 설정할 수 있도록 변경했습니다. 이는 사업 확장을 위해 내린 전략적 결정이었습니다.

그러나 이러한 변화는 곧바로 기존 택시업계의 거센 반발을 불러일으켰습니다. 택시 기사들은 이 서비스가 자신들의 생존을 위협한다고 주장하며 대규모 항의 시위를 벌였고, 서울시도 이에 강하게 대응했습니다. 서울시는 "차가 밀리지 않는 낮 시간과 주말까지 카풀을 허용하는 것은 법의 취지를 벗어난 것"이라고 지적하며, 여객자동차운수사업법 제81조 제1항을 위반한 유상 운송 알선 혐의로 경찰에 수사를 요청했습니다.

해당 법률에서는 '출퇴근 때 승용자동차를 함께 타는 경우'에 한해서만 카풀이 허용된다고 규정하고 있었습니다. 그러나 서울시는 출퇴근 시간을 사용자가 자유롭게 정하도록 하는 것은 법의 취지를 넘어서 불법이라는 판단을 내렸습니다. 법조항의 본래 목적은 출퇴근 시간대의 교통 혼잡을 줄이는 데 있었으나, 풀러스의 서비스 방식은 이를 초과하여 고객들이 자유롭게 시간을 선택할 수 있게 한 것이 문제로 지적된 것입니다.

결국, 이 결정은 풀러스에 큰 타격을 입혔습니다. 김태호 대표는 물러났고, 회사는 직원의 70%를 줄여야 하는 구조조정을 단행해야 했습니다. 이 사건은 혁신적인 비즈니스 모델을 추구하는 스타트업이 기존 산업과의 충돌과 규제의 한계를 어떻게 극복해야 하는지를 고민하게 하는 중요한 사례로 남았습니다.

풀러스(Poolus)의 사례 외에도 규제의 장벽에 부딪힌 스타트업은 많습니다. 2015년 12월 서비스를 시작한 버스 공유 스타트업 '콜버스랩'도 그중 하나입니다. 이 회사는 기존의 규제를 넘지 못하고 2018년에 서비스를 중단해야 했으며, 결국 전세버스 예약 서비스로 사업 방향을 전환해야 했습니다. 카풀 서비스 2위 업체였던 '럭시' 역시 법적 문제를 피하지 못했습니다. 럭시를 통해 승객을 태워주던 차주 일부가 출퇴근 시간 외에도 승객을 태웠다는 이유로 기소되었습니다. 카풀 3위 업체였던 '티티카카'는 출퇴근 시간대에만 카풀을 허용한다는 규정의 해석에 막혀, 2017년 8월, 서비스 출시 5개월 만에 사업을 접는 상황에 이르렀습니다.

이처럼 법과 규제는 창업자에게 희망을 줄 수도, 좌절을 안길 수도 있는 중요한 요소입니다. 스타트업을 시작할 때에는 반드시 관련 법규와 제도를 면밀히 검토하고, 규제에 대한 철저한 대비를 해야만 합니다.

(3) 규제에 울고 웃은 중고차 거래 앱

2015년 초 서울대 지구과학교육과 휴학생인 박진우 대표는 '헤이딜러'라는 이름의 온라인 중고차 거래 모델을 개발했습니다. 지금이야 흔하지만 당시로서는 고객들이 헤이딜러를 통해 중고차를 등록하면 딜러들이 경쟁해 매입할 수 있는 혁신적인 플랫폼이었습니다. 이 스타트업은 중고차 딜러에 대한 평가와 기존 거래 후기 등을 제공하며 안전한 거래를 유도해 시장의 호평을 받았고, 매도인과 매수인 모두 최적의 가격으로 중고차를 매매할 수 있는 장점을 내세워 창업 1년 만에 누적 거래액 300억 원을 돌파하기도 했습니다.[21]

그러나 이처럼 잘 나가던 스타트업의 앞길을 막은 것은 역시나 법이었습니다. 2016년 1월 국회에서 발의된 자동차관리법 개정안은 온라인 자동차 경매업체를 규제 대상으로 포함하면서 온라인 업체도 오프라인 영업장(3300㎡ 이상 주차장, 200㎡ 이상 경매실)과 사무실 등 각종 공간을 확보하지 않으면 불법 업체로 규정하고, 이를 어기면 '3년 이하 징역·1000만 원 이하 벌금'을 부과하도록 했습니다. 헤이딜러는 고객들을 직접 대면하는 오프라인 영업장을 가지고 있지 않았기 때문에, 법이 통과되면 영업을 중단할 수밖에 없었고, 막 태동하던 모바일 중

---

21 황순민 기자, "폐업위기 중고車거래앱 규제 풀리자… 누적거래 5천억 '승승장구'", 2018. 7. 16, 매일경제 (https://www.mk.co.kr/news/economy/8398025).

고차 경매시장이 고사할 위기에 처했습니다(실제로 헤이딜러는 2016년 1월 1일 잠정폐업을 선언했습니다).

이에 졸속 법안 처리라는 비난이 거세졌고, 다행히도 정부는 시장 피해 상황을 인정하고 규제 보완에 착수했으며, 결국 국토부는 주차장, 경매장 등 공간이 없어도 온라인에서 자동차 경매 영업을 할 수 있도록 제도를 보완했습니다. 규제 이슈가 해소되면서 헤이딜러는 2016년 2월, 52일 만에 영업을 재개해 현재까지 성공적으로 운영되고 있습니다.

헤이딜러 사건은 마침 정부의 창조경제 분위기에 찬물을 끼얹는 사안이라 언론의 주목을 받았고, 다행히 국토교통부의 적극적인 개입과 수정된 해석 덕택에 회생한 케이스로 회자됩니다. 이익단체의 의견을 반영한 법으로 스타트업 하나를 거의 망하게 할 뻔했다는 점에서 비난을 들었지만, 난립하는 중고차 업계를 정리한다는 입법 취지도 있었고 결론적으로 헤이딜러도 잘 살아남았기에 여론도 이내 잦아들었습니다.

이처럼 스타트업의 여러 사례를 통해 배울 수 있는 중요한 교훈은, 사업을 시작할 때 가장 중요한 것은 번뜩이는 아이디어뿐 아니라 그 사업이 법적으로 가능한지를 철저히 확인하는 일이라는 것입니다. 창업자들은 사업 모델을 구상할 때, 법적 위반 가능성이 있는지를 꼼꼼히 검토해야 합니다. 예를 들어, 해당 사업 아이템이 특정 법률에 저촉되는지, 별도의 인가나 허가가 필요한 사업인지 또는 추가로 준비해야 할 법적 이슈가 무엇인지 등을 철저히 살펴봐야 합니다.

장사를 위해 재료를 다 사놓고 직원들도 다 불러놓아 간판에 불을 켰는데 정작 정부의 허락이 없어 시작조차 못하면 손해가 이만저만이 아닐 것입니다. 반드시 시간과 자금의 여유를 만들어 사업성 검토에 더해 '**법률자문**'이라는 단계를 거칠 필요가 여기에 있습니다. 혁신적인 아이디어가 **날개**라면, 법과 규제는 반드시 뛰어넘어야 할 **장벽**입니다. 스타트업의 성공을 위해서는 창의적인 발상뿐만 아니라 **철저한 준비**가 필요합니다. 법과 규제의 복잡한 지형을 이해하고 그에 적절히 대응하는 능력 역시 성공의 중요한 열쇠임을 잊지 말아야 합니다.

제2장

스타트업의 시작

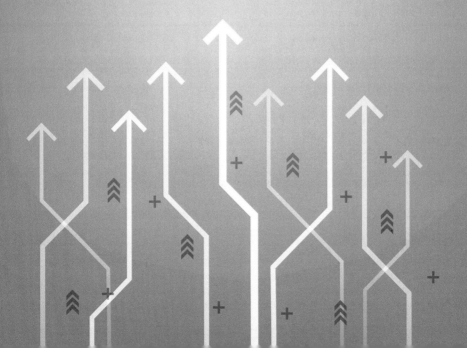

1. 창업의 시작

창업은 하나의 번뜩이는 아이디어로부터 시작합니다. 그 아이디어는 이전에 꿈꾸지도 못했던 획기적인 발명이 될 수도, 누구나 알고 있었던 생각의 단순한 발상의 전환이 될 수도 있습니다. 최근의 스타트업 상담 사례와 트렌드를 보면 발상을 전환해 새로운 플랫폼을 창출하는 것이 요즘의 창업 분위기로 보입니다.

중요한 것은 아이디어가 무엇이든지 일단 창업을 시작하게 되면, 창업자는 동시에 **사업가**가 된다는 것입니다. 그리고 사업가가 된다는 것은 창업부터 폐업까지 하나부터 열의 과정 모두에 귀찮으면서도 복잡한 일들을 스스로 해 나가야 한다는 것을 의미합니다. 스타트업의 성공은 이 과정을 잘 헤쳐 나가는 것에 있다고 해도 과언이 아닙니다. 물론 사업이 크게 성공한다면 굳이 손벌리지 않아도 이 과정들을 도와줄 군사들이 옆에 나서겠지만, 창업 초기에는 그러한 공명이나 방통 같은 전문가 없이 혈혈단신으로 부딪히면서 감을 익혀야 합니다.

2장에서는 본격적으로 스타트업하는 과정을 차근히 설명해보려 합니다. 이제부터 여러분은 창업을 진지하게 고민하는 저의 의뢰인입니다. 며칠 밤을 고민한 끝에 제 사무실에 오셨습니다. 진지하게 사업아이템을 이야기합니다.

"어떻게 하면 돈을 벌 수 있을까요?"

말씀하신 아이디어는 하나의 씨앗과 같습니다. 아직 정해진 것은 아무것도 없습니다. **누가, 어떻게, 어디에 심고, 무엇을 주고 가꾸느냐**에 따라 꽃을 피우고 열매를 맺을 수도 있지만, 제대로 꽃을 피우기도 전에 시들어 버릴 수도 있습니다. 저는 대답합니다.

"일단 화분부터 정합시다."

※ 개인사업자로 할까, 주식회사로 할까

스타트업의 고민 중에 많은 지분을 차지하는 것이 개인사업자로 시작할지, 아니면 회사(법인)로 할지 결정하는 것입니다. 개인사업자와 법인 모두 각각의 장단점이 있기 때문에 어느 것이 좋다고 단정지어 말씀드릴 수는 없지만, 대부분의 스타트업은 시작부터 법인으로 설립하는 추세입니다. 상법상 법인으로 이름을 올린 후보에는 합명회사, 합자회사, 유한책임회사, 주식회사, 유한회사 등이 있지만, 대부분의 스타트업은 주식회사를 선택하고 있으며, 제가 가장 추천하는 형태이기도 합니다.

간단히 개인사업자와 주식회사의 특징들을 살펴보면 아래와 같습니다.

가. 개인사업자

◗ 장점
- 설립 절차가 간단하고 비용이 적게 듭니다.
- 사업 운영의 유연성이 크며, 의사결정이 빠릅니다.
- 사업 수익에 대해 개인 소득세만 부과됩니다.

◗ 단점
- 무한 책임을 부담합니다. 즉, 사업에 문제가 생길 경우 개인 재

산까지도 채권자에게 내놓아야 할 수도 있습니다.

- 자본금이 한정적이며, 투자 유치가 어렵습니다.
- 사업주 개인의 신용도에 따라 대출이나 금융 지원이 제한될 수 있습니다.

나. 주식회사

◑ 장점:
- 주주들의 출자액에 한정하여 유한 책임을 집니다. 즉, 사업이 실패하더라도 주주는 출자금 이상의 손실을 입지 않습니다.
- 법인세율이 개인소득세율보다 유리할 수 있습니다.
- 다양한 형태로 자본을 유치할 수 있으며, 투자자들에게 신뢰를 줄 수 있습니다.
- 법인 자체가 하나의 법적 주체로 인정되기 때문에, 신용도와 대외적인 이미지가 상대적으로 좋습니다.

◑ 단점:
- 설립 절차가 복잡하고 비용이 많이 듭니다.
- 운영과 회계 처리가 복잡하며, 주주총회와 같은 법적 요건을 준수해야 합니다.
- 법인세 및 각종 세무 신고 등 법적 책임이 더 많습니다.

	개인사업자	주식회사
설립절차	사업자등록절차(국세청)	법인설립등기(법원) 또는 사업자등록 절차(국세청)
장점	설립이 간편, 비밀유지 가능, 이윤을 기업주가 독점 가능 소자본 창업이 가능	낮은 양도소득세 부과 신주발행, 사채 등 자본조달 용이 일정 규모 이상의 사업에 적합
단점	사업양도 시 높은 양도소득세 부과 채무에 대하여 무한책임	설립 절차가 비교적 복잡 일정 금액 이상의 자본금 필요
책임	무한책임	유한책임

납부세금	소득세	법인세
세율	6~42%(7단계)	10~25%(4단계)
대표이사 급여	경비처리 불가	경비처리 가능
이익잉여금	자유롭게 사용 가능	배당소득세 적용
청산절차	부가세 폐업만으로 청산절차 종료	부가세 폐업과 해산과 청산절차를 통해 청산
사업양도세	사업을 양도하면 양도된 영업권 또는 부동산에 대하여 높은 세율의 양도소득세가 부과된다.	주식양도의 방법으로 사업이 양도되며 주식양도에 대하여는 원칙적으로 낮은 세율의 양도소득세가 부과된다. 또한 주식을 상장 후에 양도하면 원칙적으로 세금은 없다.

두 개의 방법 모두 각기 다른 특징과 장점이 있기 때문에, 어느 하나가 무조건 더 좋은 방법이라고 단정 짓기는 어렵습니다. 결국, 선택은 창업자가 창업하려는 사업의 성격, 성장 계획, 재정 상태 등을 종합적으로 고려하여 결정해야 합니다. 개인사업자는 소규모로 간단하게 시작하기에 적합한 반면, 스타트업이 본격적인 성장과 확장을 목표로 한다면 주식회사 형태가 더 유리할 수 있습니다.

만약 창업 초기부터 단순한 스타트업을 넘어 장기적으로 사업을 키워나갈 계획이 있다면, 그리고 그 사업에 대한 각오가 확고하다면, 개인적으로는 개인사업자보다는 주식회사 형태로 시작하는 것이 여러 면에서 더 적합하다고 생각합니다. 주식회사는 자본 조달과 투자 유치가 상대적으로 용이하고, 유한 책임을 지는 등 법적 보호 측면에서도 장점이 많기 때문입니다.

개인사업자로 되어 있을 경우 지분 구조가 불투명할 수가 있어 외부로부터 투자를 받기가 쉽지 않고, 사실상 대표가 무한(한) 책임을 질 수 있다는 것이 가장 큰 이유입니다. 또한, 세금 문제(물론 주식회사 역시 대표가 과반 이상 지분을 가져가게 되면 2차 납세 의무를 부담하게 되고 이 때문에 적절한 비율로 지분을 조정하기도 합니다), 경비처리 문제에 있어서 주식회사에 비해 다루기 까다로운 면이 있습니다. 이에 반해 주식회사는 사업을 같이 하는 멤버(동업자)의 지분 비율을 비교적 명확하게 정할 수 있고, 또 법상 그 지분에 해당하는 만큼 지분자가 책임지는 구조로 할 수 밖에 없어 향후 있을지 모르는 분쟁에서 보다 자유로워질 수 있습니다(으쌰으쌰 의기투합해 동업자와 사업을 시작하는데 무슨 싸움이냐는 이야기를 하고 싶으실지도 모르지만, 실무를 해보면 스타트업 소송사례의 태반이 동업자와의 진흙탕 싸움입니다). 그리고 아무래도 대한민국에서는 개인사업자로 창업하는 것에 비하여 '주식회사 000'으로 광고를 하는 것이 대외적으로 신뢰감을 줄 수 있고, 투자 유치에도 긍정적인 경우가 많습니다.

스타트업을 할 때, 아이디어를 실현시켜줄 사업 형태의 선택은 씨앗을 심을 화분을 고르는 것과 비슷합니다. 창업의 아이디어는 마치 잘 자랄 수 있는 가능성을 지닌 씨앗과도 같습니다. 하지만 그 씨앗이 어떻게 성장하고 열매를 맺을지는 창업자가 선택하는 화분, 즉 사업의 형태에 따라 크게 달라집니다.

개인사업자로 창업하는 것은 작은 화분에 씨앗을 심는 것과 같습니다. 초기 비용이 적고 관리가 간편하다는 장점이 있지만, 화분의 크기만큼 씨앗이 뿌리를 내리고 자랄 수 있는 공간이 제한적입니다. 작은 화분은 빠르게 싹을 틔우고 성장하는 데 유리하지만, 뿌리가 점점 커지고 잎이 넓어질수록 화분이 비좁아져 더 이상 성장할 수 없게 됩니다. 또한, 작은 화분은 바람이 조금만 불어도 넘어질 위험이 있는 것처럼, 개인사업자는 사업의 리스크를 온전히 창업자 개인이 감당해야 하는 어려움이 있습니다.

반면에, 주식회사라는 형태의 창업은 큰 화분에 씨앗을 심는 것과 비슷합니다. 큰 화분은 초반에 준비할 것이 많고 관리하기가 복잡할 수 있지만, 그만큼 씨앗이 튼튼한 뿌리를 내리고, 더 크게 성장할 수 있는 여지를 줍니다. 화분이 크다는 것은 더 많은 영양분을 담을 수 있다는 뜻이기도 하죠. 이는 곧 다양한 투자자의 자본이 들어올 수 있고, 각종 법적 보호 아래 안정적으로 사업을 운영할 수 있는 기반을 마련할 수 있다는 것을 의미합니다.

물론 큰 화분이라고 해서 무조건 좋은 것만은 아닙니다. 화분이 너무 크면 초기에 씨앗이 제대로 자리를 잡지 못하고 고사할 수도 있듯이, 주식회사로 창업했지만 관리와 운영이 제대로 이루어지지 않으면 오히려 부담이 될 수도 있습니다. 따라서 스타트업의 성공을 위해서는 씨앗(아이디어)과 화분(창업 형태)이 잘 맞아야 하고, 그 화분을 적절하게 관리할 수 있는 능력도 필요합니다.

이처럼 창업을 시작할 때 씨앗과 화분을 어떻게 선택하고 준비하는지가 이후 사업의 성장에 큰 영향을 미칩니다. 아무리 좋은 씨앗이라도 적절한 화분을 선택하지 않으면, 그 씨앗이 가진 잠재력은 온전히 발휘되지 못할 것입니다. 따라서 창업자는 자신의 아이디어에 맞는 적절한 사업 형태와 그에 따른 준비를 철저히 해야 합니다.

결국 스타트업을 성공으로 이끄는 것은 씨앗의 품질(아이디어)도 중요하지만, 그 씨앗이 뿌리를 내리고 자랄 수 있는 화분을 어떻게 준비하고 관리하는가에 달려있습니다. 창업의 길은 마치 씨앗이 화분 속에서 성장해 나가는 과정과도 같아서, 제대로 준비된 화분에서만 튼튼한 나무가 자라고 열매를 맺을 수 있는 것입니다.

2. 개인사업자로 창업하기

회사를 설립할지 개인사업자로 시작할지 고민하기에 앞서, 우리나라에서 어떤 형태로든 사업을 '합법적으로' 시작하려면 반드시 '사업자등록' 절차를 거쳐야 합니다. 사업자등록이란, 사업을 하려는 자가 자신의 사업 시작을 국가에 알리고, 정부는 그 사업자를 공식적으로 등록하여 관리하는 과정을 의미합니다. 이 등록 정보를 바탕으로 정부는 사업자에게 과세를 하게 됩니다.

부가가치세법 제2조 제3호에서는 사업자를 "사업 목적이 영리이든 비영리이든 관계없이 사업상 독립적으로 재화 또는 용역을 공급하는 자"로 정의하고 있습니다. 이는 곧 사업의 목적이 반드시 돈을 버는 것에 있지 않더라도, 즉 비영리 목적이라 하더라도 사업자등록 절차는 필수적으로 거쳐야 한다는 뜻입니다. 몰랐다는 말은 통하지 않습니다. 혹시라도 사업자등록을 하지 않고 있다 적발된다면, 아까운 돈을 내야 할 수도 있으니 이 책을 보는 여러분들은 반드시 본격적인 영업 시작 전 절차에 '사업자등록'을 꼭 메모해 두시길 부탁드립니다.

부가가치세법 제8조에 따르면, 사업자는 '사업 개시일부터 20일 이내'에 사업장 관할 세무서장에게 사업자등록을 신청해야 합니다. 규정대로라면 사업을 시작하기 전에 사업자등록증 신청일에 맞춰 사업 개시를 준비해야 하지만, 실무적으로는 사업 개시 전 매출이 발생하더라도 이를 반영하여 개시일을 조정하거나 매출 발생일에 맞춰 조정하는 경우가 많습니다.

> **〈부가가치세법〉**
>
> **제60조(가산세)** ① 사업자 또는 국외사업자가 다음 각 호의 어느 하나에 해당하면 각 호에 따른 금액을 납부세액에 더하거나 환급세액에서 뺀다.
> 1. 제8조제1항 본문에 따른 기한까지 등록을 신청하지 아니한 경우에는 사업 개시일부터 등록을 신청한 날의 직전일까지의 공급가액 합계액의 1퍼센트

또한 부가가치세법 제60조 제1항 제1호에 따르면, 사업자등록 절차를 20일 이내에 완료하지 않으면 공급가액의 1%를 미등록 가산세로 내야 합니다. 법인으로 사업자등록을 했을 경우에는 법인세도 납부해야 하는데, 사업자등록이 정상적으로 되었다면 쉽게 비용으로 처리할 수 있는 항목들이 사업자등록이 되지 않았을 경우 비용으로 인정되

지 않아 순수 매출액이 그대로 세금 부과의 기준이 될 수 있습니다. 이는 결국 납부해야 할 세금이 훨씬 많아지게 되는 결과를 초래할 수 있습니다. 이뿐만 아니라, 소득세에 관해서는 신고 불성실 가산세와 납부 불성실 가산세가 추가로 부과될 수 있고, 사업자 미등록으로 인해 벌금이나 과태료를 물어야 할 수도 있습니다. 이제 작은 사업이라도 사업자등록을 해야하는 이유를 이해하시겠지요?

사업자등록은 국세청이 관리하는 홈택스(www.hometax.go.kr) 웹사이트에서 온라인으로 쉽게 신청할 수 있습니다. 개인이 사업자등록을 할 때 필요한 서류는 다음과 같습니다.

1. **사업자등록신청서**: 사업자의 기본 정보와 사업 내용 등을 기재한 서류로, 홈택스에서 양식을 다운로드하거나 직접 입력할 수 있습니다.

2. **임대차계약서 사본**: 사업장을 임차한 경우, 해당 사업장의 임대차계약서 사본이 필요합니다. 이는 사업장이 실제로 존재함을 증명하기 위한 서류입니다.

3. **인허가 등 사업 관련 증빙서류**: 사업을 영위하기 위해 필요한 허가, 등록, 신고증 사본이 필요합니다. 만약 허가(등록. 신고) 전에 사업자등록을 신청하는 경우에는 허가(등록)신청서 사본이나 사업계획서를 제출해야 합니다.

4. **동업계약서**: 공동사업자인 경우, 동업자 간의 합의 내용을 담은 동업계약서가 필요합니다. 이는 동업 관계와 지분 구조 등을 명확히 하기 위한 서류입니다.

5. **자금출처 명세서**: 사업 초기 자금의 출처를 명확히 하기 위한 서류로, 자금의 출처와 사용 내역 등을 기재해야 합니다.

▶ 국세청홈택스 사업자등록신청 화면

　　사업자등록증은 주소지 관할 세무서에 방문하면, 인허가 등 별도의 절차가 필요한 사업을 제외하고는 며칠 내로 발급받을 수 있습니다. 이 과정에서 특히 중요한 것이 '임대차계약서'입니다. 사업을 할 장소, 즉 사무실이 마련되어 있다는 것을 증명할 수 있는 임대차계약서가 없으면 사업자등록증 발급이 어려울 수 있습니다. 만약 아직 마땅한 사무실이 없다면, 공유 오피스의 사업장 주소지 제공 서비스를 이용하는 것도 하나의 방법입니다. 이를 통해 일단 사업자등록을 신청할 수 있고, 추후에 사무실을 마련할 수 있습니다.

사업자등록 시 업태나 종목을 선택해야 하는데, 자신이 하려는 사업이 어떤 업태나 종목에 해당하는지 고민이 될 수 있습니다. 이 경우 관할 세무서를 통해 상담을 받을 수 있습니다. 온라인 신청이 어려운 경우에도 관할 세무서를 방문하면 세무서 직원들이 친절하게 필요한 절차를 안내해 줄 것입니다.

3. 주식회사로 창업하기

이제 개인사업자가 아닌 법인사업자로 창업하는 방법, 즉 주식회사 설립 절차에 대해 살펴보겠습니다. 상법상 법인의 종류에는 합명회사, 합자회사, 유한책임회사, 주식회사, 유한회사가 있지만, 이 중 **주식회사**가 전체 법인의 95% 이상을 차지할 정도로 대다수입니다. 따라서 특별한 이유가 없다면 스타트업 창업에도 주식회사가 가장 적합한 형태라고 할 수 있습니다. 예전에는 회사 설립 시 5천만 원 이상의 돈이 필요한 최저자본금 제도가 있었지만, 2009년 폐지되어 지금은 소규모 자본으로도 자유롭게 창업을 할 수 있게 되었습니다. 이론적으로는 100원을 자본금으로 하는 주식회사도 설립이 가능한 것이죠. 그렇다고 정말 100원으로 자본금을 설정하면 세무서 담당 직원의 따가운 눈총과 질문공세를 받게 되실테니 자제가 필요합니다. 실무적으로는 **300만 원에서 500만 원** 정도의 자본금이 적정한 최저 자본금으로 고려됩니다.

주식회사를 설립하려면 우선 ① 발기인을 구성하여, ② 회사상호와 사업목적을 정한 다음, ③ 정관을 작성해야 합니다. 정관 작성 후에는

④ 주식발행과 관련된 사항을 결정하고 ⑤ 발기설립 또는 모집설립의 과정을 거쳐 ⑥ 법인설립등기, 법인설립신고 및 사업자등록 절차를 거쳐야 합니다. 이를 모두 '설립행위'라고 합니다.

1. **발기인 구성:** 주식회사를 설립하기 위해서는 먼저 발기인을 구성해야 합니다. 발기인은 주식을 인수하고 회사를 설립하는데 주도적인 역할을 하는 사람들로, 주식회사의 최소 발기인 수는 1명 이상이어야 합니다.

2. **회사 상호와 사업 목적 결정:** 회사를 설립할 때는 회사의 상호(이름)와 사업 목적을 결정해야 합니다. 상호는 고유해야 하며, 다른 회사와 중복되지 않도록 주의해야 합니다. 또한 사업 목적은 회사가 영위하고자 하는 사업을 구체적으로 명시해야 합니다.

3. **정관 작성:** 정관은 회사의 조직과 운영에 관한 기본 규칙을 정한 문서로, 회사의 헌법과 같은 역할을 합니다. 정관에는 회사의 상호, 사업 목적, 주식의 발행 조건, 발기인의 성명과 주소 등 필수적인 사항이 포함되어야 합니다.

4. **주식 발행과 관련된 사항 결정:** 주식 발행 조건, 액면가, 발행 주식 수 등을 결정해야 합니다. 주식 발행과 관련된 사항을 구체적으로 정하여 자본금을 마련합니다.

5. **발기설립 또는 모집설립:** 주식회사의 설립 방식에는 발기설립과 모집설립이 있습니다. 발기설립은 발기인들이 회사의 모든 주식을 인수하여 설립하는 방식이고, 모집설립은 발기인이 아닌 일반인으로부터 주식을 모집하여 설립하는 방식입니다. 대개 스타트업은 발기설립 방식을 택합니다.

6. **법인설립 등기, 법인설립 신고 및 사업자등록:** 주식회사를 설립하려면, 설립등기와 관련된 서류들을 관할 법원 등기소에 제출하여 등기 절차를 완료해야 합니다. 그후 세무서에 법인 설립 신고를 하고 사업자등록증을 발급받아야 합니다.

위의 모든 과정을 '설립행위'라고 부르며, 이는 주식회사의 출발점이 됩니다.

이름 그대로 주식회사는 '주식'을 발행하고 그 '주식'을 사간 '주주'에게 돈(자본금)을 받고, 이 자본금을 모아 회사를 운영합니다.[1] 사업 규모가 커질수록 회사 운영 자금을 개인이 모두 충당하는 데 한계가 있

---

1   주식을 발행한 기업은 '1주당 액면가' x '발행한 총 주식수' 만큼의 자본금을 보유합니다.

습니다. 또한 외부 자금을 끌어오는 데에도 제약이 있기 때문에 주식 제도를 도입해 투자자를 모집하고, 각 투자자는 자신이 투자한 금액만큼의 책임만 지도록 설계된 것입니다. 즉, 주식회사의 주주는 그 주식의 인수가액을 한도로 하는 출자의무만을 부담할 뿐 회사채무에 대하여 아무런 책임을 지지 않습니다. 이를 '주주의 유한책임'이라 하며 주식회사의 가장 큰 특징이라 할 수 있습니다. 주주의 유한책임 덕분에 투자자가 손해를 제일 적게 보고(손실의 최소화)[2] 자본 확보가 쉬운 데다 회사 경영권을 명확히 할 수 있기 때문에 대부분의 회사가 주식회사의 형태를 띠고 있습니다.

이처럼 주식회사는 스타트업이 본격적인 성장과 확장을 목표로 할 때 적합한 법인의 형태로, 그 과정에서 다양한 자금 조달 방법을 활용할 수 있는 유연성을 제공합니다. 창업자가 자신의 사업을 확장하고 더 많은 투자자를 유치하고자 한다면, 주식회사의 설립을 신중히 고려할 필요가 있습니다.

---

2 다만 1인회사처럼 주식을 100% 보유한 경우에는 회사의 손해를 그 주식을 보유한 개인에게 부담하게 할 수 있습니다. 이를 '법인격 부인'이라 합니다.

▶ 주식회사 설립절차[3]

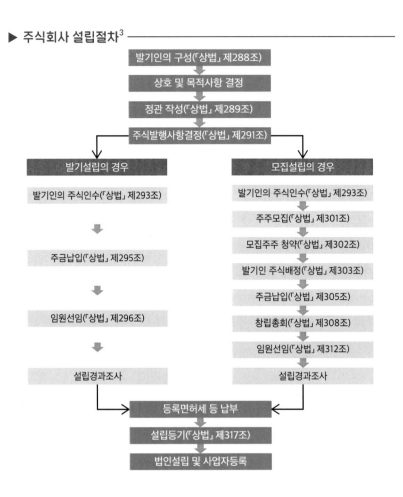

주식회사를 설립하는 방법에는 발기설립과 모집설립 두 가지가 있습니다. 각 방법은 주식의 인수 주체와 그 절차에 따라 구분됩니다.

(1) 발기설립

발기설립은 설립 시 발기인들이 회사의 모든 주식을 인수하여 회사를 설립하는 방식입니다. 즉, 설립 초기부터 발기인들이 전부의 주식

---

3 법무부 중소기업법률지원단, 「주식회사 설립절차」, 2면 참조.

을 인수하고, 외부의 주주를 모집하지 않습니다. 발기설립에는 다음과 같은 특징이 있습니다.

- 간단한 절차: 외부 주주를 모집하지 않기 때문에 설립 절차가 간단하고 빠르게 진행됩니다.
- 빠른 설립: 주주 모집 과정을 생략할 수 있어 상대적으로 빠르게 회사 설립이 가능합니다.
- 내부 관리 용이: 발기인들만 주식을 소유하므로 초기 회사 운영과 의사결정이 상대적으로 간편합니다.
- 리스크 부담: 발기인들이 모든 주식을 인수하기 때문에 자본금 조달에 대한 부담이 발기인들에게 집중됩니다.

(2) 모집설립

모집설립은 발기인들이 회사 설립 시 일부 주식만을 인수하고, 나머지 주식을 외부 주주들에게 공개 모집하여 인수하게 하는 방식입니다. 즉, 발기인 외에도 다수의 주주를 참여시켜 자본금을 모집합니다. 모집설립은 다음과 같은 특징을 보입니다.

- 자본 조달 용이: 외부 투자자를 모집할 수 있어 보다 많은 자본을 쉽게 조달할 수 있습니다.
- 다양한 주주 구성: 다양한 외부 주주가 참여함으로써 다양한 의견을 반영한 의사결정이 가능합니다.
- 복잡한 절차: 주식을 모집하는 과정에서 증권신고서 제출, 주식 청약 등의 절차가 필요해 시간이 더 소요되고 복잡합니다.
- 공시 의무 강화: 외부 주주를 모집하므로 회사의 재무 상태나 경영 상황에 대한 공시 의무가 강화될 수 있습니다.

발기설립과 모집설립의 선택은 창업자의 자금 조달 전략, 사업 규모, 투자자 유치 계획에 따라 결정됩니다. 소규모의 자본으로 신속하게 설립하려는 경우에는 발기설립이 유리하고, 대규모 자본을 확보하거나 여러 주주의 자금과 참여를 필요로 하는 경우에는 모집설립이 적합합니다. 각자의 필요와 상황에 맞게 설립 방식을 선택하는 것이 중요합니다.

구분	발기설립	모집설립
기능	소규모 회사설립에 용이	대규모 자본 조달에 유리
주식의 인수	주식의 총수를 발기인이 인수	발기인과 모집주주가 함께 주식 인수
인수 방식	단순한 서면주의	법정기재사항이 있는 주식청약서에 의함
주식의 납입	발기인이 지정한 은행 그 밖의 금융기관에 납입	주식청약서에 기재한 은행 그 밖의 금융기관에 납입
납입의 해태	민법의 일반원칙에 따름	실권절차(「상법」 제307조)가 있음
창립총회	불필요	필요
기관구성	발기인의 의결권의 과반수로 선임	창립총회에 출석한 주식인수인의 의결권의 3분의 2 이상이고 인수된 주식의 총수의 과반수에 해당하는 다수로 선임
설립경과조사	이사와 감사가 조사하여 발기인에게 보고	이사와 감사가 조사하여 창립총회에 보고
변태설립사항	이사가 법원에 검사인 선임 청구, 검사인은 조사하여 법원에 보고	발기인은 법원에 검사인 선임 청구, 검사인은 조사하여 창립총회에 보고

주식회사를 설립하기 위해서는 여러 절차와 서류 준비가 필요합니다. 주식회사 설립 절차, 필요 서류 그리고 주식회사 설립 관련 온라인 민원 신청 및 상담 서비스 등 자세한 내용은 중소벤처기업부에서 운영하는 『온라인 법인설립시스템(www.startbiz.go.kr)』에서 확인할 수 있습니다.

1) 발기인의 구성

주식회사를 설립하는 사람(혹은 설립에 관여하는 사람)을 '**발기인**(發起人)'이라고 부릅니다. 주식회사 설립절차에는 이 발기인이 중요한 역할을 하므로, 누가 발기인이 되는지는 주식회사 설립에 있어서 중요한 문제입니다. 발기인은 한 사람이 될 수도 있고 여러 사람이 될 수도 있으며, 그 자격에는 아무런 제한이 없습니다. 원한다면 중학생도 발기인이 될 수 있는 것이지요. 하지만 미성년자와 같은 경우에는 법정대리인(친권자 또는 미성년후견인)의 허락과 등기 등 일정한 절차를 거쳐 합니다.

2) 자본금의 결정

주식회사의 **자본금**은 회사 설립 시 모인 자금을 의미하며, 법적으로는 '발행주식의 액면총액'을 뜻합니다. 이는 액면주식 1주의 가격에 발행주식의 총수를 곱한 금액으로 정의됩니다(상법 제451조 제1항)[4]. 2009년 이전에는 상법상 주식회사의 최저 자본금은 5000만 원이었지만 삭제되었습니다(상법 제329조 제1항). 그런데 2009년 2월 개정상법에서 최저자본금 관련 규정이 삭제되면서 지금은 상법상 최저자본금과 관련된 제한 규정이 더 이상 존재하지 않습니다. 다만, 액면주식의 최소액면금액이 100원으로 정해져 있기 때문에 실질적으로 액면주식을 발행하는 경우의 최저자본금은 100원이라 할 수 있습니다(실무적으로는 최저자본금을 너무 작게 하면 나중에 사업자등록증을 발급받을 때 어려움이 있기 때문에 최소한 100만 원 이상으로 하시기를 권해드립니다).

회사의 목적이나 사업 방향, 조직의 형태에 따라 적절하게 자본금을 정할 필요가 있습니다. 또한 회사를 설립할 때에는 **수권주식**의 수도 결정해야 하는데, 수권주식이란 회사가 장차 발행할 주식의 총수를 의미합니다. 곧 수권자본제도 하에서 정관에 회사가 발행할 권한이 부여되어 있는 주식을 말하는 것이지요. 회사를 설립한 이후에는 주주총회를 개최해 정관 개정의 절차를 거치지 않고도 이사회가 수권주식의 수 범위 내에서 자유롭게 주식을 발행할 수 있다는 점에서 의미가 있습니다.

2011년 개정상법 이전에는 설립 시 최소한 수권주식의 4분의 1 이

---

4 회사가 무액면주식을 발행하는 경우의 자본금은 주식 발행가액의 2분의 1 이상의 금액으로서 이사회 또는 주주총회에서 자본금으로 계상하기로 한 금액의 총액을 의미합니다(상법 제451조 제2항). 그런데 무액면주식이 2011년 개정상법에서 도입된 제도라 아직 무액면주식을 발행하는 경우는 많지 않습니다.

상의 주식을 발행하도록 했습니다. 이 때문에 수권주식의 수는 최초 설립 시 발행하는 주식의 4배 이상으로 할 수 없었습니다. 그러나 현재는 이 제약이 사라졌고, '수권주식의 수(발행할 주식의 총수)'에 대해서도 아무런 제한이 없습니다. 하지만 법률상 제약이 없다고 아무렇게나 수권주식의 수를 정해서는 안 되겠죠. 수권주식의 수는 향후 엔젤투자, 시리즈 A, 시리즈 B 투자 시 발행할 주식 수 등을 미리 계산해보고 예측 수량보다 여유 있게 결정하는 것이 좋습니다. 수권주식의 수에 여유가 없다면 수권주식 수를 변경하기 위한 주주총회를 개최하여야 하고, 이를 반영하는 변경 등기 이후에야 변경된 수권주식 수의 범위 내에서 이사회를 개최해 주식을 발행할 수 있기 때문이지요.

3) 상호 정하기

회사를 만들겠다고 마음먹었다면 가장 먼저 정해야 할 것이 있습니다. 바로 회사의 이름이죠. 사업 계획이나 투자자 확보 같은 일도 미리 해 두어야 하는 중요한 숙제지만, 절차적인 면에서 가장 먼저 해야 할 일은 바로 이 회사의 이름, **상호**(商號)를 정하는 것입니다. 법률상 '상호'는 "영업상 자기를 표시하기 위하여 사용하는 명칭"으로서, 주식회사는 상호 앞에 '주식회사' 또는 '㈜'를 병기합니다. 우리가 흔히 보는 'OOO 주식회사'의 OOO이 바로 상호입니다.

〈상법〉
제22조(상호등기의 효력) 타인이 등기한 상호는 동일한 특별시·광역시·시·군에서 동종영업의 상호로 등기하지 못한다.
제23조(주체를 오인시킬 상호의 사용금지) ① 누구든지 부정한 목적으로 타인의 영업으로 오인할 수 있는 상호를 사용하지 못한다.
② 제1항의 규정에 위반하여 상호를 사용하는 자가 있는 경우에 이로 인하여 손해를 받을 염려가 있는 자 또는 상호를 등기한 자는 그 폐지를 청구할 수 있다.
③ 제2항의 규정은 손해배상의 청구에 영향을 미치지 아니한다.
④ 동일한 특별시·광역시·시·군에서 동종영업으로 타인이 등기한 상호를 사용하는 자는 부정한 목적으로 사용하는 것으로 추정한다.

상호는 회사의 첫인상을 결정짓는 중요한 요소이므로 신중하게 결정해야 합니다. 상호는 원칙적으로 자유롭게 정할 수 있습니다. 하지만 위 조문처럼 '부정한 목적'으로 '타인의 영업으로 오인할 수 있는' 상호를 사용하지 못합니다. 꿈에 조상님이 나타나 '삼성전자'라는 멋진 이름을 점지해 주셨다고 하더라도 허락없이 이 명칭을 사용할 수 없다는 것이죠. 이러한 행위는 기존에 삼성전자라는 상호가 쌓아 올린 가치를 멋대로 훔치는 일이고, 상호를 보는 소비자들이 혼동을 일으켜 (진짜) 삼성전자에 많은 피해를 주는 일입니다. 정말로 이런 일이 있다면 삼성전자 법무팀에서 사장님을 가만히 두지 않을 겁니다.

이때 법이 말하는 **부정한 목적**이란 "어느 명칭을 자기의 상호로 사용함으로써 일반인으로 하여금 자기의 영업을 그 명칭에 의하여 표시된 타인의 영업으로 오인시키려고 하는 의도"를 말하는데, 동일한 특별시·광역시·시·군에서 동종영업으로 타인이 등기한 상호를 사용했다면 굳이 그 의도를 따지지 않고, 부정한 목적으로 사용하는 것으로 '추정'[5]해 버립니다(상법 제23조 제1항, 제4항). 여기에 국내에 널리 인식된 타인의 상호 등 타인의 영업임을 표시하는 표지와 동일하거나 유사한 것을 사용하여 타인의 영업상의 시설 또는 활동과 혼동하게 하는 행위도 금지됩니다(부정경쟁방지 및 영업비밀보호에 관한 법률 제2조 제1호 나목).

예전에는 동일한 특별시·광역시·시 또는 군 내에서는 동일한 영업을 위하여 다른 사람이 등기한 것과 확연히 구별할 수 있는 상호가 아니면 등기할 수 없었지만, 법이 개정되어 다른 사람이 등기한 것과 '동일한' 상호만 등기할 수 없게 되었습니다(상업등기법 제29조). 즉, 어느 정도 유사한 상호는 등기할 수 있게 된 것이죠.

---

5   법적으로 '명확하지 않은 사실을 일단 있는 것으로 정하여 법률 효과를 발생시키는 일'로서, 이를 민사소송법에서는 '사실상의 추정'이라고 하며 이를 뒤집을 수 있는 '반증'이 있으면 추정을 깨뜨릴 수 있습니다. 예를 들면 민법 844조는 "혼인 중에 처가 임신하여 태어난 자식은 부의 자식으로 추정"하는데, 부의 자식이 아니라는 유전자 감식 결과로 추정을 깨뜨릴 수 있는 것이지요. 반면 반증이 있어도 발생된 효과를 바꿀 수 없는 것은 간주(看做)라고 합니다. 간주를 깨려면 정식으로 재판을 통해 판결을 받아 해당 내용을 원천적으로 무효로 만들어야 합니다.

이처럼 동일한 관할 구역 내에서는 같은 이름의 상호를 동종영업의 상호로 쓸 수 없기 때문에, 상호를 정하기 전에는 같은 이름의 상호가 있는지 확인하는 절차를 꼭 거쳐야 합니다. 이는 아래 대법원이 운영하는 인터넷 등기소에서 확인할 수 있습니다.

대법원 홈페이지(http://www.scourt.go.kr) →
인터넷등기소 → 법인등기부 → 열람 → 상호검색

4) 정관 만들기

주식회사를 포함한 법인의 조직과 활동을 규율하는 근본 규칙, 즉 내부규칙을 '**정관**'이라고 합니다. 말하자면 회사의 '헌법'과 같은 것이죠. 이 규칙을 만드는 것을 '정관의 작성'이라고 합니다. 상법 제288조는 발기인이 정관의 작성을 통해 주식회사를 설립하도록 정하고 있으므로, 주식회사를 설립하기 위해서는 반드시 주식회사의 내부규칙인 정관을 작성해야 합니다.

정관은 법인의 월권을 경계하고, 그 활동을 법인의 목적에 맞게 제한하는 역할을 합니다. 이 정관에는 반드시 들어가야 할 사항(필수적 기재사항)이 있으며, 이는 법인의 성격에 따른 근거 법률에 규정되어 있습니다. 회사는 상법에 규정되어 있죠.

정관은 주식회사의 **기본적인 조직·활동을 정하고 있는 근본규칙**이기에 회사와 관련된 모든 사건과 분쟁해결의 기초가 됩니다. 이 정관은 단순히 만들기만 한다고 끝이 아니라, 공증인[6]의 인증을 받아야 효력이 생깁니다(상법 제292조 본문). 다만, 10억 원 미만인 소규모 자본으로 시작하는 경우에는 공증인의 인증이 필요하지 않고, 각 발기인이 정관에 기명날인 또는 서명함으로써 효력이 생깁니다(동조 단서).

---

6 공증인(公證人)은 당사자나 기타 관계인의 청탁에 의해 법률행위 또는 기타 사권과 관련된 사실에 대한 공정 증서의 작성, 사서증서에 대한 인증과 공증인법 및 기타의 법령이 정하는 공증인의 사무를 처리하는 자를 말합니다.

<상법>

제292조(정관의 효력발생) 정관은 공증인의 인증을 받음으로써 효력이 생긴다. 다만, 자본금 총액이 10억원 미만인 회사를 제295조제1항에 따라 발기설립(發起設立)하는 경우에는 제289조제1항에 따라 각 발기인이 정관에 기명날인 또는 서명함으로써 효력이 생긴다.

정관에는 목적, 명칭, 사무소 등 법률이 정한 필요 기재사항을 적고, 그중 한 가지만 빠뜨려도 정관 전체가 무효가 되는 사항(절대적 기재사항)과, 굳이 기재하지 않아도 정관 자체의 효력에는 영향이 없지만, 기재하지 않으면 기재하지 않은 대로 법률상의 효력이 발생하지 않는 사항(상대적 기재사항)이 있습니다. 실무상으로는 절대적 기재사항 중 하나가 누락되면 아예 승인을 내어주지 않습니다.

<상법>

제289조(정관의 작성, 절대적 기재사항) ① 발기인은 정관을 작성하여 다음의 사항을 적고 각 발기인이 기명날인 또는 서명하여야 한다.
1. 목적
2. 상호
3. 회사가 발행할 주식의 총수
4. 액면주식을 발행하는 경우 1주의 금액
5. 회사의 설립 시에 발행하는 주식의 총수
6. 본점의 소재지
7. 회사가 공고를 하는 방법
8. 발기인의 성명·주민등록번호 및 주소

정관 작성을 하면서 처음 스타트업을 준비하는 분들이 주의해야 할 것이 있습니다. 스타트업에 관심있으신 분들이라면 온라인이나 길거리에서 법인 설립 업무를 대신해 준다고 하면서 '프리미엄 정관'을 제공한다느니, 스타트업에 최적화된 정관을 만들어 준다는 등의 광고를 보신 적이 있을 텐데요. 물론 이 광고가 전부 거짓이거나 단순히 시선

끌기용은 아닙니다. 아마도 해당 정관에는 스타트업뿐 아니라 대부분의 기업들이 장사하는 데 필요한 내용들이 들어가 있을 겁니다. 법이 요구하는 사항을 모조리 우겨넣었을 테니 말이죠. 하지만, 이미 이 책을 읽고 계시는 여러분은 굳이 광고판에 적힌 전화번호를 저장하느라 애쓰지 않으셔도 됩니다. 저와 함께 이 책의 내용을 차근차근 따라오시면, 스타트업을 시작하는 데 '완벽한' 정관을 직접 작성할 수 있을 테니까요. '**스타트업 성공의 프리미엄 레시피**', 바로 이 책에 담겨 있습니다.

가) 발행할 주식의 총수

회사를 설립할 때, 회사의 설립 시에 발행하는 주식의 총수만 생각해 발행할 주식의 수를 넉넉하지 않게 정하는 경우가 많습니다. 하지만 말씀드린 것처럼 회사는 언제 커질지 모르고, 당연히 커져야 합니다. 차후, 투자나 증자 등을 할 것을 대비해서 발행 주식 수를 넉넉하게 해 두는 것이 좋고, 발행할 주식의 종류 역시 특수한 형태의 종류주식을 포함하는 것으로 정관을 정해 놓을 필요가 있습니다. 나중에 회사가 성장하는 과정에서 정관 수정을 최소화할 수 있기 때문입니다.

한 번 정한 정관을 수정하려면 원칙적으로 주주총회를 소집하고 특별결의를 거쳐야 하는데, 이 과정은 시간과 비용이 많이 들고 상당한 노력이 필요합니다. 그러니 처음부터 발행할 주식 수와 종류를 충분히 고려해 여유를 두고 신중하게 정관을 작성하는 것이 중요합니다. 초기 설계 단계에서부터 전략적으로 준비해 둔다면, 회사가 성장할 때 예상치 못한 상황에도 훨씬 더 유연하게 대응할 수 있습니다.

나) 회사 공고방법

요즘은 대부분의 회사들이 기업 고유의 홈페이지를 운영하고 여기에 회사의 소식과 갖가지 정보들을 업데이트합니다. 이 곳에서 직접 자사의 제품을 판매하기도 하고, 소비자와 소통하는 창구로 활용하기도 하죠. 이 중 일부에 대해서는 법으로 공지를 강제하고 있는데요. 회사를 운영하면서 주요한 사항들에 대해 일간신문에 공고를 한다는 내용이 그것입니다(상법 제289조 제3항).

하지만, 요즘처럼 디지털 미디어가 활성화된 시대에는 종이 신문을 구독하는 사람이나 이를 통해 공고를 접하는 사람이 그리 많지 않습니다. 이러한 흐름을 반영하여, 법에서는 정관에서 정한 방법에 따라 '홈페이지' 등 디지털 매체에 공지할 수 있도록 허용하고 있습니다. 이를 통해 일간신문에 공고를 게재하는 데 소요되는 비용을 절감할 수 있으며, 공고를 접하는 사람들에게도 보다 신속하고 편리하게 정보를 전달할 수 있습니다.

정관으로 미리 공고 방법을 회사의 홈페이지에 공고하는 것으로 정해 두면 일간신문에 공고하는 데 들어가는 비용을 절약할 수 있는 것이죠. 단, 상법 시행령 제6조에 따라 홈페이지 공고를 하기 위해서는 홈페이지 주소를 반드시 등기하여야 한다는 점을 잊지 말아야 합니다.

뿐만 아니라, 공고 내용의 접근성과 투명성도 중요한 고려사항입니다. 공고 페이지는 누구나 쉽게 찾을 수 있어야 하고, 공고 내용 역시 명확하고 투명하게 공개되어야 합니다. 이를 위해 많은 기업들은 홈페이지의 눈에 띄는 위치에 '공고' 또는 '공지사항' 섹션을 별도로 마련하고, 모든 관련 공지를 체계적으로 정리하여 누구나 쉽게 접근하고 이해할 수 있도록 하고 있습니다.

결국, 공고 방법에 대한 결정은 단순한 비용 절감 차원에 그치지 않고, 회사의 정보 전달 투명성을 높이며 고객 및 주주와의 신뢰를 구축하는 중요한 전략적 선택입니다. 이러한 사소해 보이는 작은 결정들이 모여 회사의 이미지를 결정하고, 장기적인 성공에 기여할 수 있음을 명심해야 합니다.

다) 종류 주식에 관한 사항

스타트업은, 초기에는 발기인들이 모은 종잣돈으로 회사를 설립한 후, 외부 투자를 받아 자본금을 확충하며 성장합니다. 이는 '소유와 경영의 분리'라는 주식회사의 제도 취지와도 잘 맞아떨어지는 방식이죠. 그러나 실제 투자 유치 과정에서는 단순한 '보통주'로만 투자를 받는 경우는 드뭅니다. 대신 투자자들은 특정 조건에 따라 투자금을 회수할 수 있는 '상환주'나 배당에서 우선권을 가지는 '우선주'와 같은 종류주식을 선호합니다. 이러한 종류주식은 투자자에게 투자금을 안전하게 회수할 수 있는 길을 열어주고, 회사가 발생한 이익을 보다 유리한 조건으로 분배할 수 있게 해줍니다. 이처럼 다양한 종류의 주식을 발행해 투자를 받으려면, 정관에 미리 이에 대한 사항을 명시해 두는 것이 필수적입니다.

1. 보통주(Common Stock)
- 보통주는 주식회사의 기본적인 형태의 주식입니다. 보통주 주주는 회사의 소유자로서 의결권을 가지며, 회사의 이익에 대해 배당을 받을 권리가 있습니다. 배당 지급 시, 보통주는 우선주에 비해 후순위로 배당을 받습니다. 또한, 회사가 청산될 경우 잔여 재산 분배에서도 후순위입니다.
- 보통주는 특별한 법적 근거 없이 상법의 일반적인 규정에 따라 발행될 수 있으며, 주식회사의 표준적인 주식 유형입니다.

2. 상환주(Redeemable Stock)
- 상환주는 회사가 특정 조건을 만족할 때 주주로부터 주식을 다시 사들일 수 있는 권리가 있는 주식입니다. 상환 조건은 정관에 명시되어 있어야 하며, 상환의 주체가 회사인지 주주인지에 따라 상환 방식이 다를 수 있습니다. 상환주는 일반적으로 투자자 보호를 목적으로 발행되며, 투자자가 일정 기간 후에 투자금을 회수할 수 있는 안전장치를 제공합니다.
- 상법 제345조(주식의 상황에 관한 종류주식)에 의거하여, 회사는 발행하는 주식의 전부 또는 일부를 상환주식으로 할 수 있으며, 상환 방법 및 절차는 정관에 규정되어 있어야 합니다.

3. 우선주(Preferred Stock)
- 우선주는 배당금 지급 및 회사 청산 시 잔여 재산 분배에서 보통주보다 우선권을 가지는 주식입니다. 우선주는 배당금의 비율이 고정되어 있는 경우가 많고, 일반적으로 의결권이 없는 것이 특징입니다. 그러나 의결권이 없는 대신 회사의 배당정책에서 우선적으로 보호받을 수 있습니다. 우선주의 조건은 정관에 명시되어 있어야 합니다.
- 상법 제344조(종류주식)에 의거하여, 회사는 정관에 의해 특정한 사항에 대해 다른 종류의 주식과 구별되는 권리를 가지는 종류주식을 발행할 수 있습니다. 우선주는 이러한 종류주식의 한 형태로 발행될 수 있습니다.

물론, 처음에 정관에 이러한 내용을 포함시키지 않고 회사를 설립한 후 나중에 투자 유치 시 정관을 개정해 종류주식을 추가할 수도 있습니다. 그러나 이 과정에서는 주주총회를 소집해야 하는 번거로움이 따르기 때문에, 처음부터 차후의 투자 상황을 염두에 두고 정관에 종류주식 관련 사항을 포함시켜 두는 것이 훨씬 효율적입니다. 이렇게 미리 준비해 두면, 이후의 절차를 보다 간편하게 처리할 수 있어 회사의 성장과 발전에 큰 도움이 될 것입니다.

라) 이사의 수 및 감사 선임에 관한 사항

새로 만들어지는 스타트업은 대부분 중소기업[7]이고, 자본금이 10억을 넘지 않는 경우가 많습니다. 10억이라는 숫자가 중요한 이유는 자본금 10억 미만인 회사의 경우 상법 383조에 따라 이사를 1인 또는 2인만 둘 수 있고, 이 경우에는 이사회를 굳이 열 필요가 없기 때문입니다. 이사회는 회사의 운영과 중요한 사항의 의사를 결정하는 동시에 이사들에 대한 상호 통제에 관한 기능도 하는데 자본금이 10억 미만인 소규모 회사의 경우 사실상 1인 이사 체제로 운영되는 경우도 많고, 그때그때 상황에 맞춰 빠르고 신속한 결정이 필요한 경우도 많기 때문에 정관에 1인 이사 선임에 대한 규정을 두고 1인 이사 또는 2인 이사체제로 운영을 하는 것도 가능하게 만들어 놓은 것이죠. 이 역시 2009년 개정 상법에 의하여 가능해졌습니다.[8]

다만, 이렇게 정해버리면 회사의 주요한 내용에 관한 의사 결정 중 법으로 이사회가 반드시 결정해야 할 내용들을 이사의 찬성이 아닌 주주 전원의 서면결의로 하여야 하기 때문에 이 역시 참고로 알아 두시면 좋습니다. 이사 수를 최소화하면서도 회사의 신속한 의사결정을 위해 유연한 운영 방안을 마련하는 것이 중요합니다.

---

7 중소기업 기준은 영리기업 또는 비영리 사회적기업을 대상으로 적용하며, 규모기준과 독립성기준을 모두 충족해야 중소기업에 해당합니다(중소기업기본법 제2조 및 같은 법 시행령 제3조).

8 제383조(원수, 임기) ① 이사는 3명 이상이어야 한다. 다만, 자본금 총액이 10억원 미만인 회사는 1명 또는 2명으로 할 수 있다.

또 자본금이 10억 원이 안 될 때에는 '감사'도 선임하지 않아도 됩니다.[9] 감사(監事)는 이사의 업무집행과 회계를 감사할 권한을 가진 주식회사의 필요적 상설기관입니다. 사전은 '감사'를 "사무나 업무의 집행 또는 재산의 상황 및 회계의 진실성을 검사하여, 그 정당성 여부를 조사하는 일을 말한다"고 하고 있습니다. 즉 회사가 제대로 운영되는지, 이사가 제대로 일을 하는지, 돈은 제대로 굴러가는지, 회계상 부정은 없는지 등 갖가지 사무를 점검하고 감시할 역할을 가진 무시무시한 사람이죠. 감사 역시 본래는 주식회사의 경우 필수적으로 선임해야 하지만 자본금 10억 미만 회사인 경우에는 감사를 별도로 두고 유지하는 것 자체가 부담될 수 있기 때문에 이사회와 마찬가지로 두지 않을 수 있도록 하고 있습니다.

그러나 자본금 10억 미만 회사라고 하더라도 회사를 설립할 당시에는 감사가 필요하기 때문에 통상 감사를 선임하여 설립 등기까지 마친 후 다시 사임하게 하는 방법을 사용하니 이 점도 참고하시기 바랍니다.

마) 주주총회의 전자투표에 관한 사항

자본금이 작은 회사들은 주주총회에 있어서도 배려를 받습니다. 주주총회의 소집을 '전자적 방법'으로 할 수 있고, 사전 통지 없이도 주주총회가 가능하도록 규정해둔 것이죠.[10] 즉, 자본금 10억 미만인 경우에는 주주총회 10일 전(원칙은 14일입니다.)에 서면 통지 또는 전자문서로 통지를 할 수 있고, 심지어 주주 전원의 동의가 있다면 별도의 주주총회 통지나 주주총회 없이도 주주총회 결의와 같은 효과가 있는 '서

---

9   제409조(선임) ① 감사는 주주총회에서 선임한다. ④ 제1항, 제296조제1항 및 제312조에도 불구하고 자본금의 총액이 10억원 미만인 회사의 경우에는 감사를 선임하지 아니할 수 있다.

10 제363조(소집의 통지) ③ 제1항에도 불구하고 자본금 총액이 10억원 미만인 회사가 주주총회를 소집하는 경우에는 주주총회일의 10일 전에 각 주주에게 서면으로 통지를 발송하거나 각 주주의 동의를 받아 전자문서로 통지를 발송할 수 있다. ④ 자본금 총액이 10억원 미만인 회사는 주주 전원의 동의가 있을 경우에는 소집절차 없이 주주총회를 개최할 수 있고, 서면에 의한 결의로써 주주총회의 결의를 갈음할 수 있다. 결의의 목적사항에 대하여 주주 전원이 서면으로 동의를 한 때에는 서면에 의한 결의가 있는 것으로 본다.

면결의'가 가능하도록 상법에서 길을 열어두었습니다. 이는 현대 비즈니스 환경에서 전자문서가 일상적으로 사용되면서, 주주들에게 정보를 보다 편리하고 신속하게 전달할 수 있는 방법으로 점점 더 많이 채택되고 있는 사례입니다.

뿐만 아니라, 전자적 방법으로 주주총회에 참여하고 투표할 수 있는 전자투표 시스템을 도입하는 것도 가능합니다. 전자투표는 주주들이 물리적으로 총회에 참석하지 않아도 의결권을 행사할 수 있게 해줍니다. 특히 해외에 거주하는 주주나 바쁜 일정을 가진 주주들에게 유용합니다. 전자투표 시스템을 도입하면 주주 참여율을 높일 수 있을 뿐만 아니라, 의사결정 과정의 투명성과 신뢰성도 강화할 수 있습니다.

또한, 모든 주주의 동의가 있는 경우에는 별도의 주주총회 소집 없이 서면결의를 통해 주주총회 결의와 동일한 효력을 얻을 수 있습니다. 이는 주주들이 모이는 데 필요한 시간과 비용을 줄이는 동시에, 긴급한 사안에 대해 신속히 대응할 수 있는 장점을 제공합니다.

전자투표와 서면결의의 도입은 특히 스타트업이나 자본금이 적은 회사에게 큰 이점이 됩니다. 이러한 방식을 활용하면, 시간과 장소의 제약 없이 중요한 경영 결정을 내릴 수 있으며, 주주들이 보다 적극적으로 회사 경영에 참여할 수 있는 기회를 제할 수 있습니다.

주주총회 전자투표 및 서면결의 제도를 정관에 미리 포함시켜 둔다면, 회사 운영의 유연성과 효율성을 높이고, 주주들과의 원활한 소통과 협력을 도모할 수 있을 것입니다.

(3) 설립등기

상법에 따르면 회사는 본점이 위치한 곳에서 **설립등기**를 마침으로써 비로소 법적으로 성립하게 됩니다(상법 제172조). 주식회사의 설립등기와 관련된 사항은 상법 제317조 제2항에 상세히 규정되어 있으며, 이를 바탕으로 회사가 법적 지위를 갖추게 됩니다.

주식회사를 설립할 때, 발기인이 전부 주식을 인수한 경우에는 설립

절차가 끝난 날로부터, 발기인이 주주를 모집한 경우에는 창립총회가 끝난 날 또는 설립 절차가 종료된 날로부터 2주 이내에 설립등기를 완료해야 합니다(상법 제317조 제1항). 이 설립등기는 회사가 법적으로 존재하게 되는 시점을 명확히 하는 '창설적 효력'을 갖습니다. 따라서 설립등기를 마친 후에만 주식회사는 주권을 발행할 수 있으며(상법 제355조), 이는 주주들에게 주식의 소유권을 증명하는 중요한 역할을 합니다.

주권(株券, Share certificate)이란 주주의 회사에 대한 법적 지위를 나타내는 유가증권입니다. 쉽게 말해, 주주가 보유한 주식에 대한 권리를 기재한 문서입니다. 그러나 실제로 종이 형태의 주권(실물 주권)을 발행하는 경우는 드뭅니다. 기명주식(주주의 이름이 기재된 주식)의 경우, 주주명부에 이름이 등재되어 있다면 주권의 제시 없이도 권리를 행사할 수 있기 때문입니다. 게다가 실물 주권을 분실하거나 도난당했을 때, 이를 무효화하고 재발행 받는 데 상당한 시간과 비용이 소모될 수 있습니다.

이러한 이유로, 상법은 정관에 특별한 금지 규정이 없는 한, 주권을 소지하지 않겠다는 의사를 신고한 경우 주권 없이도 주주로서의 권리를 행사할 수 있는 **'주권불소지 제도'**를 도입하고 있습니다(상법 제358조의2). 이제는 종이 형태의 주권을 실제로 보는 것이 드문 일이 되었을 정도로, 대부분의 회사가 이 제도를 활용하고 있습니다.

▶ **1989년 국민주로 발행된 한국전력 실물증권/한국예탁결제원 증권박물관**

법인설립등기를 한 후에는, 설립등기일로부터 2개월 이내에 법인설립신고서에 그 설립등기일 현재 법인설립에 필요한 서류를 첨부하여 관할세무서장에게 신고하는 '법인설립신고' 절차를 거쳐야 합니다. 이 신고를 끝내고, 인허가 및 사업자등록을 마치면 드디어 주식회사의 설립을 완료할 수 있게 됩니다.

간단한 것처럼 보이지만, 실제로 혼자서 법인 설립등기를 해보면 여러 가지로 어려운 점이 많습니다. 그래서 이 설립등기 업무를 저렴한 비용으로 대행해주는 업체들도 많이 나와 있습니다. 시간을 아끼고 싶은 분들은 이런 업체들의 도움을 받는 것도 나쁘지 않습니다. 하지만, 개인적인 의견으로는, 만약 여러분이 회사 설립을 결심하고 그 회사의 대표가 되겠다고 마음먹었다면, 한 번쯤 직접 설립 절차를 차근차근 경험해 보는 것도 의미가 있다고 생각합니다. 직접 발로 뛰어 만든 회사는 그만큼 더 애정이 갈 수밖에 없으니까요.

여기서 한 가지 팁을 드리자면, 자본금이 10억 미만인 스타트업이라면 **'온라인 법인설립시스템'**을 활용해 더욱 간편하게 법인 설립 절차를 진행할 수 있습니다. 자, 이제 실제로 법인을 만들어 볼 차례입니다. 차근차근 따라오세요. 시작합니다!

※ 온라인 법인설립시스템의 이용

온라인 법인설립시스템은 주식회사 설립 절차를 상당히 간소화할 수 있는 매우 유용한 도구입니다. 개인사업자의 경우, 관할 세무서에 사업자등록 신청만 하면 비교적 간단하게 절차가 끝나지만, 법인사업자, 즉 주식회사의 경우에는 먼저 법인 설립 절차를 완료한 후에 사업자등록을 해야 합니다. 사업자등록은 사업을 정상적으로 운영하면서 세금을 내기 위해 필수적으로 거쳐야 하는 절차입니다.

만약 사업자등록 없이 영업을 한다면, 그건 마치 운전면허 없이 도로에 나가는 것과 마찬가지입니다. '무허가 불법 영업'이라는 스릴 넘치는(?) 타이틀을 얻게 되실 텐데요, 이 타이틀은 그 누구도 원하지 않을 겁니다. 경찰에게 딱지 끊기는 것보다 세무서에서 날아오는 '세금 폭탄'이 훨씬 무섭다는 사실, 잊지 마세요! 사업은 모험과 도전의 연속이지만, 법적으로는 확실하게 준비하는 것이 중요합니다. 안전하고 합법적으로 사업을 운영해야 불필요한 걱정 없이 성공의 길로 갈 수 있습니다.

법인 설립 절차는 여러 가지 서류와 절차를 요구하고, 관련 법조문도 복잡하고 이해하기 어려워 처음 시작하는 사람들에게는 상당히 까다롭게 느껴질 수 있습니다. 하지만 다행히도 중소벤처기업부가 제공하는 '온라인 법인설립시스템(http://www.startbiz.go.kr)'을 이용하면, 모든 과정을 한 곳에서 간편하게 처리할 수 있습니다. 이 시스템은 '원클릭 재택창업시스템'을 제공하여, 주식회사 설립 시 필요한 30건 이상의 서류와 5개 기관 방문 과정을 한 번에 온라인으로 해결할 수 있게 해 줍니다. 단계별로 제공되는 설명과 가이드를 따라가다 보면 복잡한 법인 설립 절차도 쉽게 완료할 수 있습니다.

이 시스템 덕분에 주식회사 설립이 더 이상 복잡하고 어려운 일이 아닌, 누구나 도전할 수 있는 현실적인 목표로 바뀌게 되었습니다.

① 온라인 법인설립시스템 메인화면

② 법인설립시작 화면

③ 주식회사(발기설립) 시작

④ 법인설립 기본정보 입력절차

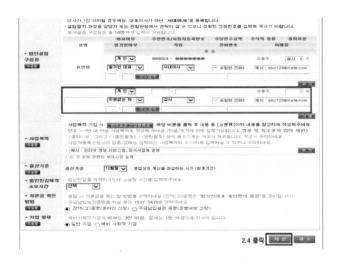

⑤ 법인설립에 필요한 서류들

서류명	작성상태		서류명	작성상태	
	서식	전자서명		서식	전자서명
• 1. 정관	완료	완료	• 2. 잔액(고)증명 신청서	완료	해당없음
• 3. 발기인회의사록	완료	완료	• 4. 이사회의사록 '사내이사가 3명이상'일 경우에만 작성합니다.	미작성	미작성
• 5. 법인등록면허세 신고서	완료	해당없음	• 6. 법인설립등기 신청서 전자서명은 '법인설립등기 신청 시'에 진행합니다.	완료	미작성
• 7. 사업자등록 신청서	완료	해당없음	• 8. 법인인감 신고서	완료	완료
• 9. 주주명세서	완료	해당없음	• 10. 사전동의서	완료	완료
• 11. 주식 발행사항 동의서	완료	완료	• 12. 주식인수증	완료	완료
• 13. 취임승낙서	완료	완료	• 14. 주주명부	완료	해당없음
• 15. 이사/감사 조사보고서 법인설립 시작하기 이후 잔액 증명서 발급 후 '감사'가 작성합니다.	완료	완료			

화면에서 보시는 것처럼 필요한 서류 목록뿐만 아니라 관련 절차, 납부해야 할 세금, 각종 증명서 발급에 대한 모든 정보를 한눈에 확인할 수 있습니다. 이 시스템을 간편하게 활용할 만한 가치가 충분하죠. 사실 저도 처음 스타트업을 시작할 때 이 서비스를 이용했었고, 주변에서 법인 설립과 관련된 자문을 요청할 때에도 이 시스템을 활용해 창업을 도운 경험이 있습니다.

이 시스템은 법인 설립 절차를 쉽게 진행할 수 있도록 도와주기 때문에, 많은 사람이 이를 통해 창업에 성공했습니다. 그 과정에서 공통적으로 겪는 어려움이 있는데, 이에 대해 중요한 팁을 하나 드리겠습니다. 정말 중요하니 잘 들어주세요.

온라인 법인설립시스템을 사용하다 보면, 시스템 접속이 불안정하거나, 등록면허세 납부 등의 결제 과정에서 오류가 발생하는 경우가 종종 있습니다. 이러한 문제들은 주로 사용자의 PC 시스템과의 충돌로 인해 발생하는데, 직접 해결하려고 하다 보면 오히려 시간을 낭비하게 되는 경우가 많습니다. 이럴 때는 지체 없이 상담원에게 전화를 걸어 **원격제어 서비스**를 받는 것이 최선입니다. 제가 주위의 여러 스타트업 창업자들을 도와주면서 이 문제를 여러 번 겪었지만, 상담원의 도움 없이 문제를 해결한 적은 단 한 번도 없었습니다. 시스템 오류가 발생한다면, 시간을 절약하기 위해 상담원에게 전화를 걸어 원격제어로 문제를 해결받는 것이 좋습니다. 사업은 타이밍이 중요하니까요. 시간 아껴서 빠르게 **스타트업 스타트**해야죠! (시간이 돈이라는 말, 창업의 세계에서는 그야말로 진리입니다.)

또한, 주주가 여러 명인 경우, 기본적으로 모든 주주의 서명이 필요한 문서들이 있습니다. 이러한 문서들은 일괄적으로 공인인증서를 사용해 서명해야 하는데요, 만약 시간이 촉박하다면, 주주가 될 멤버들이 다 같이 모여 오전에 온라인 법인설립시스템 단계를 진행하면 법인 설립에 필요한 시간을 절약할 수 있습니다.

마지막으로, 사업자등록증 신청은 온라인으로 하면 오히려 시간이 오래 걸릴 수 있습니다. 따라서 법인설립등기 절차가 완료된 후에는 관할 세무서에 직접 방문해 사업자등록증을 신청하는 것이 좋습니다. 직접 방문하면 당일에 바로 사업자등록증을 받을 수 있으니까요. 이 모든 팁은 제가 직접 경험한 것들이니, 분명히 도움이 되실 겁니다.

정부에서 제공하는 온라인 법인설립시스템이 아무리 편리해도, 사업 경험이 부족하거나 법률 지식이 많지 않은 경우라면 여전히 복잡한 용어와 절차 앞에서 머리가 지끈거릴 수 있습니다. 이럴 때는 주저하지 말고 **법률 전문가**에게 도움을 요청하는 것이 가장 현명한 선택입니다. '지피지기면 백전백승'이라는 말이 괜히 나온 게 아니죠. 스타트업을 설립하려는 목적과 사업 계획은 대표님의 성향이나 회사의 목표에 따라 달라질 수밖에 없습니다. 당연히 그에 맞는 설립 방법을 고민해야 하고, 사업 분야의 규제와 법률적 문제도 철저히 검토해야 합니다.

이쯤에서 이렇게 생각할 수도 있습니다. "법률 전문가가 필요하다는 건 알겠어요. 그런데, 그게 돈이 얼마나 드는지 알고 하는 말인가요?" 네, 압니다. 누구나 처음 창업할 때는 주머니 사정이 빡빡하다는 걸요. 하지만 괜한 비용 절감 욕심 때문에 중요한 법률 리스크를 제대로 검토하지 않고 사업을 시작했다가는, 정작 회사 문을 열기도 전에 좌초하거나 금전적으로 큰 손해를 볼 수도 있습니다.

실제로 제 고객 중에는 회사 설립 전이 아니라, 회사가 만들어진 이후에 투자나 사람관계, 갖가지 규제 리스크에 부딪히고서야 사무실 문을 두드리시는 분들이 많습니다. 이미 엎질러진 물을 다시 주워 담을 수는 없겠지만, 물이 흐르거나 새지 않게 튼튼한 양동이를 만들고, 그 양동이를 흔들림 없이 들어갈 정도로 충분한 근력을 기를 수는 있습니다. 앞서 이야기했던 '카풀' 서비스나 중고차 스타트업들의 실패도 결국, 법률 전문가의 사전 분석과 검토가 충분히 이루어지지 않았기 때문에 발생한 사례라 할 수 있습니다. 만약 그들이 초기에 법률 전문가의 조언을 구하고, 관련 규제와 법적 리스크를 충분히 파악했더라면, 사업 모델을 보다 탄탄하게 설계하거나 적절한 대응책을 마련할 수 있었을 것입니다.

제가 변호사로 일하면서 다양한 스타트업을 지원해왔지만, 사실을 말하자면, 많은 창업자가 "까짓것, 그냥 해 보자!" 하는 마음으로 시작했다가 문제를 만나고 나서야 저를 찾습니다. 안타깝지만, 그때는 이미 늦은 경우가 많아요. 스타트업의 창업 과정은 마치 모험과 같습니다. 누구나 성공하고 싶어하지만, 길목에는 예상치 못한 함정들이 도사리고 있죠. "이 정도는 괜찮겠지?"라는 안일한 생각이 사업의 큰 위기로 이어질 수 있습니다.

법률 전문가를 초기에 자문으로 삼는 것이 가장 좋은 선택이라는 걸 모르는 사람은 없을 겁니다. 그럼에도 불구하고, 많은 창업자가 '비용이 너무 많이 들지 않을까' 하는 걱정에 선뜻 문을 두드리지 않죠. 하지만 저는 비용에 대한 걱정은 잠시 내려놓으시라고 말씀드리고 싶습니다. 돈을 아끼려다가 큰 리스크를 놓치고 나면, 회사가 문을 열기도 전에 망하거나, 애써 키운 회사를 잃게 되는 상황을 맞을 수 있습니다. 이런 경우는 피해야겠죠?

그래서 요즘에는 스타트업 초기 비용을 줄여주기 위해, 법률 자문 비용 대신에 회사의 지분을 취득하는 방식으로 전략적 업무 제휴를 하는 경우가 늘고 있습니다. 이렇게 되면 스타트업은 초기 자본 부족으로 인한 부담을 덜 수 있고, 저는 스타트업의 성장 가능성에 투자하여 함께 성공의 길을 걸을 수 있게 되죠. 이 방법은 일종의 '지분으로 인생 역전하기' 프로젝트라고 할 수 있습니다.

예를 들어, 스타트업 창업자의 비전을 경청하고, 그 꿈을 실현할 수 있도록 법인 설립부터 사업자등록 신청까지 모든 과정을 돕습니다. 그리고 필요한 인가나 허가를 받는 데 필요한 절차에 대한 조언과 대행도 제공합니다. 그 대가로, 저는 회사의 일부 지분을 취득하게 됩니다. 이렇게 지분을 확보한 변호사는 이후에도 회사의 주주로서 혹은 지분 참여자로서 적극적으로 의견을 내고, 잠재적인 분쟁을 예방하며, 향후 있을 수 있는 문제를 미리 방지합니다.

이것이 바로 '**고문 변호사**'의 역할입니다. 때로는 'CLO(Chief Legal Officer)'나 '법무이사'로 회사 경영에 보다 직접적으로 참여하기도 합니다. 또, 변호사들이 그동안 쌓아온 법률 자문 네트워크를 통해 벤처 캐피털(VC)이나 엔젤 투자자들을 소개해 주는 서비스도 제공할 수 있죠. 말 그대로 법률 전문가가 회사의 일원이 되어, 스타트업이 성공할 수 있도록 든든한 지원군이 되어주는 것입니다. 스타트업 입장에서는 초기 자본이 부족한 상황에서도 안정적인 법률 자문을 받으며 사업에만 집중할 수 있다는 큰 장점이 있습니다. 저 같은 법률 전문가에게는 스타트업의 미래 가치에 투자하여 함께 성장할 수 있는 기회가 생기는 셈이죠. 그야말로 서로에게 '**윈윈**'이 되는 전략적 파트너십이라 할 수 있습니다.

스타트업 창업을 준비하면서 법률적 조언이 필요하다고 느끼신다면, 걱정하지 마세요. 누구나 처음은 당황스럽기 마련이니까요. 그렇다고 해서 당장 저에게 전화해 상담을 요청하라는 얘기는 아닙니다. 솔직히 그러면 저도 좀 난감해질 수 있거든요! 그러니 우선 제 말에 집중해 보세요.

스타트업의 세계는 마치 미지의 바다를 항해하는 것과 같습니다. 그 바다에는 숨겨진 보물도 있지만, 예상치 못한 암초도 곳곳에 도사리고 있죠. 하지만 여러분의 열정과 이 책에 담긴 법률 지식이 합쳐지면, 어떤 거친 파도도 멋지게 헤쳐 나갈 수 있을 겁니다. 책 속에 담긴 전략과 노하우를 최대한 활용해 보세요. 이 책은 단순한 법률 가이드가 아니라, 여러분의 성공적인 창업 여정에 든든한 나침반이 되어줄 겁니다.

여러분, "소탐대실(小貪大失)"이라는 고사성어를 아시나요? 작은 이익을 탐하다가 큰 손해를 본다는 뜻입니다. 이 이야기는 스타트업에도 그대로 적용됩니다. 법률 전문가의 자문을 받는 데 드는 작은 비용을 아끼려다가 결국 사업 전체를 날려버리는 경우를 많이 봐왔기 때문입니다.

제가 경험한 실제 사건들을 소개해 드리겠습니다(모든 사례는 가명을 사용해 재구성 했습니다).

'와우테크'는 인공지능 기술을 활용해 고객 맞춤형 서비스를 제공하는 획기적인 플랫폼을 개발한 스타트업이었습니다. 창업자는 기술적으로 매우 뛰어난 사람이었고, 그의 비전을 믿은 투자자들이 초기 투자금을 빠르게 모아주었습니다. 하지만 창업자는 법률 자문을 받기보다는 그 돈을 개발팀 확장에 사용하기로 했습니다. 변호사를 고용하는 것이 불필요한 비용처럼 느껴졌던 것이죠.

초기에는 모든 것이 순조롭게 보였습니다. 그러나 몇 달 후, 큰 문제가 발생했습니다. 회사의 핵심 기술이 이미 다른 회사에 의해 특허로 등록되어 있었던 것이 드러난 것입니다. 기술이 겹친다는 사실을 알게 된 경쟁사는 소송을 제기했고, '와우테크'는 법정 다툼에 휘말렸습니다. 창업자는 급하게 변호사를 찾았지만, 이미 때는 늦었습니다. 준비되지 않은 소송에 대응할 수 없었고, 결국 회사는 큰 손해를 보고 투자자들마저 등을 돌렸습니다. 이 모든 것은 처음부터 특허와 관련된 법률 검토를 제대로 했더라면 피할 수 있는 일이었습니다. '소탐대실'의 전형적인 사례였습니다.

또 다른 실제 사례를 말씀드리겠습니다. '냠냠로드'라는 외식업 스타트업의 이야깁니다. '냠냠로드'는 '손님이 요리사가 되는 식당'이라는 새로운 콘셉트로 고객이 직접 요리를 만들어 먹는 독특한 체험형 레스토랑을 열었습니다. 콘셉트는 대단했고, 미디어에서도 큰 화제를 모았습니다. 고객들은 신나게 요리를 하고, SNS에는 이곳에서의 특별한 경험을 자랑하는 게시물이 넘쳐났죠. 그런데 큰 문제가 있었습니다. 창업자가 '프랜차이즈'라는 용어를 법적으로 제대로 이해하지 못하고, 관련 규제도 충분히 숙지하지 않은 채 가맹점을 모집하기 시작한 것이 문제였습니다.

'냠냠로드'는 가맹점 계약에서 중요한 법적 조건을 누락하고, 관련 법규를 제대로 준수하지 않았습니다. 그 결과는 참담했습니다. 식품위생법과 가맹사업법 위반으로 당국의 제재를 받았고, 이미 운영 중인 가맹점들에게도 큰 피해를 입혔습니다. 가맹점주들이 하나둘씩 사업을 철수하게 되었고, 회사의 평판도 급락했습니다. 사업 확장을 꿈꿨다가 오히려 발목이 잡힌 셈이었죠. 창업 초기부터 법률 전문가와 충분히 상의했더라면 이런 비극을 막을 수 있었을 것입니다.

또 다른 사례로, '짱짱빌더스'라는 친환경 건축 자재를 제조하는 스타트업의 이야기를 해볼까요? '짱짱빌더스'는 친환경 건축 자재를 생산하여 시장에 큰 반향을 일으켰습니다. 처음에는 순조롭게 사업이 진행되었지만, 문제가 발생한 것은 계약서 작성에서였습니다. 창업자가 경험 부족으로 중요한 조항을 빠뜨린 것이 화근이었습니다. 납품 계약서에 몇 가지 모호한 조항이 있었고, 이를 악용한 유통업체가 갑자기 추가 비용을 청구해왔습니다. 이로 인해 추가 비용을 감당할 여력이 없었던 '짱짱빌더스'는 큰 타격을 입고 시장에서 철수해야 했습니다.

반대로, 법률적 준비를 철저히 했던 '미스터코드'라는 소프트웨어 스타트업의 사례도 있습니다. 이 회사는 창업 초기부터 법률 전문가와 긴밀히 협력하여 철저하게 주주 계약서를 준비했습니다. 덕분에 나중에 추가 투자를 유치할 때 훨씬 유리한 조건을 이끌어낼 수 있었죠. 그래서 회사는 빠르게 성장했고, 현재는 업계의 선두 주자로 자리 잡았습니다. 이 경우는 '호미로 막을 것을 가래로 막는다.'는 말을 피한 좋은 사례입니다.

이처럼, 법률적 준비는 스타트업 성공의 중요한 열쇠 중 하나입니다. 사업 초기부터 철저한 법률 검토와 준비를 하는 것이야말로, 향후 닥칠 수 있는 모든 법적 리스크를 최소화하는 길입니다. 여러분이 스타트업 여정에서 겪을 수 있는 여러 함정들을 피하도록 이 책이 든든한 가이드가 되어 줄 것입니다. 자, 이제 함께 시작해봅시다! '스타트업 스타트!' 여러분의 도전을 응원합니다.

제3장

자본금 마련하기

제3장
자본금 마련하기

1. 자본금이 무엇인가요?

1. 자본금이 무엇인가요?

회사를 시작하기 위해 모아 그 회사에 부은(납입한) 돈을 '**자본금**'이라고 합니다. 대표님과 의기투합한 동업자들, 발기인들이 낸 돈이나 회사를 믿고 투자한 투자금으로 구성된 돈들이죠. 이 자본금은 자본증가를 의결함으로써 증가되기도 하고, 자본감소를 의결해 줄어들기도 합니다. 대한민국 기업의 가장 많은 형태인 주식회사의 경우에는 '**발행주식수에 액면가를 곱한 금액**'으로 계산합니다.[1] 주식의 액면가 총액을 의미하기 때문에 주식의 시가로 계산되는 시가총액과는 다릅니다. 쉽게 말해, 자본금은 회사가 설립 시에 확보한 기본적인 재정적 기초를 의미합니다. 자본금은 회사의 근간이 되기 때문에 엄격한 규제의 대상이 되는데, 상법에서는 '**자본유지**' 개념을 차용해 자본금을 쉽게 건드리지 못하도록 하고 있고, 회계처리에서도 회사가 손실이 나서 자본이 줄

---

1 무액면주식의 경우에는 주식의 발행가액 중 1/2 이상의 금액을 회사가 임의로 자본금에 계상할 수 있습니다.

어들더라도 자본금만은 최후에 차감되도록 구성하고 있습니다. 회사의 손실로 인해 자본금이 줄어드는 것을 **'부분자본잠식'**이라고 하고, 자본금까지 모두 써버려 자본 자체가 없어진 상태를 **'완전자본잠식'**이라고 합니다. 이러한 상황은 회사의 재정 상태가 매우 나빠졌음을 의미하므로, 회사의 지속 가능성에 큰 위협이 될 수 있습니다.

회사를 만든 이후에도 손해가 많아지거나 이익이 생기면 주주총회를 열어 자본을 매입하거나 없애버릴 수 있습니다. 회사 돈이 부족하다 싶으면 자본금을 늘리기도 합니다. 뉴스에서 많이 들어본 '유상증자', '유상감자', '무상증자', '무상감자'와 같은 단어들도 이 자본금과 관련이 있습니다. 딱 떨어지지는 않지만 회사가 직접 자본금을 늘리는지 아니면 외부의 도움을 받아 투자금을 유치하는지 여부로 '유상'과 '무상'을 나눈다고 생각하면 쉽습니다. **'유상증자'**는 외부 투자자로부터 추가 자금을 유치하여 자본금을 늘리는 것이고, **'무상증자'**는 회사가 보유한 잉여금을 자본금으로 전환하여 자본금을 늘리는 것을 말합니다.

스타트업은 대체로 작은 돈으로 시작합니다. 이는 회사를 운영할 자본금이 부족하다는 의미이기도 합니다. 스타트업의 자본금은 창업자가 전액 부담하거나, 동업자가 있다면 서로의 지분 비율에 따라 출자하게 됩니다. 하지만 '소규모' 자본이라고 해도, 창업자 개인의 입장에서는 평생 모은 큰돈일 수 있습니다. 그럼에도 불구하고, 이 자본금을 모두 넣더라도 사업을 운영하기에는 턱없이 부족한 경우가 많습니다. 그래서 많은 창업자가 주변의 인맥을 통해 자본금을 끌어와서 회사를 시작하는 것이 일반적입니다. 신용이 좋다면 은행을 찾을 것이고, 평판이 좋다면 지인이나 친척, 가족에게 돈을 빌리게 됩니다. 그런데 현실적으로 사업이라는 것이 성공할 확률보다 실패할 확률이 훨씬 높기 때문에 많은 창업자가 돈도 잃고, 신용도 떨어지며, 심지어 소중한 인간관계까지 잃어버리는 '창업실패'를 겪게 됩니다. 어렵게 돈과 인맥을 모아 초기 자본금을 마련한다 해도, 인건비, 임대료, 개발비, 마케팅비 등 각종 비용으로 인해 초기 자본금은 사업을 제대로 시작해보기도 전에 바닥나버리기 일쑤입니다.

그래서 스타트업에게 외부 자금을 마련하는 일은 선택이 아니라 필수입니다. 사실 회사를 운영하려면, 아니, 어떤 아이디어라도 사업으로 키우려면 돈은 반드시 필요합니다. 돈이 없다면, 멋진 아이디어도 그저 '종이 위의 공상'에 그칠 뿐이죠. 그렇기 때문에 자본을 끌어모으는 방법을 신중히 고민하고, 또 현명하게 선택하는 것이 매우 중요합니다. 대표님의 머릿속은 번뜩이는 아이디어로 이미 뜨겁게 타오르고 있지만, 그 불꽃이 꺼지지 않으려면 돈이라는 장작을 계속해서 던져줘야 합니다.

이 책에서는 자본금을 마련하는 다양한 방법을 하나씩 풀어보려고 합니다. 먼저, **'투자'**와 **'대출'**이라는 정석적인 방법에서부터 시작해 보겠습니다. "너무 뻔한 거 아닌가?"라고 생각할 수 있지만, 의외로 많은 스타트업이 이 기본을 놓치는 경우가 많습니다. 그리고 나라에서 제공하는 **'정부 과제 지원'** 프로그램도 소개할 예정입니다. '정부 지원'이라고 하면 왠지 복잡하고 어려울 것 같지만, 이 프로그램들을 잘 활용하면 꽤 큰 도움이 될 수 있습니다. 세금을 냈으니, 당당히 도움을 요청할 권리가 있죠.

그리고, 요즘 핫했던 'ICO(Initial Coin Offering)'에 대해서도 이야기해볼 것입니다. "어? 그거 다 지나간 거 아니야?"라고 의문을 가질 수 있지만, 이 책이 출간되는 2024년 현재, 가상화폐(암호화자산) 시장은 잠시 숨 고르기를 하고 있을 뿐입니다. 저는 이 시장이 언젠가는 다시 불타오를 것이라고 믿습니다. 그렇지 않다면, 왜 세계 곳곳에서 그렇게 많은 사람이 '비트코인'을 외치고 다니겠어요? 새로운 형태의 'ICO'는 자본 마련의 대안으로 다시 주목받을 가능성이 큽니다. 왜냐하면 전통적인 자본시장에서 개인의 참여는 제한적일 수 있지만, 코인 발행을 통한 자본시장은 상대적으로 개인에게 열린 기회가 많기 때문입니다. 한마디로, '한 방에 홈런'을 노릴 수 있는 무대가 다시 열릴 수도 있다는 겁니다!

이렇게 다양한 자본 조달 방법을 알아보는 것은, 여러분의 스타트업 여정에서 '자본'이라는 연료를 충분히 채워 넣기 위함입니다. "돈이 전부가 아니야!"라고 말할 수 있겠지만, 돈 없이는 좋은 아이디어도 절반의 힘밖에 발휘하지 못합니다. 기름이 떨어진 차에서 멋진 드라이브를 할 수 없듯이, 자본이 부족한 상태에서 성공적인 사업을 꿈꾸기는 어렵습니다.

1. 유상증자(Paid-in Capital Increase)
- 유상증자는 회사가 새로운 주식을 발행하여 외부 투자자나 기존 주주로부터 자금을 유치하는 방식으로, 자본금을 늘리는 방법입니다. 이는 자본금을 증가시켜 새로운 사업을 추진하거나 기존 사업을 확장할 때 필요한 자금을 확보하기 위해 사용됩니다.
- 방법에는 주주 배정 방식(기존 주주들에게 신주를 배정하여 자금을 모으는 방식), 제3자 배정 방식(새로운 투자자에게 신주를 발행하여 자금을 유치하는 방식), 공모 방식(불특정 다수의 투자자에게 주식을 공모하여 자금을 모으는 방식)이 있습니다.
- 회사의 자본금이 증가하여 재무구조가 개선되고, 기업의 성장에 필요한 자금을 확보할 수 있는 장점이 있습니다. 반면 주식의 발행으로 인해 기존 주주들의 지분 희석 가능성이 있습니다.

2. 유상감자(Paid-in Capital Reduction)
- 유상감자는 회사가 주식을 회수하고 그 대가를 주주들에게 지급함으로써 자본금을 줄이는 방법입니다. 자본을 감소시켜 자본금을 재조정하거나 과도한 자본을 줄여 효율적인 자본구조를 만들기 위해 사용됩니다. 회사가 보유한 자금이 너무 많거나 불필요할 때 자금을 반환하는 경우도 있습니다.
- 유상감자의 방법으로는 주식 소각(회사에서 자사주를 매입하여 소각하는 방식), 주주 반환(주주들에게 현금이나 기타 자산으로 반환하는 방식)이 있습니다.
- 장점으로는 자본 효율성을 높이고 주주가치를 증가시킬 수 있습니다. 반면에, 자본 감소로 인해 회사의 자본이 줄어들고, 회사의 재무 안정성에 영향을 줄 수 있습니다.

3. 무상증자(Bonus Issue)
- 무상증자는 회사가 보유하고 있는 잉여금(이익잉여금 또는 자본잉여금)을 자본금으로 전환하여 주주들에게 신주를 무상으로 배정하는 방식입니다. 주주의 지분을 확대하여 주식 유통량을 늘리고, 주가를 안정시키거나 인위적으로 상승시키기 위해 사용됩니다.

- 기존 주주들에게 보유 주식 비율에 따라 신주를 배정하는 방식으로 이루어집니다. 장점은 주주들에게 추가적인 주식을 무상으로 배정함으로써 주주가치를 높이고, 주식의 유동성을 증가시킵니다. 그러나 회사의 실질적인 자본 변화는 없으므로, 장기적인 자본 확충 효과는 없습니다.

4. 무상감자(Bonus Share Reduction)
- 무상감자는 회사가 자본금을 줄이되, 주주들에게 어떤 대가도 지급하지 않는 방식입니다. 주로 자본잠식 상태에서 자본금을 줄이는 데 사용됩니다. 회사의 재무제표를 정리하고, 회계적으로 손실을 보전하기 위해 사용됩니다.
- 손실이 발생했을 때 이를 보전하기 위해 자본금을 줄이는 방식으로 이루어집니다. 장점은 손실 보전을 통해 재무제표를 개선하고, 회사의 부실 이미지를 개선할 수 있습니다. 단점으로는 주주가치에 직접적인 변화는 없지만, 자본금 감소로 인해 주주들에게 부정적인 신호를 줄 수 있습니다.

5. 자본잠식(Capital Erosion)
- 자본잠식은 회사의 자본이 누적된 손실로 인해 감소하는 상태를 말합니다.
- 부분 자본잠식은 회사의 자본금이 손실로 인해 일부 잠식된 상태를 의미하고, 완전 자본잠식은 회사의 자본금이 모두 손실로 사라진 상태로, 회사의 순자산이 음수인 상태입니다.
- 자본잠식은 주로 회계적으로 회사의 재무 상태를 정리하고, 재무 건전성을 유지하기 위해 확인하는 중요한 지표입니다. 자본잠식이 발생하면, 회사는 자본금을 다시 늘리거나, 손실을 보전하기 위한 조치를 취해야 합니다.

(1) 투자와 대출

스타트업뿐 아니라 일상생활을 하면서도 우리는 투자와 차용(혹은 대여)의 개념을 제대로 이해하지 못하고 혼동해서 사용하고는 합니다. 법률적으로 어떤 것이 '투자'인지, '차용'인지 명확하게 판단하기 힘든 사례도 많고, 이 구분 때문에 분쟁이 일어나기도 합니다.[2] 우리 판례는

---

2 대표적인 사례로는 원고가 '대여금 반환'을 구하고(빌려간 돈을 돌려 달라!) 피고는 받은 돈이 투자금이었음을 주장(투자한 것이니 원금반환의무가 없다!)하며 원금을 반환할 의무가 없다고 주장하는 사건, 원·피고가 수수하기로 약정한 이자 또는 이익분배금에 대해 이자제한법(돈을 빌려주었다면 이자제한법이 적용되어 최고이자율 25%가 적용되

대여금인지 투자금인지 여부는 "수익발생의 불확실성, 원금의 보장 여부, 돈의 지급경위와 동기, 원금에 대한 대가의 고정성, 당사자들의 의사 등을 종합적으로 고려하여 판단"하여야 한다고 말하고 있습니다.

일반적으로 '**투자**'는 어떤 이익을 얻기 위해 시간이나 자본을 투입하는 모험적인 행위로 이해됩니다. 투자자는 이 모험에서 판돈(투자금)을 걸고, 그 판돈 이상의 수익을 기대하며 기업에 자금을 제공합니다. 좀 더 직설적으로 말하자면, 투자는 어떤 기업의 미래 가치를 보고, 내가 투자한 돈을 전부 잃을 위험을 감수하면서 그 기업에 내 자금을 투입하는 것입니다. 투자자는 그 대가로 기업으로부터 지분, 주식, 옵션 등의 보상을 받습니다.

이처럼, 투자자는 자신이 감수하는 위험만큼 기업에 대한 기여도를 인정받고자 하는 권리를 가집니다. 투자자는 회사의 경영에 참여하거나 지분을 요구할 수 있으며, 때로는 자신 또는 자신이 지정하는 사람을 기업의 임원으로 임명해 달라고 요청하기도 합니다. 이 요구가 조금 더 발전되면, 투자자는 일반적인 주식 대신 '전환상환우선주(RCPS)'라는 형태를 받기도 합니다. RCPS를 통해 투자자는 자신이 원하는 조건에 따라 투자금을 주식으로 전환하거나 상환받을 수 있는 선택권을 가지게 됩니다. 이처럼 투자자가 기업에게 요구할 수 있는 것들은 다양하며, 이는 자신이 투입한 자금이 헛되지 않도록 하기 위한 당연한 조치라고 할 수 있습니다. 투자자는 자신이 걸어둔 돈이 제대로 쓰이는지, 그리고 그에 걸맞은 가치가 있는 기업인지 판단하기 위해 여러 조건을 요구하며, 이는 창업자에게는 다소 까다롭게 느껴질 수 있습니다. 하지만 사업이 실패하더라도, 투자금에 대한 책임은 투자자에게 돌아가며, 기업은 그 돈을 돌려줄 의무가 없습니다.

고, 투자했다면 투자율에 따라 투자금을 받아야 하므로 그 제한이 사실상 사라집니다.)
이 적용될 수 있는지가 문제되는 사건, 피고인이 받은 돈의 법적 성격이 사기죄의 공소사실 증명에 영향을 주는 형사사건 등을 들 수 있습니다.

스타트업이 자본을 조달하는 방법은 여러 가지가 있으며, 각 방법은 투자자와 기업 모두에게 다른 권리와 의무를 제공합니다. 적절한 방법을 선택하기 위해서는 기업의 재무 상태와 성장 전략을 고려해야 합니다.

1. 상환전환우선주(Redeemable Convertible Preferred Stock, RCPS)

상환전환우선주(RCPS)는 투자자가 우선주를 일정 조건에 따라 보통주로 전환할 수 있으며, 동시에 회사에 상환을 요구할 수 있는 권리를 가지는 주식입니다.
- 특징: RCPS는 투자자에게 주식을 보통주로 전환하거나, 회사에 상환을 요구할 수 있는 유연성을 제공합니다.
- 법적 근거: 상법 제344조는 전환주식의 발행을 허용하며, 상법 제345조는 상환주식을 허용합니다. 이 두 가지 규정이 결합되어 RCPS가 가능합니다.
- 장점: 투자자는 회사를 성장시킨 후 주식을 전환해 더 큰 지분을 확보하거나, 필요시 원금을 상환받을 수 있는 안전장치를 가질 수 있습니다.

2. 전환우선주(Convertible Preferred Stock)

전환우선주는 투자자에게 일정 조건에 따라 우선주를 보통주로 전환할 수 있는 권리를 부여하는 주식입니다.
- 특징: 투자자는 회사의 성장이 예상될 때 우선주를 보통주로 전환할 수 있습니다.
- 법적 근거: 상법 제344조에 따라 전환주식의 발행이 가능합니다.
- 장점: 우선적 배당권과 청산 시 잔여 재산 분배에서 우선권을 가질 수 있으며, 회사의 성공에 따라 보통주로 전환하여 더 큰 수익을 얻을 수 있습니다.

3. 신주인수권부사채(Bond with Warrants, BW)

신주인수권부사채(BW)는 채권과 신주인수권(warrant)을 결합한 금융 상품으로, 일정 기간 내에 사전에 정해진 가격으로 신주를 인수할 수 있는 권리를 포함합니다.
- 특징: 투자자는 채권 형태로 이자 수익을 얻는 동시에, 회사의 주식을 미리 정해진 가격으로 인수할 수 있는 옵션을 가집니다.
- 법적 근거: 상법 제516조의2에 의해 신주인수권의 발행이 허용됩니다.
- 장점: 이자 수익과 주식 인수 옵션을 동시에 가질 수 있어 투자자의 수익 창출 기회를 확대합니다.

4. 전환사채(Convertible Bond, CB)

전환사채(CB)는 채권을 일정 조건에 따라 보통주로 전환할 수 있는 권리를 제공하는 금융 상품입니다.
- 특징: 투자자는 이자를 받으면서도, 회사가 성장하면 채권을 보통주로 전환하여 자

본 이득을 실현할 수 있습니다.

- 법적 근거: 상법 제513조에 따라 전환사채의 발행이 가능합니다.
- 장점: 이자 수익을 확보하면서도, 주식으로 전환할 수 있어 높은 수익을 기대할 수 있습니다.

5. SAFE(Simple Agreement for Future Equity)

SAFE는 "미래 주식에 대한 간단한 계약(Simple Agreement for Future Equity)" 으로, 전통적인 투자 계약보다 단순하게 미래의 주식 발행을 약속하는 투자 계약 형태입니다.

- 특징: 간단한 계약 조건으로 투자자와 창업자가 이해하기 쉬운 구조입니다.
- 법적 근거: SAFE는 전통적인 주식 또는 채권이 아니므로, 계약서 자체가 법적 근거가 됩니다. 계약법과 민법에 따라 이행됩니다.
- 장점: 초기 스타트업 투자에 적합하며, 후속 투자 라운드에서 자동으로 전환됩니다.

6. KISS(Keep It Simple Security)

KISS는 "간단한 증권 유지(Keep It Simple Security)"를 의미하며, SAFE와 유사한 투자 계약 형태입니다.

- 특징: 간단한 계약으로 초기 스타트업 투자 유치를 용이하게 합니다.
- 법적 근거: SAFE와 마찬가지로 계약서가 법적 근거가 되며, 계약법과 민법에 따라 규율됩니다.
- 장점: 투자자와 창업자 모두에게 이해하기 쉬운 구조를 제공합니다.

7. 참여우선주(Participating Preferred Stock)

참여우선주는 청산 시 투자자가 우선적 배당을 받은 후 남은 잔여 재산에 대해 보통주와 동일하게 추가 배당을 받을 수 있는 주식입니다.

- 특징: 우선적 배당과 잔여 재산 분배에 참여할 수 있는 이중 혜택을 제공합니다.
- 법적 근거: 상법 제344조에 따라 우선주의 발행이 가능하며, 참여 조건은 정관에 명시할 수 있습니다.
- 장점: 투자자에게 더 높은 수익을 제공할 수 있는 구조입니다.

반면, '차용(대여)'은 특정 조건에 따라 돈을 빌려주는 행위로, 대출자(채권자)는 대출받은 자(채무자)가 원금을 갚을 의무를 가지며 일정한 이자를 지급받는 것을 기대합니다. 투자가 장차 얻을 수 있는 수익을 위해 현재 자금을 투입하는 행위로써 투자금 손실의 위험을 감수하는 개념이라면, 대여는 미래에 동일한 금액을 돌려받을 목적으로 현재의 자금을 빌려주는 행위로, 우리 민법에서는 이자의 지급을 전제로 하고 있습니다.

말 그대로 '돈을 빌려주는' 것이기 때문에, 돈을 빌린 창업자나 기업(법인)은 원금을 보장하고 이자를 지급해야 할 의무가 있습니다. 원금과 이자만 제대로 지급하면 그 이상으로 기업이 빌려준 사람에게 수익을 나눠줄 필요는 없습니다. 기업이 대박을 내더라도, 대출자는 원금과 이자 외에 추가적인 지분이나 경영 참여를 요구할 수 없습니다. 단순히 돈을 빌려주는 것이기 때문에, 대출자는 기업의 경영에 간섭할 수 없으며, 기업이 어떻게 돈을 사용하는지에 대해서도 통제할 수 없습니다. 단지 약속한 대로 원금과 이자를 받는 것이 대출자의 유일한 권리이자 목적입니다.

간혹 돈을 빌려주면서도 갖가지 조건을 붙이는 대여자들이 있습니다. 돈이 급한 초기 스타트업 입장에서는 자금을 당장 끌어와야 하니, 불리한 조건이라도 받아들일 수밖에 없는 경우도 있죠. 예를 들어 특정 은행과의 거래를 강요한다든지, 직원들을 위한 퇴직연금 상품에 가입할 것을 요구하거나, 대표자 및 기업 임원들에게 연대보증을 요구하는 경우도 있습니다.

하지만 다행히도 대출과 관련된 상황은 최근 많이 개선되었습니다. 정부가 운영하는 보증기금 차원에서 대표자에 대한 연대보증 제도를 사실상 폐지했기 때문입니다. 혁신 성장을 촉진하려는 노력의 일환으로, 정부는 2012년 '제3자 연대보증'을 먼저 폐지했습니다. 이후에도 법인 대표자 1인에 대해서는 연대보증 제도를 유지해 오다가, 2016년 1월에 창업 5년 이내 기업을 대상으로, 2017년 8월에는 창업 7년 이내 기업을 대상으로, 그리고 2018년 3월에는 창업 7년을 초과한 기업에도 대표자 연대보증을 폐지하면서, 사실상 전면적으로 연대보증 제도를 폐지했습니다.

이에 따라 중소기업의 대표님들은 이제 신용보증기금이나 기술보증기금과 같은 금융 공공기관에서 대출이나 보증을 받을 때 연대보증을 서지 않아도 됩니다. 이전에는 은행에서 돈을 빌릴 때 형식적으로는 기업에 대출하는 형태였지만, 실질적으로는 대표 개인에게 빌려주는 것이나 다름없었습니다. 기업이 이자나 원금을 갚지 못하면 결국 대표가 연대책임을 져야 했기 때문에, 사업이 실패하면 대표가 끝까지 빚을 갚아야 했습니다. 그러나 이제는 대표가 그 많은 빚을 떠안을 필요가 없어졌습니다.

그래서 요즘의 대표님들은 투자와 대출에 좀 더 유연하게 접근합니다. 과거처럼 까다로운 투자 조건만 고집하지 않고, 대출과 투자를 비교해 보면서 본인에게 더 유리한 선택을 하곤 합니다. 이렇게 법과 제도의 변화가 스타트업 창업자들에게 더 나은 환경을 제공하고 있다는 점은 매우 긍정적인 변화라 할 수 있겠습니다.

그렇다면 투자와 대출 중 어떤 것을 선택해야 창업자에게 더 유리할까요? 사실, 이 질문에 대해 확실히 "이게 더 좋다!"라고 딱 잘라 말하기는 어렵습니다. 여러분이 제 상담실에 와 계시다면, 한두 시간쯤 앉아서 상세하게 설명을 드리며 맞춤형 자문을 드리겠지만, 개개의 비즈니스 상황과 대표님의 성향에 따라 정답이 달라질 수밖에 없기 때문입니다.

그래서 이 자리에서는 조금 뻔한 조언을 드릴 수밖에 없습니다. "투자와 대출의 장단점을 꼼꼼히 비교해서 신중하게 결정하세요."라고요. 하지만 제 경험을 비추어 본다면, 대출을 더 추천하는 편입니다. 대출은 투자에 비해 자금을 유치하기 위한 대가로 감수해야 할 위험이 상대적으로 적기 때문입니다. 물론 사업이 잘 되지 않으면 대출금과 이자를 갚아야 하는 부담이 있지만, 우리 모두의 목표는 사업을 성공시키는 것이고, 여러분이 만드실 회사는 장기적인 성장이 기대되므로 작은 스타트업으로 시작할 때에는 대출이 더 유리한 선택이 될 수 있습니다.

일반적으로 스타트업을 시작하는 많은 분들이 대출보다는 투자를 선호하는 경향이 있습니다. 이유는 간단합니다. 투자는 마치 "공짜 돈"처럼 느껴지기 때문이죠. 내 돈이 들지 않고, 누군가가 내 아이디어를 인정해 준다는 느낌이 들기도 합니다. 하지만 세상에 공짜는 없습니다. 굴러온 돈에는 반드시 대가가 따르기 마련입니다.

사업을 시작해 매출을 일으킬 자신이 있는데, 사업의 초기 운전자금이 한 1억 원 정도 필요한 상황이라고 생각해봅시다. 사업의 성공 가능성이 높고, 누군가의 도움 없이 멤버들의 힘만으로 운영진을 꾸릴 수 있는 상황이라면 초기 1, 2년 동안은 큰 욕심 부리지 말고 은행을 통해 대출을 받아 우선적으로 매출을 만들고, 그 돈을 차근차근 갚아나가는 것을 목표로 세우는 게 좋습니다. 남의 돈이 아니니(물론 은행은 남보다 더할 때가 많습니다) 큰 부담도 없고, 투자자에게 머리를 조아릴 필요 없이 사업 아이템이 먹혀들어가는지, 전표에 돈이 찍히는지, 직원들 월급은 줄 만한지 대충 그림을 그려볼 수 있는 소중한 시간이됩니다. 초기 스타트업은 작은 덩치만큼 신속하고 과감한 결정이 필요한 시기인데, 투자자가 주식을 가져가 경영에 간섭하고 창업자가 자신의 의견을 관철하기 위해 번거롭게 이사회를 개최해야 한다면, 자칫 한 방을 날릴 소중한 골든 타임을 놓쳐버릴 수도 있기 때문입니다. 또한, 앞서 설명드린 대로, 현재는 신용보증기금이나 기술보증기금 등에서 대출을 받을 때 대표가 연대보증을 설 필요가 없어졌기 때문에, 대출에 대한 부담도 과거에 비해 훨씬 줄었습니다. 이는 대표님께서 더욱 자유롭고 유연하게 사업을 운영할 수 있는 옵션이 됩니다.

물론, 모든 경우에 대출이 항상 최선은 아닙니다. 스타트업의 성장 단계나 목표에 따라, 투자를 받아야 할 때도 분명히 있습니다. 투자자는 단순히 돈만 주고 끝이 아닙니다. 그들은 기업의 지분, 즉 '이쿼티(Equity)'를 받기 때문에, 회사의 성공과 실패가 투자자 자신의 운명과 직결되는 운명 공동체가 됩니다. 따라서 투자자도 자신이 투자한 회사를 성공시키기 위해 적극적으로 나서게 됩니다.

투자사들은 단순히 자금을 제공하는 데 그치지 않고, 기업의 성공을 위해 다양한 지원을 아끼지 않습니다. 예를 들어, 주요 고객사와의 계약을 성사시키기 위해 네트워킹을 제공하거나, 투자사의 네트워크를 통해 회사가 중요한 거래를 맺도록 도와줍니다. 또한 유망한 인재를 스카우트하기 위해 인사적 지원을 하기도 하고, 회사가 직면한 전략적 도전 과제에 대해 전문적인 조언을 제공하기도 합니다. 경우에 따라서는 특정 투자사로부터 투자를 받는 것만으로도 그 회사의 가치를 시장에서 인정받는 효과를 얻을 수 있습니다. 이 때문에 종종 투자 소식이 언론에 오르내리기도 하죠.

그러나, 투자는 돈을 빌리는 것만큼 간단하지 않습니다. 좋은 투자사를 찾는 일도 생각만큼 쉬운 일이 아니고, 적합한 투자자를 만나는 것 자체가 치열한 과정이 될 수 있습니다. 그렇다고 해서 투자자가 나타났다고 덥석 주식양수도 계약서에 사인을 해서는 절대 안 됩니다. 투자 계약서에는 종종 까다로운 조항들이 포함되어 있을 수 있으며, 이는 나중에 창업자의 경영권을 제약할 수도 있기 때문입니다. 따라서 자신의 사업 상황을 면밀히 검토하고, 투자사의 지원이 꼭 필요한 경우라면, 지분을 일부 내어주더라도 투자를 받는 것이 더 나을 수 있습니다.

요약하자면, **투자**는 투자자로부터 대규모 자본을 조달할 수 있는 장점이 있습니다. 사업이 잘 되지 않아도 투자금을 돌려줄 필요가 없으며, 투자사의 네트워크와 지원을 활용할 수 있다는 큰 이점도 있습니다. 하지만, 투자자들이 경영에 간섭할 수 있고, 그들의 요구에 맞추어야 하는 점이 단점일 수 있습니다. 반면, **대출**은 외부인의 간섭 없이 회사의 독립적인 경영이 가능하다는 장점이 있습니다. 하지만 대출을 통해 자금을 조달하는 데에는 한계가 있고, 원금과 이자를 상환해야 한다는 부담이 따라옵니다.

어떤 방식을 선택해 자본을 조달할지는 전적으로 창업자의 전략적 판단에 달려 있습니다. 회사의 상황과 목표에 따라 투자와 대출 중 어느 것이 더 유리한지를 신중히 고려해야 합니다.

덧붙여 말씀드리면, 자본금을 만드는 시점도 중요하게 고려해야 할 요소입니다. 투자는 사업의 성공 가능성과 회사의 비전을 보고 이루어지기 때문에 사업이 속도가 붙어 규모가 커진 상황에서 투자를 받으면 회사의 크기에 반비례해 초기 투자(엔젤 투자자)보다는 투자자가 요구할 수 있는 지분의 소모도 작아집니다. 경험상 초기 엔젤 투자자에게 1억 원을 투자받으려면 10~20%의 지분을 내 주어야 한다고 하면, 시리즈 A 단계에 접어들어 사업으로 증명하려는 BM(비즈니스 모델, 수익구조)에 대한 증명이 어느 정도 된 상황에 투자를 유치한다면 1~2%의 지분만을 내 주어도 됩니다. 대출도 마찬가지로, 회사가 어느 정도 안정기에 접어들고 매출이 신장되면 그만큼 상환할 수 있는 여력도 높다고 보아 대출금의 크기와 이자의 조건도 좋아집니다. 이처럼 회사의 상황에 맞게 돈을 마련하는 시기를 조절하면서 투자와 대출을 적절히 이용하시면 회사를 효율적으로 운영하실 수 있습니다.

▶ 스타트업의 성장과 투자라운드 ─────────────

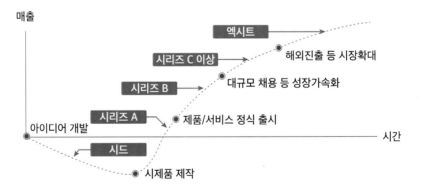

창업의 단계와 자본 조달 전략

스타트업의 성장은 다양한 단계로 나뉘며, 각 단계마다 자본 조달 방법과 필요성이 다릅니다. 창업 초기에는 적은 자본으로 시작하지만, 성장하면서 더 많은 자본을 유치하고 사업을 확장해 나가는 것이 일반적입니다. 시드와 시리즈로 구분하는 투자 라운드는 미국 실리콘밸리 벤처캐피탈의 투자 관행이 그대로 넘어온 것입니다. 관행처럼 쓰고 있어 사실 각 시리즈를 구분하는 기준은 명확하지 않지만, 보통 투자 회차나 투자 유치 규모에 따라 시리즈를 구분하고 있습니다.

1. 시드 단계(Seed Stage)

스타트업의 초기 단계로, 아이디어를 구체화하고 제품 개발을 시작하는 시기입니다. 이 단계에서는 창업자가 자신의 자본이나 가족, 친구, 엔젤 투자자 등의 도움을 받아 소규모 투자를 받습니다. 자본의 목적은 주로 프로토타입 개발, 시장 검증, 초기 고객 확보입니다. 투자 금액은 보통 수천만 원에서 수억 원 수준으로, 엔젤 투자자나 초기 벤처캐피털이 주요 투자자가 됩니다.

2. 프리 시리즈 A단계(Pre-Series A Stage)

이 단계에서는 제품이나 서비스가 일정 부분 시장에서 검증된 후, 추가적인 개발 및 시장 확대를 위해 자금을 유치합니다. 초기 판매와 마케팅 활동을 강화하며, 제품의 시장 적합성을 높이는 데 집중합니다. 투자 금액은 수억 원에서 수십억 원 수준으로, 엔젤 투자자와 초기 VC, 크라우드 펀딩이 주요 자금 출처가 됩니다.

3. 시리즈 A단계(Series A Stage)

시리즈A 단계에서는 초기 시장 진입에 성공한 스타트업이 사업을 확장하고 수익 모델을 정교화하기 위해 자금을 조달합니다. 이 단계에서는 주로 사업 확장, 팀 구성 강화, 기술 고도화에 자금을 사용합니다. 자본 조달은 수십억 원에서 수백억 원 수준이며, 벤처캐피털과 전략적 투자자들이 주요 투자자로 나섭니다.

4. 시리즈 B단계(Series B Stage)

시리즈 B단계는 검증된 비즈니스 모델을 기반으로 본격적인 시장 확대와 성장을 위해 자금을 조달하는 시기입니다. 시장 점유율 확대와 조직 확장을 목표로 하며, 수익성을 높이기 위한 전략을 구사합니다. 이 단계에서는 수백억 원에서 수천억 원의 자금이 필요하며, 대형 벤처캐피털, 사모펀드, 전략적 투자자들이 주요 투자자입니다.

5. 시리즈 C단계(Series C Stage) 및 그 이후 (Series D, E, ...)

시리즈 C 이후 단계는 이미 시장에서 자리를 잡은 기업이 글로벌 시장으로의 확장,

새로운 제품 라인 개발 또는 인수합병(M&A)을 위해 자금을 조달하는 시기입니다. 기업은 대규모 자금을 유치하여 사업을 확장하거나 새로운 영역에 진출합니다. 투자 금액은 수천억 원 이상으로, 대형 VC, 사모펀드, 헤지펀드, 상장 회사들이 주요 투자 자입니다.

6. IPO(Initial Public Offering) 단계

IPO 단계는 스타트업이 공모 시장을 통해 자금을 조달하는 단계로, 일반 투자자와 기관 투자자들이 주요 투자자가 됩니다. 회사는 상장을 통해 대중에게 주식을 공개하고 판매하며, 이를 통해 대규모 자본을 확보합니다. 이는 회사가 성숙기에 접어들었다는 신호로 해석되며, 자본 조달과 기존 투자자의 자금 회수(exit)를 목표로 합니다.

7. M&A(Mergers and Acquisitions) 및 그 이후

M&A 단계는 성숙한 스타트업이 인수합병을 통해 사업 확장이나 새로운 시장에 진출하는 전략을 선택하는 시기입니다. 이 단계에서는 더 큰 회사에 인수되거나, 다른 회사를 인수하여 시장 확장이나 기술 확보를 꾀합니다. 투자 금액은 인수합병 규모에 따라 달라지며, 기존 기업, 사모펀드, 다국적 기업이 주요 투자자가 됩니다.

각 단계에서 스타트업은 자본 조달의 전략을 달리하며, 이를 통해 성장을 가속화하고 시장에서의 입지를 강화합니다. 창업자는 자신의 상황과 목표에 맞는 자본 조달 전략을 신중하게 선택하는 것이 중요합니다.

(2) 정부의 창업지원정책 이용하기

최근 정부는 중소기업 및 벤처기업, 즉 스타트업을 육성하기 위해 다양한 정책을 시행하고 있습니다. 특히, 새로운 정부가 들어설 때마다 일자리 창출의 일환으로 창업에 대한 지원정책이 늘어나는 추세입니다. 이러한 정책들은 주로 중소벤처기업부에서 주관하며, 각 지원사업의 대상, 지원금액, 혜택 등이 모두 다르기 때문에 사업자들은 자신이 해당되는지 꼼꼼히 확인하는 것이 중요합니다.

지원 대상 여부와 지원 조건을 확인하기 위해서는 중소벤처기업부의 공식 홈페이지(www.mss.go.kr)나 K-startup(www.k-startup.go.kr), 소상공인마당(www.sbiz.or.kr) 홈페이지를 방문하여 관련 정보를 직접 비교하고, 세부 사항을 검토하는 것이 좋습니다. 각 정책마다 지원 조건과 혜택이 다르므로, 이를 잘 이해하고 적절한 지원을 받는 것이 스타트업 성공의 중요한 첫걸음이 될 수 있습니다. 정부의 창업 지원 정책은 스타트업에게 초기 자금 조달의 어려움을 덜어주고, 사업 초기의 리스크를 최소화하는 데 큰 도움이 됩니다.

지원 정책에는 창업 3년 이내 기업에 창업 아이템을 사업화할 수 있는 자금과 아이템 실증 검증 등으로 구성된 특화 프로그램을 제공하여 초기 기업의 안정과 성장을 지원하는 프로그램인 '초기창업패키지'나 창업자를 위한 창업지원 시책, 창업사업, 창업교육, 창업기반시설 및 공간 등 창업정보를 종합 제공하는 'K-스타트업', 이미 사업을 시작했지만 어려움을 겪고 계신 대표님(소상공인)의 경영위기를 개선하고 폐업부담을 경감해주어 신속한 재기를 위해 경영개선 → 폐업 → 재취업, 재창업까지 지원하는 '희망리턴패키지' 같은 것들이 있습니다. 시중 은행 금리보다 낮은 이율로 대출을 해주는 자금 지원 정책도 있지요. 이외에 '엔젤 투자 매칭펀드'라는 것도 있는데, 창업 초기기업에 엔젤 투자자가 선투자 후 매칭투자를 신청하면, 엔젤 투자자와 해당 기업에 대해 평가 및 특이사항 검토를 통해 정부에서 매칭하여 투자하도록 지원해줍니다. 시작하시려는 장사가 정부 정책의 지원대상에 해당한다면 적극적으로 지원해 혜택을 받는 것이 좋습니다.

이러한 창업 지원 정책들은 국가의 예산으로 운영됩니다. 하지만 지원 대상이 된다고 해서 모두가 지원금을 받을 수 있는 것은 아닙니다. 대부분의 경우, 창업자는 정부지원과제 형태로 신청서를 제출해야 하고, 이후 심사위원들의 철저한 심사를 거쳐야 승인을 받을 수 있습니다. 특히, 정부의 지원금은 대개 상당한 금액이기 때문에 심사 과정은 매우 까다롭습니다.

실제로 정부지원과제에는 수많은 스타트업이 몰리기 때문에, 우수한 과제를 제출하기 위한 경쟁이 매우 치열합니다. 까다로운 심사를 통과하기 위해, 과제를 준비하는 데 많은 시간과 자원을 쏟아부어야 하며, 이로 인해 실제 사업 운영에 필요한 여력이 부족해지기도 합니다. 그러나 과제 준비 과정은 사업 내용을 보다 구체적이고 현실성 있게 다듬는 기회가 될 수 있습니다. 이를 통해 사업 방향을 보다 명확히 설정하고, 성공 가능성을 높일 수 있습니다. 또한, 정부지원과제의 종류가 다양하여 초기 자본금이 전혀 없는 경우나, 사업 아이템을 명확히 정하지 못한 경우에도, 적절한 과제를 선택해 정부의 지원을 받을 수 있는 장점이 있습니다.

정부지원과제는 일반적으로 사업자 개인이 알아볼 수 있는 자금의 운용보다 유리한 점이 많기에 사업에 대한 진지한 고민이 있다면 각 정책을 하나하나 뜯어보면서 혜택을 받을 수 있는 길을 알아보시기 바랍니다. 순서를 정하자면 ① 스타트업이 정부정책의 혜택을 볼 수 있는 대상자가 되는지 우선적으로 알아보고, 심사와 승인여부가 결정된 이후에 ② 대출 또는 투자 중 어떤 것을 선택할지 고려하는 것이 좋습니다. 시작이 반이라고, 시작이 다르면 끝도 특별해지기 마련입니다. 창업지원 관련 컨설팅 업체를 너무 섣부르게 이용하지 말고, 먼저 스스로 조사하고 학습한 후, 필요할 때 컨설팅 업체의 도움을 받아보는 것이 좋습니다. 직접 알아보고 노력한 만큼 사업에 대한 이해도도 높아지고, 보다 현명한 결정을 내릴 수 있기 때문입니다.

(3) 떠오르는 자본금 마련 방법, ICO

가. ICO란 무엇인가

지금까지 우리는 전통적인 자본금 마련 방법인 투자와 대출, 그리고 정부의 창업 지원 정책을 활용하는 방법에 대해 알아보았습니다. 이제 조금은 생소하지만, 2017년 이후 급부상한 'ICO(Initial Coin Offering)'에 대해 살펴보겠습니다.

ICO는 쉽게 말해, 가상화폐를 통해 자금을 유치하는 행위를 말합니다. 이는 기업이 설립된 후 외부 투자자들에게 주식을 공개 매도하는 'IPO(기업공개, Initial Public Offering)'와 대응되는 개념입니다. 아직까지 국내외를 막론하고 ICO에 대한 명확한 법률이나 제도가 제대로 정립되어 있지 않기 때문에, ICO를 설명하는 데에는 애매모호한 점이 많습니다. 2018년 이후 많은 국가에서 ICO와 관련된 규제와 제도를 마련하기 위해 노력하고 있지만, 여전히 ICO는 규제와 비규제의 경계선에 놓여 있는 상태입니다.

우리나라의 경우, 2017년 9월 4일과 29일 두 차례 발표를 통해 모든 형태의 ICO를 금지하고, 가상화폐를 이용한 ICO는 유사수신행위에 준하여 형사처벌하겠다는 입장을 밝혔습니다. 이후, 구체적인 규제안이나 가이드라인은 마련되지 않은 상황에서, 2018년 1월 11일 박상기 법무부 장관이 가상화폐 거래소 폐쇄를 검토한다고 발표하면서 큰 파장이 일었습니다. 이 발표는 비트코인 가격 폭락(고점 대비 80% 하락)으로 이어지는 나비효과를 불러왔습니다. 정부 입장에서는 국민의 재산을 보호하고, 전통적인 금융 시스템의 안정을 유지해야 한다는 명분으로 급증하던 가상화폐 거래소에 대한 규제와 ICO를 사칭한 범죄로 인한 사회적 혼란을 방지하기 위한 조치였을 수 있습니다. 하지만 이러한 규제로 인해 블록체인 산업을 활성화시키기 위해 뛰어든 많은 스타트업이 어려움을 겪었고, 오히려 해외 가상화폐 거래소들이 자리를 잡는 아이러니한 상황이 벌어지기도 했습니다.

현 시점에서도 ICO 금지에 대한 법적 근거는 매우 빈약하며, ICO를 진행한다고 해서 무조건 불법이라고 단정하기 어렵습니다. 법률 전문가들조차 이 부분에 대해 명확한 답을 내리기 어려운 상황이고, 정부 역시 아직 명확한 방향을 설정하지 못하고 있습니다. 그러나 ICO에 대해 부정적으로만 생각할 필요는 없습니다. 명확한 것은, 가상화폐 시장과 ICO는 전통적인 자금 시장의 흐름에 큰 변화를 일으킬 잠재력을 지닌 태풍과도 같다는 것입니다. 전 세계의 많은 기업이 ICO의 가능성과 그 잠재적 영향력을 주목하고 있습니다.

ICO는 단순히 새로운 자금 조달 방법으로서의 기능을 넘어, 기업의 자금 조달 및 운영 방식을 혁신적으로 바꿀 수 있는 가능성을 지니고 있습니다. 이를 통해 더 많은 스타트업이 초기 자금을 조달하고, 글로벌 시장에 빠르게 진입할 수 있는 기회를 얻을 수 있습니다. 그러나 법적 규제와 시장의 변동성을 감안하여 신중하게 접근하는 것이 중요합니다. ICO를 고려하고 있는 창업자라면, 현재의 규제 상황을 면밀히 파악하고, 법률 전문가와의 상담을 통해 적절한 전략을 세워야 합니다. 그렇게 한다면, ICO는 전통적인 자본 조달 방식을 넘어설 수 있는 혁신적인 대안이 될 수 있습니다.

ICO는 아직까지 명확하게 법적으로 정의된 것은 없지만, 대체로 중개 기관 없이 대중을 상대로 코인(혹은 가상화폐)과 관련된 초기 프로젝트의 계획을 공개하고, 이에 관심이 있는 대중으로부터 자금을 모집하는 행위를 뜻합니다. 이를 '초기코인공개' 또는 '초기코인제공'이라고 부르며, 블록체인 기반 사업에서 투자 유치를 목적으로 이루어지는 일종의 '크라우드펀딩'이라고 볼 수 있습니다.

'크라우드펀딩'은 자금이 필요한 자가 온라인 플랫폼 등을 통해 불특정 다수의 대중에게 자금을 모으는 방식을 의미합니다. ICO 역시 사업을 시작하는 사람이 투자 유치를 위해 불특정 다수로부터 자금을 모은다는 점에서 크라우드펀딩과 유사합니다. 다만, ICO는 기존의 방식과는 달리 코인을 매개로 자금을 모집한다는 점에서 차이가 있습니다.

전 세계에서 첫 번째로 시도된 ICO 사례는 '리플(Ripple)'입니다. 리플은 1,000억 개의 리플 토큰을 발행하여 자금을 모집한 것으로 유명합니다. 이후 ICO의 진화된 형태로 주목받은 것이 바로 '이더리움(Ethereum)'입니다. 이더리움은 자금을 모집하는 것뿐만 아니라, 이더리움 블록체인 내에서 새로운 형태의 암호화폐를 발행할 수 있는 기능을 제공했습니다.

기업들은 이더리움 블록체인 내에서 암호화폐를 발행하고, 투자자들은 스타트업이 발행한 새로운 암호화폐를 받으면서 이더리움 토큰을 지불하는 방식으로 거래가 이루어졌습니다. 좀 더 구체적으로는, 투자자들이 이더리움 블록체인 상에서 인정받은 표준 토큰(ERC-20)을 구매하고, 이를 투자하고자 하는 기업에 지불하면, 해당 기업은 자체

발행한 암호화폐를 투자자들에게 제공하는 형태입니다.

　이러한 방식은 전통적인 주식 투자와는 다른 형태의 투자 경험을 제공하며, 블록체인과 가상화폐의 특성을 잘 활용한 자금 조달 방식이라고 할 수 있습니다. 하지만, 규제의 부재와 시장의 변동성으로 인해 ICO는 여전히 많은 리스크를 안고 있으며, 투자자와 기업 모두에게 신중한 접근이 요구됩니다.

나. ICO의 특징

　성공하는 투자의 대표적인 것이 **기업공개, IPO**(Initial Public Offering)입니다. 문자 그대로 기업을 대중에게 최초로 공개하는 것이죠. 즉, 주식에 상장되지 않은 기업이 주식시장에 상장하기 위하여 그 기업을 대중에게 공개하고, 그 주식을 절차에 따라 불특정 다수의 투자자들에게 팔아서 자금을 모으는 방식을 말합니다. 우리가 일반적으로 알고 있는 주식시장(코스피, 코스닥)에 기업을 상장하고, 거래소에 주식을 올려 그 주식을 사는 불특정 다수로부터 자금을 모으게 됩니다. 기존에는 이러한 형태로 많은 기업들이 자본금을 마련했고, IPO는 기업이 투자금을 유치하는 전통적인 방법이었습니다.

　이에 반해 ICO(Initial Coin Offering)는 '신규 암호 화폐 공개'로 대별되는데, 이 ICO는 불특정 다수에게 신규 암호화폐를 최초로 공개하고 판매하여 자금을 모은다는 점은 IPO와 동일하지만, 주식이 아닌 암호화폐를 판매한다는 점에서 차이가 있습니다. 또한, 기존의 IPO와 크라우드펀딩은 현행법(자본시장과 금융투자업에 관한 법률, 자본시장법)의 규제를 받지만, 아직까지 ICO는 관련 법률의 제정과 제도가 완비되지 않아 규제가 명확하지 않다는 것에 차이가 있습니다.

　사실 IPO는 자본시장법이 직접 적용돼 절차가 매우 까다롭고 상장이 가능한 기업 규모에도 제한이 있어 스타트업들이 노리기에는 거리가 먼 투자유치 방법이었습니다. 다만, 절차가 복잡하고 진입장벽이 높은 대신 법률에 의해 투자자를 보호하고, 성공적으로 주식시장에 상장하기만 하면 많은 돈을 끌어모을 수 있다는 장점이 있습니다. 또 기업이 주식시장에 상장되면 재무나 감사보고서 등 법률이 정한 사항이 의무적으로 공시되므로, 기업의 신뢰도가 올라가고 기업가치에도 긍정적인 영향을 주어 추가 투자를 받는 데에도 이점이 생깁니다.

이에 비해 ICO는 절차가 그다지 복잡하지 않습니다. 코인을 통하사업 모델을 구체화한 '백서'를 작성하여 이를 대중에 공개한 후 자금을 모집하면 끝이라 비교적 간단하지요(물론 말은 쉽지만 따져보면 생각해야 할 것들이 한두 가지가 아닙니다. 어디까지나 IPO에 비하면 상대적으로 수월하다는 의미로 생각해주시면 좋습니다). '백서(White Paper)'란 스타트업이 자신의 프로젝트의 계획, 프로젝트를 진행하면서 필요한 자금의 양, 발행한 토큰의 수, 발행한 토큰의 분배 방식, 생태계, 로드맵 등의 내용이 포함되어 있는 문서로, 해당 스타트업의 총체적인 '포트폴리오'라고 할 수 있습니다. ICO로 자금을 모집하려는 스타트업들은 자신의 사업을 구체화한 백서를 공개하고 암호화폐를 발행하며, 투자자들은 이 백서를 보고 암호화폐와 회사의 미래 가치를 판단하여 투자를 결정합니다.

🔍 ICO의 주요 특징

1. 암호화폐 발행을 통한 자금 조달
ICO는 주식을 발행하지 않고, 대신 새로운 암호화폐(코인 또는 토큰)를 발행하여 자금을 모읍니다. 이 새로운 암호화폐는 해당 프로젝트나 스타트업의 생태계에서 사용되거나, 미래의 가치 상승을 기대하며 거래됩니다.

2. 백서(White Paper)의 역할
ICO는 주식시장에서의 기업 공개와는 달리, '백서'라는 문서를 통해 투자자에게 자신들의 프로젝트와 계획을 공개합니다. 백서는 스타트업의 비전, 기술, 자금 사용 계획, 토큰 발행 수량, 분배 방식, 생태계와 로드맵 등을 자세히 설명하는 문서입니다. 백서는 투자자들이 해당 프로젝트의 가능성과 신뢰성을 평가하는 데 중요한 역할을 합니다.

3. 규제의 불확실성

ICO는 현재 대부분의 국가에서 명확한 법적 규제를 갖추지 않고 있습니다. 기존 IPO는 자본시장법 등의 강력한 규제 하에 진행되지만, ICO는 이러한 규제의 적용을 받지 않기 때문에 투자자 보호 장치가 상대적으로 부족합니다. 이는 ICO의 장점이자 동시에 큰 리스크 요인입니다.

4. 진입 장벽의 차이

IPO는 까다로운 심사 절차와 규제 요건이 있어 대규모 자본과 구조를 갖춘 기업만이 도전할 수 있습니다. 반면, ICO는 이러한 절차가 상대적으로 간단하여, 소규모 스타트업도 쉽게 자금을 모집할 수 있다는 장점이 있습니다. 이는 ICO가 보다 많은 스타트업과 프로젝트에 열려있는 이유입니다.

5. 투자자의 역할

IPO에서 투자자는 주식을 통해 회사의 소유권을 일정 부분 갖게 되지만, ICO에서 투자자는 암호화폐를 받습니다. 이 암호화폐는 주식과 달리 회사에 대한 소유권을 부여하지 않으며, 보통 그 자체로 가치가 있거나 향후 가치 상승을 기대한 투자 대상이 됩니다. 투자자는 프로젝트의 성공 여부에 따라 큰 수익을 기대할 수 있지만, 실패할 경우 투자금을 모두 잃을 수도 있는 리스크가 있습니다.

6. 기업가치 증대와 투명성

IPO를 통해 기업이 상장되면, 기업의 재무제표와 감사보고서 등 다양한 정보를 대중에게 공개해야 하므로 투명성이 확보되고, 이는 기업가치 상승에 긍정적인 영향을 미칩니다. 반면, ICO는 이러한 법적 의무가 없기 때문에 프로젝트의 신뢰도를 검증하기가 어렵습니다.

　　IPO와 ICO는 기업이 대중에 공개되는 절차를 거치지 않고, 까다로운 상장심사도 하지 않지만 암호화폐가 그 가치를 인정받아 거래소에 상장되기만 하면 해도 엄청난 수익을 얻을 수 있습니다. 다만, 아직 관련 법안이 제대로 마련되지 않아 투자자 보호 절차가 미흡하고, ICO를 한 이후에도 거래소에 상장되지 않을 수 있다는 점은 염두에 두어야 합니다. 투자의 기준이 되는 백서를 꼼꼼히 살펴봐야하는 이유지요. 투자자들은 해당 회사가 성공할 것이고, 회사가 발행한 화폐에 대한 수요가 증가하여 가격 상승으로 이어질 것이라는 희망과 기대를 가지고 ICO에 참여합니다. 다른 말로 하자면, 투자자들은 해당 암호화폐 프로젝트의 초기 지지자로서 좋은 '투자자본수익률(ROI, Return on Investment)'을 기대하고 투자에 참여합니다. 다만, ICO는 한국거래소와 같은 공인중개기기관이 없고, 직접 참여로 이루어지기 때문에 참여자가 직접 프로젝트를 검증해야 합니다. 자칫 잘못된 ICO에 참여하면 유동성이 부족한 토큰을 구매하게 되거나 '스캠(scam)'과 사기에 당하는 경우도 있습니다. 결국 ICO로 획득한 토큰이 거래소에 상장된 후, 해당 암호화폐의 거래가 활성화되면 높은 수익을 기대할 수 있지만, 결국 투자는 위험도 결과도 모두 개인의 몫이니, 충분한 사전 조사를 통해 신뢰할 수 있는 프로젝트를 선별하는 노력이 필요합니다.

성공적인 ICO를 꿈꾸는 창업자의 입장에서는 그 사업이 건강하고, 프로젝트나 아이디어가 어떻게 작용할지, 왜 가치가 있는 것인지, 누가 그것을 필요로 하는지 그리고 어떻게 개발될 수 있는지에 대한 확실한 증거를 보일 필요가 있습니다. 이렇게 아이디어를 판매하고 투자자들에게 구매를 설득하는 것은 IPO에서도 마찬가지이지만, ICO에서는 특히 백서 단계에서 중요하게 다루어집니다.

ICO에서 발행된 암호화폐가 거래소에 상장되기만 하면, 암호화폐의 가치 상승에 따라 투자자들에게 큰 수익을 안겨줄 수 있습니다. 그러나, 여기에는 몇 가지 중요한 주의사항이 있습니다. 우선, ICO는 아직 관련 법률이 제대로 마련되지 않아 투자자 보호가 미흡합니다. 이는 ICO가 전통적인 금융 규제의 틀을 벗어나 있기 때문인데, 그로 인해 투자자 보호 절차가 상대적으로 약합니다. 투자자들은 보통 프로젝트의 백서를 검토하고 그 내용을 신뢰할 만한지를 판단해 투자를 결정합니다. 하지만 백서의 내용만으로는 프로젝트의 성공 여부를 보장할 수 없으며, 특히 암호화폐가 거래소에 상장되지 않는 경우, 투자자들이 원하는 유동성을 확보하지 못할 위험이 큽니다.

또한, ICO에는 공인된 중개기관이 없고, 모든 것이 직접 참여로 이루어지기 때문에 참여자가 직접 프로젝트를 검증해야 합니다. 이는 경험이 적은 투자자에게는 큰 위험이 될 수 있습니다. 잘못된 ICO에 참여하면, 유동성이 부족한 토큰을 구매하게 되거나, '스캠'으로 알려진 사기성 프로젝트에 속아 피해를 입을 수 있습니다.

결국, ICO로 획득한 토큰이 거래소에 상장되고 거래가 활성화되면, 높은 수익을 기대할 수 있지만, 이는 어디까지나 투자자 스스로가 철저한 사전 조사를 통해 신뢰할 수 있는 프로젝트를 선별하는 경우에 한합니다. 암호화폐 시장의 특성상 투자에는 큰 위험이 따르며, 그 결과 또한 전적으로 개인의 책임이라는 점을 명심해야 합니다. '높은 수익에는 높은 위험이 따른다.'는 원칙을 기억하고, 충분히 검토하고 분석한 후에 투자를 결정하는 것이 바람직합니다.

🔍 위믹스 사태[3]

위믹스(WEMIX) 사태는 한국의 대표적인 게임 개발사인 위메이드(Wemade)와 그 자회사가 발행한 암호화폐인 위믹스(WEMIX)와 관련된 사건입니다. 이 사건은 암호화폐의 발행과 유통 과정에서의 투명성과 신뢰성 문제 그리고 규제 환경의 미비를 드러낸 대표적인 사례로 꼽힙니다. 아래에 위믹스 사태의 주요 내용을 정리해 보겠습니다.

1. 위믹스(WEMIX)란?

위믹스(WEMIX)는 위메이드가 2020년 출시한 블록체인 기반 게임 플랫폼에서 사용하는 암호화폐입니다. 위믹스 플랫폼은 게임 아이템과 캐릭터 등을 블록체인 기술로 토큰화하여 거래할 수 있게 하며, 위믹스 토큰은 이러한 거래의 매개체로 사용됩니다. 초기에는 위믹스 토큰의 발행과 거래가 활발히 이루어졌고, 많은 투자자가 게임 산업과 블록체인 기술의 결합이라는 혁신적인 아이디어에 주목하여 위믹스에 투자했습니다.

2. 사태의 발단: 위믹스 유통량과 발행량 문제

위믹스 사태의 시작은 위메이드가 약속한 위믹스의 유통량과 실제 발행된 위믹스의 수량이 불일치하면서 불거졌습니다. 위메이드는 당초 투자자들에게 위믹스의 유통량을 투명하게 공개하고, 일정한 유통 계획에 따라 코인을 배포할 것이라고 발표했습니다.

---

3   김기만 기자, "[헬로, 블록체인] 위믹스 사태는 신뢰의 문제", 2022. 12. 4, 한겨레 (https://www.hani.co.kr/arti/opinion/column/1070144.html).

하지만 실제로는 유통 계획보다 더 많은 위믹스가 발행되고 거래되면서, 시장에서의 신뢰 문제가 발생했습니다.

위믹스의 실제 유통량이 계획보다 많아지자, 투자자들은 위믹스의 가치가 하락할 것이라는 우려를 갖게 되었고, 이에 따라 위믹스 가격은 급락하기 시작했습니다. 이러한 혼란은 투자자들의 불만을 키우고, 결국 시장의 신뢰를 잃는 계기가 되었습니다.

3. 거래소의 상장폐지 결정

위믹스 사태가 확산되면서 한국의 주요 암호화폐 거래소들은 위믹스에 대한 상장폐지를 검토하기 시작했습니다. 결국, 2022년 11월, 국내 주요 암호화폐 거래소 협의체인 DAXA(디지털자산거래소 공동협의체)는 위믹스의 상장폐지를 결정하게 됩니다. 이 결정은 위메이드가 위믹스의 유통량 정보를 정확하게 제공하지 않았고, 투자자들에게 신뢰를 잃었다는 이유에서였습니다.

상장폐지 결정 이후, 위믹스는 국내 주요 거래소에서 거래가 중단되었고, 위믹스의 가격은 크게 하락했습니다. 이로 인해 많은 개인 투자자들이 큰 손실을 입게 되었으며, 위메이드에 대한 비난이 거세졌습니다.

4. 법적 대응과 후속 조치

위믹스 상장폐지에 대한 결정에 반발한 위메이드는 법적 대응을 시작했습니다. 위메이드는 DAXA의 상장폐지 결정이 부당하다며 법원에 가처분 신청을 제기했으나, 법원은 이를 기각했습니다. 법원의 결정은 거래소가 위믹스의 상장폐지를 결정하는 것이 정당하다는 판단을 내린 것이었고, 이로 인해 위믹스는 결국 국내 거래소에서 완전히 퇴출당하게 되었습니다.

위메이드는 이후 위믹스의 유통량과 발행량 문제에 대한 개선 방안을 내놓고, 글로벌 시장을 중심으로 위믹스의 거래와 생태계를 확장하는 전략을 추진하고 있습니다. 그러나 여전히 많은 투자자들은 위믹스 사태로 인해 위메이드에 대한 신뢰를 회복하기 어렵다는 반응을 보이고 있습니다.

5. 위믹스 사태가 주는 교훈

위믹스 사태는 암호화폐 시장에서의 투명성과 신뢰가 얼마나 중요한지를 다시 한 번 일깨워준 사례입니다. 암호화폐와 같은 디지털 자산은 그 자체로 내재 가치가 없는 경우가 대부분입니다. 따라서 발행자의 정보 공개와 약속 이행 여부가 투자자 보호에 중요한 요소가 됩니다.

또한, 암호화폐와 관련된 규제 환경의 미비와 혼란도 중요한 문제로 지적됩니다. 위믹스 사태는 암호화폐의 발행과 유통에 관한 명확한 규제가 필요하며, 이러한 규제가 경우가 많기 때문에, 투자자들이 발행자나 운영자에 대한 신뢰를 바탕으로 투자하는 투자자 보호와 시장 안정성을 유지하는 데 중요한 역할을 할 수 있음을 보여주었습니다.

위믹스 사태는 향후 암호화폐 및 블록체인 프로젝트들이 자본 시장에서 신뢰를 얻기 위해 어떤 노력을 해야 하는지를 고민하게 하는 계기가 되었습니다. 암호화폐 시장의 성장과 함께, 더 명확한 규제와 투명한 정보 공개가 필요하다는 인식을 확산시킨 중요한 사건입니다.

또 한 가지, IPO는 회사가 발행하는 주식을 취득해 회사에 대한 지분을 가지고 회사의 경영에 기여하지만, ICO는 회사의 지분과 무관하게 단지 회사가 발행하는 암호화폐를 획득할 뿐입니다. 그래서 이 암호화폐에는 지분, 채무, 투자라는 개념이 직접적으로 연결되지 않지만, 화폐 자체로 서비스를 이용할 수 있는 수단이 되거나, 개인 간의 투자 교환의 용도로 이용할 수 있는 수단이 됩니다. 스타트업들의 입장에서는 기존의 IPO나 크라우드펀딩과는 달리, 지분의 희석이나 경영권 방어를 걱정하지 않아도 된다는 큰 이점이 있어 최근 색다른 자금 모집방식으로 활용되고 있는 추세입니다.

이쯤에서 조금 더 기술적인 이야기를 해보겠습니다. 일반적으로 ICO에서 발행되는 토큰은 ERC20 토큰 표준에 따라 이더리움 블록체인에서 생성됩니다. 그래서 보통 '**ERC20 토큰**'이라고 불리죠. 이 말은 ICO에 사용되는 대부분의 토큰이 '이더리움 네트워크' 위에서 만들어지고 있다는 뜻입니다.

'ERC20'은 'Ethereum Request for Comment 20'의 약자입니다. 쉽게 말해, 이더리움 블록체인 네트워크에서 발행되는 토큰의 표준이라고 할 수 있습니다. 이 표준은 이더리움 네트워크 상에서 발행되는 토큰이 따라야 할 규칙을 정의하고 있습니다. 만약 이더리움 블록체인을 하나의 땅이라고 한다면, ERC20은 그 땅 위에 건물을 세우기 위해 따라야 하는 건축법과 같은 것입니다. 이러한 규칙을 따름으로써, 다양한 토큰들이 이더리움 블록체인에서 원활하게 작동하고, 상호작용할 수 있게 됩니다.

이더리움 블록체인은 **스마트 콘트랙트**(Smart Contract)라는 강력한 기능을 제공합니다. 스마트 콘트랙트는 블록체인상에서 자동으로 실행되는 계약을 의미하며, 특정 조건이 충족되면 자동으로 계약이 체결되거나 실행됩니다. 많은 ICO 프로젝트가 이 스마트 콘트랙트 기능을 활용해 탈중앙화 애플리케이션(Dapp, Decentralized Application)을 만들고, 그 위에 토큰을 발행하는 방식으로 자금을 모으고 있습니다.

현재 발행된 코인의 약 90%가 ERC20을 기반으로 하고 있다는 점도 이 표준의 인기를 보여줍니다. ERC20은 이더리움 플랫폼을 통해 비교적 쉽게 토큰을 발행하고 관리할 수 있기 때문에, 많은 스타트업과 개발자들이 이를 선택하고 있습니다. 하지만 이더리움만이 유일한 선택지는 아닙니다. 이더리움 외에도 다른 블록체인 플랫폼이 디지털 토큰의 생성과 발행을 지원하고 있습니다. 예를 들어, 스텔라(Stellar), 넴(NEM), 네오(NEO), 웨이브(Waves) 등 다양한 플랫폼이 존재하며, 이들 역시 고유의 기능과 특성을 바탕으로 ICO를 지원하고 있습니다. 이러한 플랫폼들은 각기 다른 특징과 장점을 가지고 있어, 프로젝트의 성격과 요구에 따라 적절한 플랫폼을 선택하는 것이 중요합니다.

다. ICO를 금지한 국가, 대한민국

스위스는 국가 차원에서 '작은 호수 마을'로 알려진 주크(Zug)를 '크립토밸리(Crypto Valley)'로 성장시키겠다는 계획을 발표하며, 전 세계 ICO의 선두주자로 나설 의지를 보였습니다. 최근에는 아예 스위스 전체를 '크립토네이션(Crypto Nation)'으로 만들겠다고 선언하며, ICO를 국가 경제 정책의 중요한 축으로 삼고 있습니다. 스위스의 이러한 움직임은 전 세계에 큰 반향을 일으켰습니다.

스위스뿐만 아니라, 지중해의 작은 섬나라 '몰타(Malta)'도 눈에 띄는 행보를 보였습니다. 2018년 7월 4일, 몰타는 전 세계 최초로 3개의 암호화폐 법안을 승인하며, ICO를 국가 차원의 성장 동력으로 채택하겠다는 의지를 명확히 했습니다. 이 외에도 미국, 호주, 지브롤터, 홍콩, 싱가포르, 에스토니아 등 많은 국가가 ICO에 친화적인 정책을 추진하면서, 우수한 기업들과 자금을 유치하기 위해 치열하게 경쟁하고 있습니다. 이제 ICO는 세계적인 트렌드가 되었고, 그 추세는 더욱 강해질 것입니다.

이러한 흐름 속에서, 철저한 개인정보 보호와 보안으로 유명한 메신저 서비스 '텔레그램(Telegram)'은 ICO를 통해 불과 몇 개월 만에 약 17억 달러(한화 약 1조 9,000억 원)를 모금했습니다. 이와 유사하게, '드래곤(Dragon)'은 3억 2,000만 달러(한화 약 3,600억 원), '뱅케라(Bankera)'는 1억 5,000만 달러(한화 약 1,700억 원)를 각각 모집하며, ICO를 통한 자금 조달이 활발히 이루어지고 있습니다. 2018년 2분기 기준으로 ICO 시장 규모는 약 72억 달러에 달했으며, 이는 같은 해 IPO 시장 규모인 160억 달러의 거의 절반에 육박하는 수준입니다.

이처럼, ICO 시장은 불과 몇 년 만에 전통적인 IPO 시장을 위협할 정도로 급성장했습니다. 이러한 추세는 앞으로도 지속될 것으로 보이며, ICO뿐만 아니라 전체 가상화폐 시장도 계속해서 성장할 가능성이 큽니다. 전 세계적으로 ICO가 금융과 투자 분야에 미치는 영향력은 점점 더 커지고 있으며, 많은 국가가 이 기회를 활용해 새로운 경제 성장을 도모하고 있습니다. ICO는 이제 단순한 자금 조달 방법을 넘어, 글로벌 경제의 한 축으로 자리 잡아가고 있습니다.

하지만 아직까지도 한국에서는 ICO가 금지되어 있습니다. 즉, 한국에서 ICO를 진행하는 것은 불법입니다. 한국처럼 ICO에 대해 부정적인 입장을 취하는 국가로는 중국이 대표적입니다. 다만, 중국 정부도 지역에 따라 ICO에 대한 규제가 조금씩 다르게 적용되고 있어, 한국과는 상황이 조금 다릅니다. 결국 대한민국은 전 세계에서 ICO에 대해 가장 배타적인 입장을 유지하는 국가 중 하나로 볼 수 있습니다. IT와 디지털 강국을 표방하고, 인공지능과 같은 신기술 도입에 적극적이었던 과거 대한민국의 모습을 생각하면, 현재의 이런 규제 태도는 다소 의아하게 느껴지기도 합니다.

한국은 2018년 9월에 ICO를 전면 금지한 이후로 추가적인 정책 발표나 법안 제정이 이루어지지 않았습니다. 하지만 새 정부가 국정 과제로 암호화폐 발행(ICO)을 허용하고, 가상자산을 제도권으로 수용하는 법제를 도입할 계획을 발표하면서 업계에서는 산업 활성화에 대한 기대감이 커지고 있습니다. 제20대 대통령직인수위원회는 2022년 5월 3일에 ICO와 관련된 국정 과제를 발표했습니다. 여기에는 ▲증권형,비증권형 토큰별 투자자 보호 조치를 갖춘 ICO 규제 체계 마련 ▲'디지털자산기본법' 제정 ▲글로벌 규제 동향 반영 등의 내용이 포함되어 있습니다.[4]

하지만 이후로 현재까지 국내 ICO 허용에 관한 구체적인 이야기는 들려오지 않고 있습니다.[5] 때문에 아직까지는 국내의 기업들이 ICO를 하고 싶어도 할 수 없는 형국입니다. 많은 기업이 어쩔 수 없이 해외에 법인을 설립해 ICO를 진행하고 있으며, 이로 인해 국내 자본과 기술이 해외로 유출되는 것에 대한 우려가 커지고 있습니다.

만약 여러분이 ICO를 고려하고 있다면, 각 국가의 제도와 특성을 철저히 분석하여 장단점을 파악하는 것이 중요합니다. 어느 국가에서 ICO를 진행하는 것이 가장 유리할지 신중하게 판단해야 합니다. 국가마다 법률이 다르기 때문에, ICO를 원천적으로 금지하지 않더라도, 특

---

4   김윤희 기자, "집 나간 블록체인 기업들 돌아올까…"ICO 허용 고무적", , 2022. 5. 5, ZDNET KOREA.

5   대신 가상자산 거래소 공개(IEO)를 조건부로 허용한다는 뉴스는 공개됐는데, 'IEO'란 가상자산 시장에서 일종의 기업공개(IPO)에 해당하는 것으로, 투자자금 공모를 위해 블록체인 프로젝트팀이 코인을 발행하는 경우 위탁을 받은 거래소가 해당 프로젝트의 코인을 대신 판매해주는 방식을 말합니다. 거래소가 사전에 해당 토큰을 검증하기 때문에 상대적으로 미상장 코인에 투자하는 것보다는 리스크가 적다고 평가받습니다. 투자자들은 거래소에 대한 신뢰를 바탕으로 IEO에 참여하는 것이죠. 주식시장과 비교하면 일종의 공모주 청약과 비슷하다고 볼 수 있습니다.

정 상황에서 문제가 될 수 있는 부분을 명확히 이해해야 합니다. 특히, 개발을 포함한 사업을 국내 법인에서 진행하고 ICO는 해외 법인에서 진행하는 경우, 해외 법인이 '페이퍼 컴퍼니'로 판단될 위험이 있습니다. 이런 상황에서는 의도치 않게 횡령, 배임, 외국환거래법 위반 등의 범법 행위에 연루될 가능성도 있으니 주의가 필요합니다.

　스타트업이 해외에 본사를 두고 있다고 해도, 국내에서 서비스를 제공하려고 한다면 서비스 운영 측면에서는 국내법이 적용될 것이고, ICO와 관련된 측면에서는 그 국가의 법률이 적용될 것입니다. 따라서 이중의 법률 검토가 필요합니다. 국내법에 대해서는 국내 법률 전문가와 상의하고, 해외법에 대해서는 해당 국가의 법률 전문가와 협력하여 미리 제반 문제를 검토하는 것이 중요합니다. 법률에 저촉될 경우 사업을 시작하기도 전에 막히거나, 심지어는 소중한 아이템을 경쟁자에게 빼앗길 위험도 있기 때문입니다.

　한 가지 팁을 드리자면, 일반적으로 국내에서 ICO를 준비하는 전문가들은 해외 현지의 로펌들과 긴밀한 협력 관계를 맺고 있는 경우가 많습니다. 이러한 국내 법률 전문가들을 활용하여 ICO를 진행하면, 비용과 시간 측면에서 상당한 이점을 누릴 수 있습니다. 따라서 ICO를 계획하고 있다면, 국내 법률 전문가와의 상담을 통해 보다 효과적인 방법을 찾아보시는 것을 적극 권장드립니다. 성공적인 ICO와 더불어, 법률적 리스크를 최소화할 수 있는 좋은 전략이 될 것입니다.

라. ICO에 관한 법률적 쟁점

1) 해외의 경우
　해외 각국은 가상자산과 ICO에 대해 다양한 접근 방식을 취하고 있습니다.

　미국에서는 가상자산을 증권(securities) 또는 상품(commodities)으로 분류하여 다른 규제를 적용합니다. 가상자산이 증권의 정의를 충족할 경우, 미국 증권거래위원회(SEC)는 해당 가상자산에 대해 증권 감독 규정을 적용합니다. 예를 들어, 가상자산이 투자 계약의 성격을 가진다면 이는 증권으로 분류되어 등록 및 공시 의무를 따르게 됩니다. 반면, 가상자산이 교환의 매체로 기능할 경우, 법정화폐와 유사한 규제로 다루어집니다. **뉴욕주**는 특히 가상자산 관련 범죄 예방과 거래 투명성을 강화하기 위해 '비트라이선스(BitLicense)' 제도를 도입하였으며, 가상자산 취급업자들이 리스크와 계약 조건을 명확히 공지하도록 요구하는 금융감독 규정을 개정하여 관리하고 있습니다.

일본의 경우, 2014년 대형 가상자산 거래소인 마운트곡스(Mt. Gox)에서의 해킹 사건과 2018년 코인체크(Coincheck)에서의 가상자산 유출 사건 이후, 가상자산에 대한 규제를 강화했습니다. 일본 정부는 「자금결제법」과 「금융상품거래법」을 개정하여 가상자산을 법률상 재산적 가치로 인정하고, 가상자산 교환업자는 금융당국에 등록할 의무를 지니게 했습니다. 또한, 이용자 보호를 위해 교환업자의 고객에 대한 설명의무, 거래의 투명성 확보, 자금세탁 방지 의무 등 다양한 제도를 도입했습니다. 이러한 규제는 가상자산 시장의 투명성과 안정성을 높이고 이용자를 보호하기 위한 조치로 평가받고 있습니다.

독일은 「은행법」에서 암호화폐를 금융투자상품으로 명시하고 있으며, 연방금융감독청(BaFin)의 지침에 따라 암호화폐 수탁업을 새로운 금융서비스로 규제하고 있습니다. 이 규제는 암호화폐가 전통적인 금융 상품과 유사한 법적 지위를 가지며, 이에 따라 엄격한 감독과 규제를 받는다는 점에서 독일의 가상자산 시장을 보다 안전하게 운영하기 위한 법적 장치로 작용하고 있습니다.

반면에 **중국**, **터키**, **인도** 등 일부 국가는 가상자산의 거래 및 채굴을 전면 금지하여, 자국민의 가상자산 시장 참여를 원천적으로 차단하고 있습니다. 이러한 접근은 가상자산의 투기성과 불법적인 자금 유출을 방지하기 위한 것으로, 각국의 금융 안정성과 경제적 안보를 보호하기 위한 조치로 이해할 수 있습니다.

2) 국내의 경우

한국에서는 가상자산과 ICO에 대한 법적 규제가 명확하게 정립되지 않았지만, 국제 사회의 권고에 따라 관련 법률을 일부 개정하여 규제를 도입하였습니다. 2017년 9월, 한국 금융위원회는 모든 형태의 ICO를 금지한다고 발표했습니다. 이는 당시 암호화폐와 ICO 시장에서 발생하는 사기와 투기성 거래에 대한 우려가 컸기 때문입니다. 이 조치로 인해 국내에서는 ICO를 통한 자금 조달이 금지되었으며, 이와 관련된 법적 제재가 강화되었습니다. 그러나 여전히 명확한 규제 프레임워크가 존재하지 않기 때문에, 많은 국내 기업은 ICO를 통해 자금을 조달하려면 해외에서 이를 추진하는 경우가 많습니다.

또한, 2020년 3월에 개정된 **특정 금융거래정보의 보고 및 이용 등에 관한 법률**(특정금융정보법)은 가상자산 거래소에 대한 규제를 강화하는 내용을 담고 있습니다. 이 법에 따르면, 가상자산 거래소는 금융위원회에 등록해야 하며, 자금세탁 방지(AML) 및 고객 확인(KYC) 절차를 엄격히 준수해야 합니다. 비록 이 법이 직접적으로 ICO를 규제하지는 않지만, 가상자산 산업 전반에 대한 규제를 강화하는 방향으로 작용하고 있습니다.

한국은 G20 정상회의와 국제자금세탁방지기구(FATF)의 권고를 수용하여 2020년 3월 24일, 「특정금융정보법」을 개정했습니다. 이 개정법은 가상자산을 "경제적 가치를 지닌 전자증표"로 정의하며, 가상자산 거래업자에 대해 여러 가지 의무를 부과하고 있습니다.

구체적으로, 개정된 특정금융정보법은 가상자산 거래업자에게 다음과 같은 의무를 규정하고 있습니다.

- **금융회사의 확인 의무**: 가상자산 거래업자인 고객에 대해 금융회사는 그 신원을 확인하고, 자금세탁 방지를 위한 절차를 엄격히 준수해야 합니다.
- **거래 거절 및 종료 의무**: 의심스러운 거래에 대해서는 금융회사가 거래를 거절하거나 종료할 의무를 지닙니다.

- **신고 의무 및 거래내역 관리**: 가상자산 거래업자는 금융 당국에 신고해야 하며, 고객별 거래 내역을 구분하여 관리할 의무가 있습니다.

그러나 이러한 법 개정은 가상자산 산업의 진흥이나 이용자 보호, 거래 안정성 확보보다는 주로 **자금세탁 방지**에 초점을 맞추고 있습니다. 이는 한국 정부가 가상자산을 금융 안정성과 투자자 보호라는 관점에서 보다 신중하게 접근하고 있음을 나타냅니다.

이처럼 가상화폐나 ICO를 직접 규제하는 법률이 새로 제정되지 않더라도 해당 암호화폐가 별도의 법률자산으로 인정되거나, 자산가치를 인정받으면 이미 제정되어 있는 법률로 규율될 수 있다는 점은 주의해야 합니다. 미국 증권거래위원회(SEC)는 암호화폐를 주식과 같은 디지털 자산으로 보고, 투자자들이 안전하게 투자할 수 있도록 ICO를 증권법의 틀 안에서 관리하겠다는 입장을 밝히고 있습니다. 또한, 전 세계 ICO의 선두주자인 스위스 금융시장감독청(FINMA)은 ICO에 대한 별도의 규제 법령은 없지만, 현행 금융시장 법령이 ICO의 구조에 따라 적용될 수 있다고 설명하고 있습니다. 예를 들어, 토큰이 지불 수단으로 발행될 경우 '자금세탁방지법'이 적용될 수 있고, ICO 운영자가 참가자에게 지급 의무를 지게 되는 경우에는 '은행법'이 적용될 수 있다는 것입니다. 이와 비슷하게 싱가포르 금융청(MAS)도 디지털 토큰의 발행 및 제공이 싱가포르 증권법(SFA)의 '금융시장 상품'에 해당한다면 SFA가 적용될 수 있다는 입장을 밝히고 있습니다.

이와 같이, 우리나라와 중국을 제외한 다른 국가들, 특히 미국, 스위스, 일본 등 주요 국가들은 기본적으로 ICO를 허용하면서도 현재 존재하는 규제의 틀 내에서 문제가 있는 업체만 선별해내고 있습니다. 이러한 전 세계 금융당국의 ICO를 다루는 방식을 살펴보면, ICO가 투자 목적으로 사용되어 주식과 같은 '유가증권'의 특징을 지닌 것으로 이해된다면, 다양한 금융 관련 법률과 규제들이 직접 적용될 가능성이 큽니다. 반면, ICO를 통해 발행된 암호화폐가 유가증권이 아닌, 해당 서비스를 이용할 수 있는 유틸리티(사용성)적인 측면을 가진다고 판단될 경우, 법률의 규제를 덜 받으며 비교적 자유롭게 유통될 수 있을 것입니다. 중요한 점은 세계 각국의 ICO와 관련된 공통된 규제 취지가 자금세탁방지법이나 테러자금방지법에 저촉되는 불법 자금 사용 행위를 명확히 금지하고자 한다는 것입니다.

3) 코인세일과 법무이슈

이제 좀 더 구체적으로, 법과 관련된 얘기를 해보도록 하죠. ICO는 물론, 스타트업이 우선적으로 고려해야 할 것은 해당 사업이 법률에 저촉되지 않아야 한다는 것입니다. 가령, 특정한 유틸리티 코인을 만들어서 ICO를 진행하려고 하는데 그 코인을 사용하는 대상이 불법적인 것이라고 한다면 이 서비스는 출발부터 잘못된 것입니다. 시작할 수조차 없고, 운이 좋아 법망을 피한다고 해도 수익의 대부분이 환수될 수 있기 때문입니다. 그렇기 때문에 해당 서비스를 어느 국가에서 런칭할지를 정하면서는, 그 지역에서 운영하고자 하는 서비스 자체가 합법적으로 인정될 수 있을지 하는 지점부터 고민할 필요가 있습니다.

두 번째로 고려해야 할 사항은 사업자가 발행하는 **백서**가 실현 가능한 내용을 담고 있어야 한다는 점입니다. 백서는 일종의 사업계획서로서, 해당 프로젝트의 목표와 계획을 담고 있습니다. 물론, 계획서라는 특성상 모든 내용을 100% 현실로 구현할 것을 강제할 수는 없겠지만, 그 내용이 객관적으로 실현 가능한 것인지 판단할 수 있어야 합니다. 예를 들어, 특정 코인이나 토큰을 구매하면 달나라 여행이 가능하게 해준다는 유틸리티를 주장하는 백서를 작성한다고 가정해봅시다. 누가 보더라도 기술적으로 실현 가능하지 않으며, 현실적이지 않은 내용을 담고 있지요. 이런 백서는 백서를 읽는 불특정 다수를 속였다는 이유로 사기죄가 성립될 수 있습니다.

코인세일을 성공적으로 마무리하겠다는 의도로 백서를 무리하게 작성하면, 이후 여러 문제가 발생할 수 있습니다. 지나치게 장밋빛 미래만을 강조하는 것은 피해야 하며, 백서에 제시된 계획이 다양한 사정에 의해 수정될 수 있음을 미리 명시해야 합니다. 코인을 구매하는 투자자 입장에서는 사업의 아이템이나 서비스가 아직 구체화되지 않은 상태에서 백서 하나만 보고 해당 블록체인 프로젝트에 기여하고자 하는 투자 결정을 내리는 것이기 때문에, 백서의 내용은 명확하고 법적인 문제가 없도록 작성하는 것이 중요합니다.

그러나 ICO를 진행한 기업들이 기대만큼의 성과를 내지 못했다고 해서 이를 반드시 잘못된 일로 보거나 사기로 단정하기는 어렵습니다. 계획은 어디까지나 계획일 뿐입니다. 세상 모든 일이 계획대로 흘러가는 경우는 드뭅니다. '운칠기삼'이라는 말처럼, 저 역시 요즘 모든 일이 계획대로 되지 않는다는 사실을 절실히 깨닫고 있습니다. ICO도 마찬가지입니다. 대부분의 기업이 ICO를 통해 자금을 조달한 후, 실제로 이를 바탕으로 계획했던 서비스나 블록체인 기술을 상용화하려고 노력하고 있습니다. 투자자들도 세부 일정이나 상황이 변동될 수 있다는 점을 이해하고, 큰 틀에서 계획이 유지될 것이라는 믿음을 가지고 백서를 참고하여 코인세일에 참여하는 것이 중요합니다.

4) 다단계 판매와 유사수신, 외국환거래법

앞서 본 것처럼, 현재까지 ICO는 해외에 ICO를 위한 재단을 설립하고, 국내에 영리법인을 별도로 설립하여 실제 서비스를 운영하는 방법으로 ICO가 진행되고 있습니다. 프로젝트를 수행하는 프로젝트 팀에서 비영리재단을 설립하고, 별도 영리기업 또는 협력 관계에 있는 기업을 통해서 ICO에 대한 홍보를 진행해 그 후 예정된 모집기간이 되면 ICO 참여자들로부터 암호화폐를 받는 방식입니다. 실무상 이 때 '피아트(Fiat)'라고 하는 현실통화는 받지 않습니다. 자본시장법상의 규제는 기본적으로 이 '통화'의 개념과 강하게 연결되어 있는데, 현행법상 암호화폐는 통화로 인정받지 못하고 있기 때문입니다. 물론 여러 법적인 마찰이나 분쟁을 피하기 위한 목적도 있습니다. 대신 토큰이나 코인을 분배하는 방식으로 이루어지는데, 여기에서도 주의해야 할 점이 있습니다. 토큰세일이 '다단계'나 '유사수신' 형태로 변질되지 않도록 주의해야 한다는 점입니다.

다단계판매(多段階販賣), '네트워크 마케팅'이라고도 불리는 판매 조직은 회원이 소비자에게 사업 기회를 소개해 자신의 후원 판매원으로 등록시키고, 그 판매원이 자신의 아래에 또 다른 소비자를 판매원으로 만들어 등록시키면서 형성되는 조직 형태입니다. 회사는 조직에서 발생하는 매출을 계산해 이들에게 보너스를 지급하고 사업자들은 보너스를 소득으로 하여 그들의 사업을 유지하게 됩니다. 한국에서는 '피라미드'라고 불리기도 합니다. 제품의 거래는 회원과 회사 사이에 중간 단계(도매상, 소매상)가 없이 이루어지며, 최종 소비자는 회원으로부터 제품을 받습니다.

사실 다단계 자체가 무조건 불법이 되는 것은 아닙니다. 여기에 대하여는 **방문판매 등에 관한 법률**(방문판매법)에서 규율을 하고 있는데, 합법적인 다단계가 되기 위해서는 방문판매법에 의해 다단계판매업자로 등록하고, 다단계판매업 자체도 판매원으로 등록해야만 합니다. 따라서 코인이나 토큰을 판매하면서 불법적인 다단계 조직에 의해서 판매되지 않도록 주의할 필요가 있습니다. 사실 모든 불법적인 일이 무리하게 코인을 판매하는 과정에서 발생하기 때문에 무리하게 프리세일(Pre-sale)이나 프라이빗 세일(Private Sale) 일정을 잡지 말고 조금의 숨 고르기 시간을 두는 것도 필요합니다.

다음으로 ICO가 '유사수신행위의 규제에 관한 법률'(유사수신행위법) 상 금지되는 **'유사수신행위'**에 해당하는지 여부도 살펴봐야 합니다. '유사수신행위'란 다른 법령에 따른 인가·허가를 받지 않거나 등록·신고 등을 하지 아니하고 불특정 다수인으로부터 자금을 조달하는 것을 업(業)으로 하는 행위로서, 장래에 출자금의 전액 또는 이를 초과하는 금액을 지급할 것을 약정하고 출자금을 받는 행위 등을 의미합니다.

<유사수신행위법>

제2조(정의)

1. 장래에 출자금의 전액 또는 이를 초과하는 금액을 지급할 것을 약정하고 출자금을 받는 행위
2. 장래에 원금의 전액 또는 이를 초과하는 금액을 지급할 것을 약정하고 예금·적금·부금·예탁금 등의 명목으로 금전을 받는 행위
3. 장래에 발행가액(發行價額) 또는 매출가액 이상으로 재매입(再買入)할 것을 약정하고 사채(社債)를 발행하거나 매출하는 행위
4. 장래의 경제적 손실을 금전이나 유가증권으로 보전(補塡)하여 줄 것을 약정하고 회비 등의 명목으로 금전을 받는 행위

코인 또는 토큰의 투자자들은 향후 이들의 가치 상승을 기대하고 ICO에 참여하므로, 사업자들이 이들에게 원금 보장 약정이나 출자금 반환 약정 등을 하지 않는다면 유사수신행위에 해당하지 않을 가능성이 높습니다. 반면 어떤 특정 코인을 사면 코인구매 비용을 보장해준다든지, 특정 코인을 사면 현금을 보상해 준다든지, 코인을 사면 추후 재매입해준다든지라는 식의 약속을 하면 유사수신행위가 될 가능성이 있으니 주의해야 합니다. 특정의 서비스를 이용하거나 사용하는 유틸리티코인의 경우에는 유사수신에 해당될 여지가 거의 없다고 보시면 됩니다. 어떤 대가를 약속하는 게 아니라 코인으로 특정의 서비스를 대신하는 정도이기 때문입니다.

또한 국내 참여자가 해외에 근거지를 둔 ICO 발기인에게 비트코인과 같은 기성코인을 송금하고, ICO를 통해 발행된 코인이나 토큰을 취득하는 경우나 국내에 근거를 둔 ICO 사업자가 코인이나 토큰을 해외로 송금하는 경우에는 '외국환거래법' 적용이 문제될 수도 있습니다.

다시 말해, ICO를 규제하는 직접적인 법은 없지만, 이러한 행위 자체가 불법다단계나 유사수신행위, 불법 외환거래에 해당될 수 있고, 이 경우에는 법적인 처벌을 받을 수 있습니다. 단순히 ICO를 이용해 코인을 많이 팔아서 큰 돈을 벌겠다는 생각을 가지고 ICO나 코인 관

련 사업을 시작하는 일은 지양되어야 합니다. ICO는 그 방식에 있어서 주식을 발행하는 IPO와 다를 뿐, 코인을 발행하여 자금을 모으고, 백서에서 공개한 사업에 대한 특별한 서비스나 기술을 개발하기 위한 자금 조달 수단이라는 점에서 다를 바가 없습니다. 아직까지 법적인 규제나 제대로 된 안전장치가 없다는 것만 빼고 말이죠.

사실 ICO는 사업가가 임의대로 작성한 백서를 믿고 투자를 유치하는 것이어서, 기성 투자에 비해 투자 위험이 매우 높습니다. 최근에는 ICO를 진행한 기업들이 백서와 달리 부실하게 사업을 진행하고 투자자들이 제대로 투자금을 환수받지도 못하는 등의 사기 피해 사례가 빈번하게 발생하고 있습니다. 따라서 투자를 하는 사람은 백서를 꼼꼼히 읽어보고 그 기업의 미래를 판단하여 투자하는 것이 중요합니다. ICO는 이처럼 투자자와 사업자 모두에게 위험할 수도 있지만, 잘만 된다면 고수익을 가져올 수도 있는 양날의 검과 같습니다. 특히 자본을 조달하기 어려운 초기 스타트업들에게는 단비 같은 방식이며, 전 세계의 관심이 쏠려 있는 사업구조인 것은 분명합니다.

ICO는 많은 자금이 유입되는 통로인 만큼 많은 법률적 쟁점이 문제될 수 있다는 점에서 이를 직접 수행하는 사업자나, 자금을 보태는 투자자 모두 많은 주의를 기울일 필요가 있습니다. 현재 우리나라 정부는 ICO를 전면 금지하겠다는 원칙만을 선언한 후 구체적인 규제안을 내놓지는 않은 상태입니다. 아직까지 ICO를 규제할 수 있는 직접적인 법적근거는 없는 상태인 것이죠. 하지만 법이란 것은 언제든 시장상황과 수요에 맞게 만들어질 수 있기에, 만일 사업자가 우리나라에서 법인을 설립하여 ICO를 하든, 외국에 거점을 두고 ICO를 진행하든, 우리나라 국적의 사업자가 ICO를 진행한다면 앞서 본 여러 우리나라 법률의 적용을 염두에 두어야 합니다.

새로운 정부는 디지털 전환 시대에 걸맞는 혁신적인 금융 시스템을 구축하고, 글로벌 금융 시장의 변화를 수용하면서도 이를 잘 대비할 수 있도록 투자자가 안심하고 디지털 자산에 투자할 수 있는 환경을 조성하겠다고 발표했습니다. 사업자 입장에서는 이러한 변화에 민감하게 반응하면서 '**디지털자산 기본법**'의 제정에도 주목할 필요가 있습니다. 앞으로의 시장 변화와 후속 조치들을 잘 관찰하고 준비하는 것이 중요합니다.

ICO는 단순한 '투자 대박'을 노린 신기루가 아닙니다. 자금 조달의 혁신적인 대안이지만, 혁신에는 항상 위험이 따릅니다. 혁신의 길은 빠르게 달리는 고속도로와 같습니다. 속도감에 취해 질주하는 것은 짜릿하지만, 과속은 위험하고, 반드시 안전벨트를 매야 합니다. 아무리 혁신적이고 새로운 길을 걷는 스타트업이라도, 제대로 된 안전장치 없이는 큰 사고를 당할 수 있습니다. 가끔은 '나만의 길'을 개척하고 싶은 마음에 서두르고 싶겠지만, 결국 중요한 것은 얼마나 빨리 도착하느냐가 아니라, 얼마나 안전하게 도착하느냐입니다.

한국 정부는 "안전하지 않은 길을 가로지르기보다는 가지 않는 게 낫다."라는 신중한 태도를 유지하고 있습니다. 법적 규제도 불명확하고 기존의 투자 보호 장치도 부족하기에, 투자자들에게는 "모 아니면 도"의 모험입니다. ICO로 손쉽게 자금을 조달하고자 하는 스타트업들에게는 아쉬운 상황이지만, 한편으로는 이 모호한 법적 상황이 오히려 투자자 보호에는 필수적인 역할을 하고 있습니다.

그 가능성과 잠재력에 대한 기대감으로 "**풀 스로틀**"을 밟고 싶더라도, 규제와 위험을 고려한 '**안전 운전**'이 필수입니다. 여러분의 안전벨트는 철저한 법적 준비와 신뢰할 수 있는 파트너와의 협업입니다. 계속해서 "**스타트업 스타트!**"와 함께 성공적인 여정을 시작해 봅시다!

국내 디지털 자산 규제의 변화는 최근 몇 년 동안 전 세계적인 디지털 자산의 성장과 함께 빠르게 변화해 왔습니다. 아래에 주요 변화와 추이를 정리해 드립니다.

1. 초기 규제와 경고(2017-2018년)

- **2017년 9월**: 금융위원회는 모든 형태의 ICO(Initial Coin Offering)를 금지한다고 발표했습니다. 당시 정부는 ICO가 투자자 보호가 제대로 되지 않은 상태에서 투기성 자산을 유도한다고 판단하여 이 같은 결정을 내렸습니다.
- **2018년 1월**: 법무부 장관이 가상화폐 거래소 폐쇄 가능성을 언급했습니다. 이는 시장에 큰 충격을 주었으며, 비트코인 등 주요 가상자산의 가격이 급락하는 계기가 되었습니다. 이후 정부는 이러한 발언을 후퇴하면서 조정된 입장을 발표했지만, 규제의 강도는 여전히 높았습니다.
- **2018년 3월**: 금융위원회는 은행권에 가상자산 관련 금융 거래에 대한 더 엄격한 자금세탁방지(AML) 규제를 요구했습니다. 이로 인해 가상자산 거래소와 관련된 금융 거래는 더 많은 감시와 규제를 받게 되었습니다.

2. 규제 강화와 제도적 틀 마련(2019-2020년)

- **2019년**: 가상자산(암호화폐)과 관련된 여러 사기 사건과 '거래소 해킹' 사건이 빈번히 발생하면서, 정부는 디지털 자산에 대한 규제 필요성을 더욱 강하게 느꼈습니다. 이에 따라 정부는 가상자산 사업자들에게 더 엄격한 자금세탁방지 의무를 부과했습니다.
- **2020년 3월**: 특정 금융거래정보의 보고 및 이용 등에 관한 법률(특정금융정보법) 개정안이 국회에서 통과되었습니다. 이 개정안은 가상자산 사업자(VASP: Virtual Asset Service Provider)에 대해 실명확인 입출금 계정 사용 의무와 정보보호 관리체계(ISMS) 인증을 받도록 요구하는 내용을 포함했습니다. 특정금융정보법 개정안은 2021년 3월에 시행되었습니다.

3. 법제화와 본격적인 규제 시행(2021년 이후)

- **2021년 3월**: 특정금융정보법 개정안이 본격적으로 시행되면서, 가상자산 사업자는 금융정보분석원(FIU)에 신고 의무를 가지게 되었으며, ISMS 인증을 받지 못한 거래소들은 대부분 영업을 중단해야 했습니다.
- **2021년 하반기**: 금융위원회는 국내 가상자산 거래소에 대한 규제를 더욱 강화했습니다. 가상자산 거래소는 실명계좌 발급을 위한 은행과의 협력을 강화해야 했고, 특정 거래에 대한 모니터링도 엄격하게 이루어졌습니다.
- **2021년 9월**: 금융위원회는 '신고제'를 통해 공식적으로 인가받은 거래소만이 합법

적으로 운영될 수 있도록 조치했습니다. 이에 따라 여러 중소형 거래소가 운영을 중단하거나 사업을 축소했습니다.

4. 디지털 자산 기본법 제정 논의 및 글로벌 규제 동향 반영(2022년 이후)

- **2022년**: 새 정부가 출범하면서 디지털 자산에 대한 규제를 다소 완화하고, 제도권 안으로 편입하려는 움직임이 시작되었습니다. 정부는 '디지털자산 기본법'을 제정하여 투자자 보호와 함께 디지털 자산 시장의 건전한 성장을 도모할 계획을 밝혔습니다.
- **2022년 7월**: 가상자산에 대한 과세 시점을 2025년으로 유예했습니다. 이는 디지털 자산 시장에 대한 정부의 유연한 접근 방식을 보여주는 사례입니다.
- **2023년**: 금융위원회와 국회는 디지털 자산 관련 법안들을 논의 중이며, 여기에는 증권형 토큰과 비증권형 토큰에 대한 명확한 규제 방안을 마련하는 내용도 포함되었습니다. 또한, 국내 가상자산 거래소의 보안 강화와 투명한 운영을 위한 추가적인 규제 방안도 고려되고 있습니다.

5. 향후 전망

- **디지털자산 기본법**: 디지털자산 기본법 제정이 가장 큰 이슈입니다. 이 법안은 디지털 자산의 정의, 발행, 거래, 보관 및 관리 그리고 투자자 보호에 관한 포괄적인 규제를 포함할 예정입니다. 이는 향후 한국의 디지털 자산 시장을 규제하는 데 중요한 역할을 할 것입니다.
- **증권형 토큰(토큰 증권) 규제**: 증권형 토큰에 대한 법적 규제를 마련하려는 시도가 계속되고 있습니다. 이는 STO(Security Token Offering)와 같은 새로운 형태의 자산 발행 방식을 규제하기 위함입니다.
- **가상자산 관련 국제 규제 동향 반영**: 한국 정부는 국제적인 규제 동향, 특히 미국과 유럽의 규제 변화를 주시하며 국내 규제에 반영하려고 합니다. 이는 글로벌 디지털 자산 시장과의 조화를 맞추기 위함입니다.

현재 한국의 디지털 자산 규제는 빠르게 변화하고 있으며, 그 중심에는 투자자 보호와 시장의 건전한 성장을 도모하려는 정부의 의도가 있습니다. 스타트업이나 가상자산 사업자는 이러한 규제 환경을 이해하고, 정부의 정책 변화에 민감하게 반응하며, 적절한 법적 자문을 받는 것이 필수적입니다. 향후에는 더 많은 규제와 지원이 병행될 가능성이 크므로, 이를 잘 활용하는 것이 중요합니다.

제4장

함께할 멤버 모집 –
이봐 너 내 동료가 돼라!

제4장

함께할 멤버 모집 – 이봐 너 내 동료가 돼라!

1. 좋은 동업자 찾기
2. 직원의 채용

1. 좋은 동업자 찾기

이제는 이 여정을 함께할 든든한 **동료들**을 모아야 할 때입니다. 팀을 꾸리고, 서로의 꿈을 나누며 더 큰 목표를 향해 나아갈 준비를 해볼까요?

스타트업을 시작할 때 가장 큰 고민 중 하나는 **'누구와 함께할 것인가'**입니다. 동업자는 단순히 함께 일하는 동료가 아니라, 사업을 함께 성장시켜 나갈 동반자이기에 그 선택은 매우 신중해야 합니다. 사업의 성공 여부는 좋은 동업자를 만날 수 있느냐에 달려있다고 해도 과언이 아닙니다. 그렇다면, 함께 일할 동업자는 어떤 자격을 갖춰야 할까요? 제가 생각하는 이상적인 파트너는 다음과 같은 요소를 갖춘 사람입니다.

먼저, 좋은 동업자의 첫 번째 조건으로는 **나의 부족한 부분을 채워줄 수 있는 사람**을 들 수 있습니다. 많은 사람이 동업자를 찾을 때, 내가 가진 역량과 부족한 부분을 보완해 줄 수 있는 동업자를 원합니다. 예를 들어, 내가 사업 경영에 강점이 있다면, 동업자는 그 사업 아이템을 현실화할 수 있는 기술 전문가가 좋겠지요. 그러나 뛰어난 기술 전문가를 만나는 것은 언제나 쉽지 않습니다. 기술 전문가는 수요가 높고 찾기 어렵기 때문에, 좋은 동업자를 만나기 위해서는 나 자신도 그에 맞는 역량을 키워놓는 것이 중요합니다.

또한, 나의 성격과 상호 보완될 수 있는 사람을 찾는 것도 중요합니다. 만약 내가 외향적이고, 사람을 잘 만나고 영업력이 뛰어난 타입이라면, 동업자는 꼼꼼하고 계획적이며, 내향적인 성격을 가진 사람일 수도 있습니다. 이렇게 서로가 부족한 점을 보완해주는 관계라면, 동업자 입장에서도 자신이 부족한 부분을 내가 채워줄 수 있기 때문에 윈-윈(win-win) 관계를 형성할 수 있습니다. 이처럼 서로의 강점을 살리고 약점을 보완해주는 파트너십은 사업이 성장하고 발전하는 데 큰 도움이 될 것입니다.

두 번째로 고려해야 할 요소는 **동업자가 관련 경험을 가지고 있는지 여부**입니다. 앞서 언급한 대로, 경영에 강점이 있는 창업자가 기술 전문가를 찾았다고 가정해봅시다. 이 기술 전문가는 우수한 대학을 졸업했고, 훌륭한 스펙을 가지고 있다고 해도, 그것만으로 충분할까요? 정작 중요한 것은 그 기술 전문가가 실제로 내가 계획한 사업 아이템을 현실화할 수 있는 능력을 가지고 있는지 여부입니다. 스펙보다는 실제 경험이 훨씬 더 중요한 이유죠. 예를 들어, 제품 개발 경험이 있는지, 이전에 어떤 프로젝트를 진행했는지, 실제로 어떤 기술에 강점을 가지고 있는지 등 세부적인 경험을 파악하는 것이 중요합니다. 그렇지 않으면 겉으로는 뛰어나 보이지만, 실제로는 나에게 필요한 동업자가 아닐 수 있습니다.

마지막으로, **동업자가 진정 신뢰할 수 있는 사람인가**입니다. 아무리 동업자의 스펙이 좋고 필요한 부분을 채워줄 수 있는 역량을 갖춘 사람이라도, 신뢰할 수 없는 사람이라면 함께 사업을 하지 않는 것이 현명할 것입니다. 신뢰는 곧 성실성과 직결되며, 성실성이 부족한 사람과 동업을 하게 되면 사업의 전체 과정이 스트레스의 연속이 될 수 있습니다. 그리고 신뢰가 없는 상태에서는 공동의 목표를 향해 나아가기도 어렵고, 사업의 방향이 흔들리기 쉽습니다. 사업이란 혼자서 해낼 수 있는 일이 아니며, 처음부터 끝까지 서로를 믿고 의지하며 함께 나아가는 여정입니다. 이런 여정에서는 서로 밀어주고 끌어줄 수 있는 신뢰가 바탕이 되어야 하며, 그렇지 않다면 아무리 뛰어난 능력을 가진 동업자라 할지라도 함께할 수 없습니다.

능력 있는 전문가를 찾는 것은 어렵지 않을 수 있습니다. 그러나 신뢰할 수 있는 좋은 동업자를 찾는 것은 훨씬 더 어렵습니다. 마치 결혼할 배우자를 고르는 것과 비슷하죠. 결혼할 배우자를 선택할 때도 내가 원하는 모든 조건을 갖춘 사람을 찾기란 어려운 일입니다. 동업자를 선택할 때도 마찬가지입니다. 완벽한 동업자는 없습니다. 결국, 우선순위를 정하고, 무엇을 포기할 수 있고, 무엇을 포기할 수 없는지를 판단해야 합니다. 그리고 그 우선순위의 가장 높은 자리에 위치해야 할 것은 바로 신뢰할 수 있는 사람인지 여부입니다.

사업을 하면서 다른 많은 문제들은 해결할 수 있지만, 동업자는 신중히 선택해야 합니다. 동업은 단순한 계약이 아닌, '인연'이기 때문입니다. 옛말에 '군자는 화이부동(和而不同)'이라고 했습니다. 사람은 서로 화합해야 하지만, 반드시 똑같을 필요는 없다는 뜻입니다. 좋은 동업자는 이런 '화이부동'의 관계를 유지할 수 있는 사람이 아닐까요?

🔍 동업자를 선택하는 여러 기준

- **신뢰:** 동업자를 고를 때 가장 중요한 덕목은 신뢰입니다. 능력 있는 사람도 신뢰할 수 없다면 함께 일하기가 어려워집니다. 신뢰는 사업의 기초를 튼튼히 하는 주춧돌과 같습니다. '한번 깨진 항아리는 다시 쓸 수 없다.'라는 말처럼, 신뢰가 무너진 관계는 회복하기 어렵습니다. 그러니 신뢰할 수 있는 사람을 선택하는 것은 무엇보다 중요합니다.
- **열정:** 스타트업은 마치 첩첩산중을 넘어야 하는 여정과도 같습니다. 힘든 산을 넘을 때는 열정이 필요합니다. 산이 높을수록 그 정상에 오르고자 하는 마음은 뜨거워야 합니다. '삼국지'의 유비도 관우와 장비 같은 열정 넘치는 동료들과 함께했기에 중원

을 누비며 자신의 뜻을 펼칠 수 있었던 것처럼, 여러분도 열정 넘치는 동료를 찾아 보세요.

- **역할과 책임:** 스타트업의 생존은 마치 바다를 항해하는 것과 같습니다. 배가 한 방향으로 나아가려면 각자 맡은 역할이 분명해야 하죠. 한 사람이 노를 젓고, 다른 사람은 돛을 올리며, 또 다른 사람은 방향을 잡아야 합니다. 각자의 강점을 이해하고 서로의 부족한 부분을 채워줄 수 있는 사람이 좋은 동업자입니다. "난 돛 올리는 건 자신 있는데 노 젓는 건 도저히 못 하겠어!"라며 포기하지 않고 서로 역할을 나눌 수 있어야 합니다.
- **의사소통:** '말 한마디에 천 냥 빚도 갚는다.'는 속담이 있죠. 사업도 마찬가지입니다. 동업자와의 의사소통은 모든 갈등을 해결하고 문제를 풀어가는 열쇠입니다. 서로 솔직하게 의견을 나누고, 타협점을 찾는 능력이 필요합니다. 의사소통이 원활하다면 어려운 순간도 함께 이겨낼 수 있습니다.
- **공동의 비전:** 마지막으로 중요한 것은 같은 비전입니다. '뜻이 맞는 사람이랑 같이 가라.'라는 옛말처럼, 비전이 같아야 같은 방향으로 나아갈 수 있습니다. 서로 다른 꿈을 꾸면 사업의 방향성이 흔들리기 마련입니다. 같은 꿈을 꾸며 같은 목표를 향해 함께 달려갈 사람을 찾는 것이 중요합니다.

동업자를 선택하는 것은 사업의 성공에 중요한 역할을 합니다. 동업자는 단순히 함께 일할 사람을 넘어서, 서로의 비전을 공유하고 함께 꿈을 이루어갈 동반자입니다. '사공이 많으면 배가 산으로 간다.'는 말도 있지만, 사공이 많은데다 적절하기까지 하면 배는 산이 아닌 푸른 바다를 향해 나아갈 수 있습니다.

(1) 동업계약서의 중요성

좋은 동업자를 찾았다면, 이제 그들과 함께 사업을 시작하며 함께 성장해 나갈 준비를 할 차례입니다. 그러나 아무리 신뢰가 깊은 파트너라고 해도, 언제든지 예기치 않은 상황이 발생할 수 있습니다. 미리 **'동업계약서'**를 작성하는 것이 필수적인 이유입니다. 사업을 시작할 때 가장 중요한 것 중 하나가 바로 이 동업계약서라고 할 수 있습니다. 저역시 많은 상담을 하면서 동업계약서가 없거나, 제대로 작성되지 않아 발생하는 분쟁 사례를 수없이 목격해왔습니다.

주식회사를 설립하면 주식 수에 따라 지분이 나뉘고 이에 따른 책임이 명확히 정해지기 때문에, 분쟁의 여지가 적을 것이라고 생각하기 쉽습니다. 하지만 현실은 그렇지 않습니다. 분쟁은 언제든 발생할 수 있으며, 특히 사업 초기에는 미리 합의하지 않은 사소한 부분에서 문제가 생길 가능성이 큽니다. 이를 방지하려면 중요한 합의 사항을 문서로 명확히 남겨두는 것이 중요합니다.

동업계약서는 동업자 간의 역할, 책임, 지분, 권리를 명확히 규정하는 동시에, 예상치 못한 갈등을 예방하는 중요한 안전장치입니다. 모든 일이 계획대로 진행될 것이라고 기대하지만, 현실은 종종 예측할 수 없는 변수를 품고 있습니다. 계약서는 이러한 상황에서도 서로의 권리를 보호하고, 분쟁 발생 시의 해결 기준을 제시합니다. 서로를 믿는다는 이유로 계약서 작성을 생략하는 것은 무모한 낙관주의일 수 있습니다. 인간의 기억은 불완전하고, 누구나 자신에게 유리한 방향으로 기억하려는 경향이 있기 때문입니다.

동업계약서는 이러한 위험을 줄이는 데 반드시 필요한 수단입니다. 뿐만 아니라, 동업계약서는 단순한 법적 보호를 넘어서, 서로의 기대와 역할을 분명히 하고, 사업의 목표를 명확하게 설정하는 중요한 도구가 됩니다. 동업의 성공과 사업의 지속적인 성장을 위해서는 동업계약서를 꼼꼼히 작성하고, 철저하게 보관하는 것이 중요합니다.

많은 스타트업 창업자들이 동업계약서를 작성하는 것을 어려워하지만, 사실 그렇게 복잡한 일은 아닙니다. 자주 받는 질문 중 하나가 "동업계약서의 표준 양식이 있나요?"라는 것입니다. 결론부터 말씀드리자면, 특정한 표준 양식은 존재하지 않습니다. 일부 기관이나 변호사들이 제공하는 표준 양식이 있기는 하지만, 이 양식들은 모든 사업의 상황과 조건을 포괄하기에는 한계가 있습니다. 사업마다 상황이 다르기 때문에, 이를 하나의 표준 양식으로 정리하는 것은 현실적으로 어렵습니다.

하지만, 여러 기관에서 제공하는 다양한 양식을 보면 공통적으로 포함해야 할 기본적인 항목들이 있습니다. 이러한 항목들은 동업계약서를 작성할 때 반드시 확인하고 포함시켜야 할 필수 요소들입니다. 동업계약서 작성은 동업자 간의 신뢰를 바탕으로 하되, 미래의 불확실성에 대비하는 현명한 준비 과정이라고 할 수 있습니다.

일반적으로 동업계약서에 포함되는 내용은 다음과 같습니다.

- **사업의 목적과 회사명**: 무엇을 위한 사업인지, 회사의 이름은 무엇인지 명확히 합니다.
- **동업자 명단과 지분 구조**: 동업에 참여하는 사람들 각각의 지분 비율과 구조를 명시합니다.
- **역할과 책임**: 각 동업자가 맡을 역할과 이에 따른 책임을 정의합니다.
- **보상 구조**: 역할에 따른 보상 체계가 어떻게 되는지 명확히 합니다.
- **비밀 유지와 경쟁 금지 조항**: 동업 기간 중 및 이후의 비밀 유지 의무와 경쟁 금지 사항을 규정합니다.
- **분쟁 해결 절차**: 분쟁이 발생했을 때 이를 어떻게 해결할 것인지에 대한 절차를 정합니다.
- **주식 처분과 책임 분배**: 주식을 언제, 어떻게 처분할 수 있는지, 손실이 발생할 경우 책임 분배 방법을 명확히 합니다.
- **동업 기간**: 동업의 기간과 종료 조건을 명시합니다.

사실 상식적으로 생각해 보면 다 알 수 있는 것들입니다. 사업하면서 언제든 부딪힐 수 있는 부분에 대한 내용이고, 처음에 동업계약서를 염두에 두고 있지 않더라도 동업을 하게 되면서 동업자와 서로 이야기를 나누는 사항들이기 때문입니다. 또 중요한 것은 핵심 영업비밀인 특허권 또는 영업비밀에 관한 사항인데요. 이 부분은 추후에 지식재산권 관련 항목에서 더 자세히 설명하겠습니다.

이처럼 제가 동업계약서의 중요성을 여러 번 강조해도, 스타트업을 시작하시는 분들 중에는 그 필요성을 실감하지 못하는 경우가 많습니다. 대부분의 경우, 처음 동업을 시작할 때 동업자들 간에는 개인적인 친분이 깊고, 관계가 각별하기 때문에 동업계약서가 필요 없다고 생각하십니다. 그러나 현실에서는 작은 가게를 공동으로 운영하는 사람들부터 스타트업을 함께 하는 동업자들까지, 동업으로 인한 분쟁이 적지 않게 발생하고 있습니다.

이러한 분쟁들 대부분은 사실 동업계약서만 제대로 작성되어 있었다면 쉽게 해결될 수 있는 문제들입니다. 하지만 많은 동업 관계에서 동업계약서가 작성되지 않거나 아예 존재하지 않기 때문에, 사소한 갈등이 커져 소송까지 가게 되고, 결국 시간과 돈을 낭비하는 상황이 발생합니다. 동업계약서가 있었다면, 이러한 갈등이 발생하지 않을 것이고, 설령 문제가 생기더라도, 분쟁 해결을 위한 명확한 기준이 마련되어 있어 소요되는 시간과 비용을 최소화할 수 있습니다.

제가 여러 차례 동업계약서의 중요성을 강조하는 이유는, 동업자들 간의 신뢰나 열정을 믿지 못해서가 아닙니다. 모든 사람은 기억력과 판단력에 한계가 있기 때문에, 서로의 한계를 인정하고 미래에 발생할 수 있는 분쟁을 대비하자는 것입니다. 이렇게 준비를 해 두면 갈등이 발생했을 때에도 보다 원만하게 해결할 수 있습니다.

동업계약서를 작성한 후에는 개인적으로 보관하는 것도 좋지만, 공증을 받아 두는 것도 현명한 방법입니다. 공증을 받으면 계약의 효력을 법적으로 강화할 수 있고, 나중에 계약 내용이 논란이 될 경우에도 법적 근거로 활용할 수 있습니다. 이렇게 공증을 통해 계약서를 더욱 견고하게 만들어두는 것이 동업자들 모두에게 이익이 됩니다. 결국 동업계약서는 두 사람의 신뢰를 더 확고하게 하고, 사업을 더욱 안전하게 운영할 수 있도록 도와주는 중요한 장치입니다.

(2) 동업계약서 작성 방법

동업계약서를 잘 작성하는 방법이 있냐고요? 사실 복잡할 것 없습니다. 동업계약서를 작성하는 첫 번째 단계는 바로 동업자들 간의 **허심탄회한 대화**입니다. 서로가 원하는 조건과 기대를 솔직하게 털어놓고, 사전에 합의할 수 있는 지점을 찾는 것부터가 사업의 시작이죠. 동업계약서는 결국 서로의 조건을 맞춘 결과물이고, 그 출발점은 서로의 요구와 기대를 명확히 공유하는 것에 있습니다.

이때 주의할 점은, 서로 양보하려는 마음으로 자신의 의사를 어설프게 표현하면 안 된다는 것입니다. 우리 사회에서는 겸손과 양보가 미덕으로 여겨지지만, 비즈니스 세계에서는 **명확한 의사 표현**이 훨씬 더 중요합니다. 서로의 체면만 차리다가 나중에 사업이 잘 되면 잘 되는 대로, 안 되면 안 되는 대로 다툼과 분쟁이 생길 수 있습니다. 그래서 동업계약서 작성의 첫걸음은, 각자가 진정으로 원하는 바를 솔직하게 털어놓는 데서 시작됩니다.

그렇다면, 동업계약서에 어떤 내용이 포함되어야 할까요? 앞서 말씀드린 바와 같이, 다음과 같은 항목들이 중요합니다.

- 사업의 목적과 회사의 이름
- 사업을 하는 사람들의 명단과 각자의 지분 구조
- 각 동업자의 역할과 이에 따른 보상 구조
- 비밀 유지에 관한 사항과 경업 금지 여부
- 분쟁 발생 시 해결 방법
- 주식 처분의 시기와 방법
- 손실이 발생할 경우의 책임 분담
- 동업 기간과 조건

이외에도 동업계약서에는 다양한 사항들을 고려해볼 수 있습니다. 먼저, **분쟁 해결 메커니즘**을 구체적으로 명시하는 것이 중요합니다. 예기치 않은 분쟁이 발생했을 때 이를 해결하기 위한 조정 또는 중재 절차를 사전에 정해두면, 법적 소송으로 이어지기 전에 문제를 원만하게 해결할 수 있는 기회를 제공합니다. 또한, 분쟁 해결의 장소와 관할권에 대한 규정도 명확히 하는 것이 좋습니다. 특히, 동업자들이 다른 지역에 거주하는 경우, 이 문제는 더욱 중요한 요소로 작용할 수 있습니다.

또한, **지식재산권 관리**에 대한 명확한 규정도 필요할 수 있습니다. 사업의 핵심 기술이나 지식재산이 누구에게 속하는지, 출원 및 등록 절차를 어떻게 진행할 것인지, 이러한 재산권을 유지하기 위한 비용 부담은 어떻게 할 것인지 등을 미리 정해두어야 불필요한 갈등을 예방할 수 있습니다. 여기에 더해, 동업자 간의 **비밀 유지**와 **비경쟁 조항**도 동업계약서에 포함하는 것이 바람직합니다. 이는 동업자가 회사를 떠난 후에도 중요한 정보나 기술이 외부로 유출되지 않도록 방지하는 장치가 될 수 있습니다.

재무 관리와 자금 조달 방안도 동업계약서에 포함될 수 있는 중요한 항목입니다. 사업이 진행되는 동안 추가 자금이 필요할 때, 각 동업자가 어떤 방식으로 자금을 조달할 것인지, 외부 투자를 받을 때의 조건과 우선순위는 어떻게 정할 것인지 등에 대한 계획을 사전에 합의해 두는 것이 좋습니다. 또한, 사업 운영 중 발생하는 수익과 비용, 지출에 대한 관리 기준을 명확히 정해두면, 재정적인 투명성을 유지하고 불필요한 재정적 분쟁을 방지할 수 있습니다.

책임 분담과 손해 배상에 관한 사항도 고려해 볼 수 있습니다. 사업 운영 중 발생하는 모든 문제에 대해 동업자들이 어떤 책임을 질 것인지, 만약 특정 동업자의 과실로 인해 회사에 손해가 발생할 경우 그 배상 책임을 어떻게 할 것인지에 대한 규정을 명확히 해야 합니다. 이와 관련하여, 회사의 주요 자산이나 리스크를 대비하기 위한 보험 가입에 대한 규정을 포함하는 것도 좋은 방안입니다.

또한, **퇴사 및 지분 처리 절차**도 동업계약서에서 다뤄야 할 중요한 요소입니다. 동업자 중 한 명이 퇴사할 경우 그의 지분을 어떻게 처리할 것인지, 남아 있는 동업자들이 우선 매수할 권리를 가질 것인지, 제3자에게 지분을 매각할 수 있는지 등을 명확히 해야 합니다. 이때 지분의 가치 평가 기준을 미리 정해두면 공정한 거래가 이루어질 수 있습니다.

마지막으로, 동업계약서 작성 이후에는 **정기적인 검토와 수정 절차**에 대한 규정도 마련해 두는 것이 좋습니다. 사업 환경이 변화함에 따라 계약 내용을 주기적으로 검토하고 필요한 경우 수정하는 것이 중요합니다. 이 과정에서 모든 동업자의 동의가 필요할지, 아니면 특정 조건 하에 일부 동업자의 동의만으로도 수정이 가능한지에 대한 절차를 명확히 해두어야 합니다.

이와 같은 내용들을 서로 터놓고 논의하면서 명확히 합의해야 합니다. 동업자들끼리 이런 저런 내용을 서면으로 정리하고 서명이나 날인을 하게 되면, 그것이 바로 동업계약서가 되는 것입니다. 물론, 한 번에 모든 사항을 완벽하게 결정하기 어려울 수도 있습니다. 그런 경우, 우선 합의할 수 있는 부분부터 정리해 문서로 남겨두는 것이 좋습니다. 나중에 필요에 따라 추가하거나 수정할 수 있으니, 중요한 것은 일단 동업자 간의 합의의 근거를 문서화하는 것입니다. 이렇게 동업계약서를 작성해 두면, 동업자들 간의 신뢰를 강화하고, 나중에 발생할 수 있는 갈등을 미연에 방지할 수 있습니다.

동업계약서는 스타트업의 성공적인 출발을 위한 기본적인 준비물입니다. '함께하는 성공'을 꿈꾸는 스타트업이라면, 동업계약서 작성을 소홀히 해서는 안 됩니다. 꼼꼼한 준비가 성공의 열쇠라는 점, 명심하세요!

📋🔍 동업계약서

이 계약서는 [회사 이름]의 설립 및 운영을 위해 [동업자 A]와 [동업자 B] (이하 "동업자들") 간의 권리와 의무를 명확히 하기 위해 체결되었다. 동업자들은 다음과 같은 조건에 합의한다.

---

1. 회사 개요
1.1 회사 이름: [회사 이름]
1.2 사업 목적: [사업 목적에 대한 구체적인 설명]
1.3 본사 주소: [회사 주소]
1.4 사업 유형: [업종 및 사업의 주요 활동 설명]
1.5 라이센스 및 인허가: [필요한 경우 사업에 필요한 라이센스 또는 인허가 사항 명시]

2. 동업자의 권리와 의무

2.1 동업자 A
- **역할**: [동업자 A의 역할 및 책임]
- **지분율**: [동업자 A의 지분 비율]
- **보상 구조**: [동업자 A의 보상 방식, 예: 급여, 배당 등]
- **투자 금액**: [초기 투자 금액 및 추가 자본 납입 조건]

2.2 동업자 B
- **역할**: [동업자 B의 역할 및 책임]
- **지분율**: [동업자 B의 지분 비율]
- **보상 구조**: [동업자 B의 보상 방식, 예: 급여, 배당 등]
- **투자 금액**: [초기 투자 금액 및 추가 자본 납입 조건]

3. 자본금 및 지분 구조

3.1 초기 자본금: [초기 자본금 총액]

3.2 지분 구조:
- 동업자 A: [지분 비율]
- 동업자 B: [지분 비율]

3.3 추가 자본 조달: 자본이 추가로 필요할 경우, 동업자들은 지분 비율에 따라 추가 자본을 납입할 의무가 있습니다.

3.4 지분 변경 조건: 지분의 매각, 양도, 변경 등에 대한 구체적인 조건과 절차 명시

4. 경영 및 의사결정

4.1 경영권: 각 동업자는 회사의 주요 결정에 대해 동등한 발언권을 가집니다.

4.2 이사회: 주요 경영 결정을 위해 [정기적인/비정기적인] 이사회를 개최합니다.

4.3 의사결정 방식: 동업자 간 의사결정의 방식(예: 만장일치, 과반수 결의)

4.4 긴급 결정 권한: 긴급 상황 발생 시 의사결정 권한을 특정 동업자에게 위임할 수 있는지 여부

5. 비밀 유지 및 경업 금지

5.1 비밀 유지: 동업자들은 회사의 모든 기밀 정보를 외부에 공개하지 않기로 합의합니다.

5.2 경업 금지: 동업자들은 회사와 경쟁할 수 있는 어떠한 사업에도 참여하지 않기로 합니다.

5.3 지식재산권 보호: 회사의 지식재산권에 대한 보호와 권리 귀속에 대한 명확한 규정

6. 분쟁 해결 및 조정 절차

6.1 분쟁 해결 방법: 동업자 간의 분쟁이 발생할 경우, 우선적으로 상호 협의를 통해 해결하고, 협의가 실패할 경우 조정 또는 중재 절차를 따릅니다.

6.2 관할 법원: 본 계약과 관련된 모든 분쟁은 [관할 법원]에서 해결합니다.

6.3 중재 조항: 법적 분쟁이 발생할 경우, 중재를 통해 해결할 것을 합의하고, 중재절차 및 비용 부담에 대한 명시

7. 주식 처분 제한 및 양도 조건

7.1 주식 양도: 동업자들은 상호 동의 없이 본 계약에 명시된 지분을 제3자에게 양도할 수 없습니다.

7.2 매각 조건: 주식을 매각하고자 하는 경우, 다른 동업자에게 우선 매수권을 부여합니다.

7.3 계약 종료 시 지분 처리: 계약 종료 시 각 동업자의 지분 처분 방식에 대한 규정

8. 계약 기간 및 종료

8.1 계약 기간: 본 계약은 [시작일]부터 효력이 발생하며, 동업자 중 한 명의 동의 없이는 해지되지 않습니다.

8.2 계약 종료 조건: 동업자 중 한 명이 퇴사, 사망, 파산 또는 중대한 계약 위반을 저지를 경우, 계약이 종료될 수 있으며, 이때 지분 처리 및 자산 정리에 대한 절차를 규정합니다.

9. 손실 분담 및 이익 배분

9.1 손실 분담: 회사 운영 중 발생하는 모든 손실은 동업자들이 지분 비율에 따라 분담합니다.

9.2 이익 배분: 발생한 이익은 지분 비율에 따라 배분하며, 배분 시기와 방식에 대한 구체적인 규정

9.3 책임 한도: 각 동업자는 자신의 지분 범위 내에서만 재정적 책임을 집니다.

10. 계약의 수정 및 해석

10.1 계약 수정: 본 계약의 수정이나 추가는 동업자들의 서면 동의에 의해 이루어집니다.

10.2 계약 해석: 본 계약서의 해석에 대한 다툼이 발생할 경우, 동업자들의 상호 협의 또는 법적 절차에 의해 해결됩니다.

11. 준거법 및 공증

11.1 준거법: 본 계약은 [국가] 법에 따라 해석되고 적용됩니다.

11.2 공증: 본 계약서는 양 당사자의 서명 후 공증을 받아야 효력을 가집니다.

서명란

동업자 A: _____ (서명)

동업자 B: _____ (서명)

서명일자: [서명일자]

이 양식은 동업계약서에 포함되어야 할 기본적인 항목들을 명시하고 있습니다. 구체적인 상황에 따라 추가적인 조항이 필요할 수 있습니다.

2. 직원의 채용

　동업자를 찾는 것이 중요하듯이, 함께 일할 **직원**을 구하는 것도 스타트업의 성공에 있어 빼놓을 수 없는 요소입니다. "한 사람의 열 걸음보다 열 사람의 한 걸음이 더 멀리 간다."라는 말이 있죠. 동업자가 배의 키를 잡는 사람이라면, 직원들은 노를 젓는 사람들입니다. 아무리 훌륭한 항해 계획이 있어도, 함께 노를 저어줄 사람이 없다면 배는 앞으로 나아갈 수 없습니다. 마찬가지로, 사업의 성공을 위해서는 뛰어난 동업자와 더불어, 회사의 비전을 공유하고 함께 목표를 향해 나아갈 직원들이 반드시 필요합니다.

　함께할 직원을 구하는 것은 단순히 일손을 더하는 것이 아니라, 회사의 문화를 형성하고 비전을 함께 실현해 나갈 동반자를 찾는 과정입니다. 아무리 좋은 동업자를 찾고 상호 보완적인 관계를 유지한다고 해도, 동업자 몇 명만으로는 사업의 모든 업무를 감당할 수 없습니다. 특히 스타트업은 적은 인원으로 시작하는 경우가 많기 때문에, 초기 채용하는 직원의 역량과 적응력은 회사의 성장에 지대한 영향을 미칩니다. 따라서 스타트업의 성공 여부는 필요한 시점에 적절한 인재를 채용하고, 그들에게 맞는 업무를 부여하며, 책임과 권한을 주어 자율적인 환경에서 일할 수 있도록 만드는 데 크게 좌우된다고 할 수 있습니다.

스타트업에서는 직원 채용 시에 기업의 비전과 가치, 장기적인 성장 가능성을 명확히 제시하는 것이 중요합니다. 많은 경우, 스타트업에 지원하는 인재들은 당장의 높은 연봉보다 회사가 추구하는 비전과 성장 가능성을 보고 입사를 결정합니다. 따라서 창업자는 직원들에게 회사의 비전과 목표를 명확히 전달하고, 그들이 이 비전 속에서 자신의 성장과 발전을 찾을 수 있도록 해야 합니다. 직원이 단순히 업무를 수행하는 기계적인 존재가 아니라, 회사의 비전에 동참하고 함께 성장해 나가는 동반자로 느낄 수 있도록 유도해야 합니다.

회사가 직원들에게 책임과 권한을 충분히 부여하고, 자율적으로 일할 수 있는 환경을 조성하는 것도 매우 중요합니다. 직원이 스스로 주인의식을 갖고 일할 때, 그 업무의 성과는 배가될 수 있습니다. 예를 들어, 회사의 중요한 의사결정 과정에 직원들이 참여할 수 있는 기회를 제공하거나, 자신의 업무에 대한 창의적인 접근과 혁신적인 해결책을 제안할 수 있는 권한을 준다면, 직원들은 자신의 일을 단순히 주어진 과제로 여기지 않고, 회사의 발전을 위한 도전으로 받아들이게 될 것입니다.

또한, 회사가 성공했을 때 그 성과를 초기 직원들과 나누는 것도 중요합니다. 많은 성공한 스타트업은 초기 직원들에게 인센티브와 스톡옵션 등의 보상을 약속하며, 이들이 회사를 위해 헌신하고 주인의식을 갖고 일할 수 있도록 독려합니다. 이러한 보상은 단순히 금전적인 것에 그치지 않고, 직원들이 자신이 기여한 회사의 성장이 얼마나 큰 가치를 만들어냈는지에 대한 인정과 감사의 의미를 포함하게 됩니다.

결국, 스타트업에서의 인재 채용은 단순한 인력 충원의 문제가 아니라, 회사의 문화를 만들고, 팀을 구축하며, 지속 가능한 성장의 기반을 마련하는 중요한 과정입니다. 직원들이 회사와 함께 성장할 수 있는 환경을 조성하고, 그들이 주도적으로 일할 수 있는 기회를 제공하며, 성과에 따른 공정한 보상을 약속할 때, 스타트업은 비로소 더 큰 성장을 꿈꿀 수 있게 될 것입니다.

🔍 스톡옵션(Stock Option)과 스타트업 보상 제도

1. 스톡옵션(Stock Option)

스톡옵션은 회사가 직원에게 일정 기간 후에 자사의 주식을 미리 정해진 가격(행사가격)으로 매수할 수 있는 권리를 부여하는 제도입니다. 주로 스타트업과 같은 신생 기업이 인재를 유치하고 장기적으로 회사에 헌신하도록 유도하는 보상 방식으로 많이 사용됩니다.

주요 특징

- **행사가격:** 스톡옵션을 행사할 때의 주식 매입 가격으로, 일반적으로 부여 당시의 시장가로 설정됩니다. 시간이 지나 회사의 가치가 상승하면, 행사가격이 시장가보다 낮아져 차익을 얻을 수 있습니다.
- **행사기간:** 옵션을 행사할 수 있는 기간으로, 보통 몇 년간 유지됩니다. 직원이 회사에 일정 기간 이상 재직해야 옵션을 행사할 수 있는 경우가 많습니다.
- **베스팅(Vesting) 기간:** 스톡옵션을 완전히 취득할 때까지의 기간을 말합니다. 예를 들어, 4년 베스팅 기간의 스톡옵션이 있다면, 직원은 4년에 걸쳐 일정 비율로 옵션을 취득하게 됩니다. 일반적으로 1년 동안의 "클리프(Cliff)" 기간이 있어서, 첫 1년이 지나야 일정 부분을 행사할 수 있는 권리가 주어집니다.
- **장점:** 회사의 성장과 성공에 따른 금전적 보상을 통해 직원의 동기부여를 극대화할 수 있습니다. 회사와 직원 모두 성장의 열매를 함께 나누는 문화 조성에 기여합니다.
- **단점:** 회사의 가치가 하락할 경우, 스톡옵션이 무가치해질 수 있으며, 이는 직원의 사기를 저하시킬 위험이 있습니다.

2. RSU(Restricted Stock Units, 제한조건부 주식)

RSU는 스톡옵션과 유사하지만, 주식을 매수하는 권리 대신 주식을 직접 부여하는 방식입니다. 직원은 회사가 정한 일정 기간이 지난 후 주식을 취득하게 되며, 일반적으로 주식을 취득하기 전에 일정 조건(예: 재직 기간)을 충족해야 합니다.

- **장점:** 주식의 가치를 그대로 직원에게 제공하기 때문에 주식의 가치가 상승할 때 직접적인 이익을 얻을 수 있습니다.
- **단점:** 회사의 재정 상황에 따라 주식의 가치가 하락할 경우 직원의 보상 가치도 하락할 수 있습니다.

3. ESOP(Employee Stock Ownership Plan, 종업원 지주제도)

ESOP는 직원들이 회사의 주식을 소유하도록 돕는 프로그램입니다. 회사가 주식을 직접 구매하여 직원에게 나눠주거나, 직원이 자금을 조달해 주식을 매입하도록 지원하는 방식입니다.

- **장점:** 직원들의 회사에 대한 소속감을 높이고, 회사의 성공에 대한 책임감을 고취시킬 수 있습니다.
- **단점:** 주식의 가치를 얻기까지 시간이 오래 걸릴 수 있으며, 회사의 가치가 떨어질 경우 직간접적인 손해를 볼 수 있습니다.

4. 이익 공유제(Profit Sharing Plan)

이익 공유제는 회사의 이익의 일정 비율을 직원들에게 현금으로 분배하는 제도입니다. 보통 연간 성과나 분기별 실적을 기준으로 하며, 회사의 재정 상황이 양호할 때만 시행됩니다.

- **장점:** 회사의 성과에 따라 직원들이 직접적인 금전적 보상을 받게 되어 동기부여가 강해집니다.
- **단점:** 회사의 성과가 좋지 않을 경우 보상이 줄어들거나 없어질 수 있습니다.

5. 연간 성과급 및 보너스 제도

성과급은 연간 실적에 따라 직원들에게 보너스를 지급하는 방식입니다. 회사의 목표 달성 여부와 직원 개인의 기여도에 따라 지급됩니다.

- **장점:** 단기적 성과에 대한 보상을 통해 직원들의 단기 목표 달성을 유도할 수 있습니다.
- **단점:** 장기적인 회사의 성장을 위한 인센티브가 부족할 수 있습니다.

6. 유연 근무제 및 리모트 워크

스타트업에서는 금전적 보상뿐 아니라, 유연한 근무 조건을 제공함으로써 인재를 유인하기도 합니다. 자율 출퇴근제, 재택근무 등은 특히 IT 및 창의적인 산업에서 중요한 요소입니다.

- **장점:** 근로자의 삶의 질을 향상시키고, 다양한 근로 형태를 제공하여 인재 유치에 유리합니다.
- **단점:** 근무 방식의 차이로 인해 팀워크가 저해될 수 있으며, 관리에 어려움이 있을 수 있습니다.

7. 교육 및 성장 기회 제공

스타트업은 종종 직원들에게 교육 및 직무 개발 기회를 제공함으로써 우수 인재를 유치하고 유지하려 합니다. 외부 교육 프로그램, 워크숍, 콘퍼런스 참석 지원 등을 통해 직원의 역량 강화를 도모합니다.

- **장점:** 직원의 개인적 성장과 회사의 성장 가능성을 동시에 높일 수 있습니다.
- **단점:** 투자 대비 가시적인 성과가 단기간에 나타나지 않을 수 있습니다.

8. 문화적 혜택과 사내 복지 제도

많은 스타트업은 금전적 보상 외에도 회사 문화와 복지 제도를 통해 인재를 유인합니다. 예를 들어, 자유로운 회사 분위기, 평일 파티, 피트니스 센터 이용권, 무료 간식 제공 등이 있습니다.
- **장점:** 회사의 기업 문화를 강화하고, 직원들의 만족도를 높일 수 있습니다.
- **단점:** 이러한 혜택들이 장기적인 보상으로 인식되지 않을 수 있습니다.

스타트업에서 인재를 유인하고 유지하기 위한 다양한 보상제도는 직원들의 동기부여와 만족도를 높이는 데 중요한 역할을 합니다. 특히, 스톡옵션과 같은 지분 참여 방식의 보상제도는 회사와 직원이 함께 성장할 수 있는 기회를 제공하기 때문에 스타트업의 성격과 잘 맞습니다. 다만, 각 보상제도의 장단점을 고려하여 회사의 상황과 목표에 맞는 적절한 제도를 선택하는 것이 중요합니다.

(1) 근로계약서의 작성

가. 근로계약서 작성 의무

스타트업을 포함한 모든 기업에서 훌륭한 직원을 채용하는 것은 매우 중요한 일입니다. 그러나, 훌륭한 인재를 채용하는 것만큼이나 중요한 것이 바로 이들과의 고용 관계를 명확히 규정하는 **근로계약서**를 작성하는 것입니다. 근로계약서는 사용자와 근로자 간의 권리와 의무를 명확히 함으로써, 서로 간의 신뢰를 구축하고, 불필요한 분쟁을 예방하는 데 중요한 역할을 합니다.

실제로 근로자와 사용자 간에 계약서 없이 구두로 고용에 대한 합의를 하더라도 근로계약 관계는 성립합니다. 하지만, 법적으로 **근로기준법 제17조**에 근로계약서를 작성할 의무가 명시되어 있습니다. 이 법조항에 따르면, 근로계약을 체결할 때 근로조건을 서면으로 명시하고, 이를 근로자에게 교부해야 합니다. 단순히 법적 요건을 충족하기 위해서가 아니라, 실무적으로도 고용관계가 존재한다면 근로계약서를 작성하는 것이 여러모로 바람직합니다.

◑ 근로계약서 작성의 이점
- **법적 보호**: 근로기준법에 따라 근로계약서를 작성하고 이를 근로자에게 제공함으로써, 법적 의무를 준수할 수 있습니다. 이는 회사가 법을 준수하는 모범적인 사용자임을 보여주는 지표가 되기도 합니다.
- **신뢰 형성**: 근로계약서는 근로자에게 사용자로부터 존중받고 있다는 느낌을 줄 수 있습니다. 직원들은 회사가 자신들의 권리를 보호하려고 노력한다고 느끼며, 이는 회사에 대한 충성심과 소속감을 높이는 데 기여할 수 있습니다.
- **분쟁 예방**: 근로조건, 임금, 근무 시간, 휴일 등 근로와 관련된 모든 조건을 명확히 함으로써, 나중에 발생할 수 있는 오해나 분쟁을 예방할 수 있습니다. 계약서에 명확히 명시된 조건은 분쟁이 발생했을 때 중요한 증거가 될 수 있습니다.
- **투명성 확보**: 계약서에 명시된 근로 조건은 모든 직원에게 동일하게 적용되며, 이는 공정성을 보장하고 조직 내 투명성을 높이는 데 도움을 줍니다.

◑ 근로계약서 작성 시 주의사항
- **명확한 언어 사용**: 근로계약서는 법적 문서이므로, 모호한 표현은 피하고 명확한 언어로 작성해야 합니다.
- **서면 교부 의무**: 근로계약서를 작성한 후, 반드시 근로자에게 교부하여야 하며, 이를 위반할 경우 법적 제재를 받을 수 있습니다.
- **갱신 및 보관**: 계약서 내용이 변경될 경우, 즉시 갱신하고 이를 기록해야 하며, 근로계약서 사본은 일정 기간 동안 보관해야 합니다.
사업 운영에서 가장 중요한 요소는 바로 '사람'입니다. 하지만 사람을 다루는 일이야말로 가장 복잡하고 까다로운 부분이기도 합니다. 이런 인적 자원을 효과적으로 관리하기 위해 근로계약서를 작성할 필요가 있고, 이를 통해 직원과의 관계를 투명하고 공정하게 설정할 수 있습니다.

근로계약서에 명시해야 할 사항들을 법으로 정해놓고, 이를 근로자에게 교부하도록 의무화한 이유는 무엇일까요? 대체로 사용자와 근로자 간의 관계에서 근로자가 상대적으로 약자에 해당하기 때문입니다. 사용자가 이러한 권력의 불균형을 이용해 근로자의 권리를 침해하거나, 근로 조건을 제대로 지키지 않는 사례가 종종 발생합니다. 반면, 근로자는 사용자로부터 부당한 대우를 받더라도 여러 사정상 적절하게 대응하기 어려운 상황에 놓이기 쉽습니다. 그래서 법은 근로계약서를 작성하고 근로자에게 제공하도록 하여, 근로자가 최소한의 보호를 받을 수 있도록 하고 있는 것입니다.

근로계약서는 근로자가 자신의 권리를 보호하고 주장할 수 있는 중요한 문서입니다. 근로 관계에서 갈등이나 분쟁이 발생할 경우, 근로계약서가 있다면 근로자는 이를 근거로 자신의 권리를 주장할 수 있습니다(반대로, 근로자가 계약 내용을 부당하게 이용하려는 상황에서는 사용자가 이를 근거로 적절하게 대응할 수 있는 도구가 될 수도 있겠죠). 이러한 이유로 근로기준법 제114조는 근로계약서의 작성과 교부 의무를 준수하지 않은 사용자에게 500만 원 이하의 벌금형을 부과하도록 규정하고 있습니다. 물론, 단 한 번의 위반으로 즉시 500만 원의 벌금이 부과되는 것은 아니지만, 근로계약서 작성 및 교부 의무의 미이행이 형사처벌로 이어질 수 있다는 사실은 근로계약서가 얼마나 중요한지를 법이 명확히 인식하고 있다는 것을 보여줍니다.

앞서 언급했듯이, 근로계약 관계는 계약서 없이 구두로만 합의하더라도 성립합니다. 계약이 존재하기 때문에 근로자에게는 임금을 제때 지급해야 하고, 근로기준법에 따른 보호 규정도 준수해야 합니다. 즉, 근로계약서가 없더라도 근로자는 임금과 법적 보호를 받을 수 있는 것이죠. 하지만 사용자에게는 근로계약서 작성 의무가 법적으로 강제되어 있기에, 이를 지키지 않게 되면 근로자에게 임금 지급 등의 의무를 다하면서도 근로계약서 미작성에 대한 벌금형을 받을 위험이 있습니다. 결론적으로 근로계약서가 없어도 근로자에게는 큰 불이익이 없지만, 사용자는 작성하지 않았을 때 상당한 불이익을 감수해야 할 수 있습니다.

근로계약서는 단순한 형식적인 문서가 아니라, 근로자와의 신뢰 관계를 확립하고 법적 책임을 명확히 하는 중요한 도구입니다. 사업의 초기 단계에서부터 철저하게 준비해두어야 하는 이유입니다. 스타트업의 성공적인 운영과 지속적인 성장을 위해, 근로계약서 작성은 선택이 아닌 필수입니다.

나. 근로계약서에 포함되어야 할 사항

근로계약서를 작성의무에 대하여 알았으니 이제 근로계약서에 어떤 것이 포함되어야 하는지 알아야 합니다. 사실 조그만 회사들은 대부분 근로계약서에 어떤 내용이 들어가야 하는지 근로계약서를 어떻게 써야 할지 잘 모르는 경우가 많습니다. 이런 경우에는 표준근로계약서를 이용하시면 됩니다. 이 표준근로계약서는 고용노동부 홈페이지(http://www.moel.go.kr)에 가시면 다운로드받아서 사용할 수 있습니다. 고용노동부 홈페이지 메인에 있는 '자주찾는자료실'에 들어가셔서 '근로계약서'를 검색하시면 다운받을 수 있습니다.

▶ **고용노동부 홈페이지 자주찾는 자료실 화면** ────────

하나 강조하고 싶은 것은, 근로계약서를 작성하는 것만으로는 충분하지 않다는 것입니다. 애써 작성한 계약서를 근로자에게 교부하지 않으면, 이는 법을 준수하지 않는 행위로 간주됩니다. 예를 들어, 근로계약서를 두 부 작성하고 회사에서만 보관한다든지 혹은 한 부만 작성해서 회사가 보관하는 것 모두 근로기준법 제17조를 위반하는 사례입니다. 근로계약서는 작성 후 반드시 근로자에게도 전달되어야만 비로소 작성 및 교부 의무를 충족했다고 할 수 있습니다.

근로계약서 작성 및 교부 의무는, 사업주와 근로자 사이의 관계가 원활하게 유지될 때는 큰 문제가 되지 않을 수 있습니다. 근로자 입장에서는 고용관계가 지속되는 동안 계약서가 작성되지 않았거나 교부되지 않았다고 해서 굳이 문제를 삼아 고용관계를 복잡하게 만들 이유가 없기 때문입니다. 하지만 근로관계가 종료되거나 그 관계가 원만하지 않을 경우, 근로자는 근로계약서의 미작성 또는 미교부를 이유로 고용주를 고용노동부에 신고할 수 있습니다. 이럴 때 사업주는 근로자에 대해 배신감을 느낄 수 있지만, 이는 사실 법적 의무를 다하지 않은 사업주의 책임임을 잊지 말아야 합니다.

일부 사업주들은 근로계약서 작성과 교부 의무를 지키지 못한 이유로 "근로자가 협조를 안 해줘서 어쩔 수 없었다."라고 변명하기도 합니다. 하지만 고용노동부에 가서 이런 사정을 이야기해 봐야, 돌아오는 건 "그건 대표님 책임입니다."라는 싸늘한 답변일 뿐입니다. 근로자가 도와주지 않아 근로계약서를 작성하지 못했다는 핑계는, 실무적으로 거의 받아들여지지 않습니다. 결국, 근로계약서 작성과 교부 의무를 철저히 이행하는 것이 현명한 선택입니다. 괜히 근로기준법이 벌금을 매기는 게 아니니까요.

근로기준법 제17조에 따른 근로계약서 필수 명시사항

1. 근로계약 기간
- 근로계약이 기간의 정함이 있는 경우, 계약 기간(시작일과 종료일)을 명시해야 합니다.

2. 근로시간
- 1일 근로시간과 1주 근로시간을 명시해야 합니다.
- 휴게시간, 연장근로, 야간근로, 휴일근로에 대한 사항도 포함되어야 합니다.

3. 임금
- 임금의 구성 항목(기본급, 수당 등), 계산 방법, 지급 방법(현금, 계좌 이체 등), 지급 시기(지급일)를 명시해야 합니다.
- 연장근로, 야간근로, 휴일근로에 따른 가산 임금도 명시해야 합니다.

4. 휴일 및 휴가
- 주휴일, 연차 유급휴가 등 법정 휴일과 휴가에 대한 사항을 명시해야 합니다.

5. 기타 사항
- 취업 장소와 종사하여야 할 업무에 관한 사항을 명시해야 합니다.
- 취업 장소는 근로자가 근무하게 될 구체적인 장소(주소 등)를 의미하며, 종사하여야 할 업무는 근로자가 수행하게 될 주요 업무나 직무 내용을 구체적으로 명시해야 합니다.

6. 근로자의 의무와 회사의 의무
- 근로자가 지켜야 할 회사 내 규정이나 의무 사항을 명시해야 합니다.
- 회사가 근로자에게 제공해야 할 복리후생이나 지원 사항 등도 포함할 수 있습니다.

7. 퇴직에 관한 사항
- 퇴직 사유 및 절차, 퇴직금 지급 기준 등에 관한 사항을 명시해야 합니다.

a) 임금과 수당

〈근로기준법〉

제43조(임금 지급) ① 임금은 통화(通貨)로 직접 근로자에게 그 전액을 지급하여야 한다. 다만, 법령 또는 단체협약에 특별한 규정이 있는 경우에는 임금의 일부를 공제하거나 통화 이외의 것으로 지급할 수 있다.

근로기준법에 따르면, **임금**은 전액을 지급해야 하며(제43조 제1항), 매월 1회 이상 정해진 날짜에 지급해야 합니다(제43조 제2항). 이를 위반할 경우, 제109조 벌칙 조항에 따라 3년 이하의 징역 또는 3천만 원 이하의 벌금에 처해질 수 있으므로 각별히 유의해야 합니다. 근로자가 일을 했다면, 그 노동에 대한 정당한 대가로 임금을 지급하는 것은 기본 중의 기본입니다.

여기서 "전액을 지급해야 한다."라는 것은 근로자가 제공한 근로에 대한 대가인 임금을 '모두' 지급해야 한다는 의미입니다. 즉, 사용자가 법령이나 근로계약에 따라 근로자에게 지급해야 할 임금을 공제하거나 유보하지 않고, 전부 지급해야 한다는 뜻이지, 반드시 한 번에 지급해야 한다는 의미는 아닙니다. 예를 들어, 근로자가 한 달 동안 일한 임금이 300만 원이라면, 사용자는 근로자와 합의된 공제 항목(예: 법정 공제 사항인 4대 보험료, 소득세 등)을 제외한 나머지 임금을 전액 지급해야 합니다. 법적 공제 항목 외에 근로자 동의 없이 임금을 임의로 공제하거나 임금을 분할해서 지급하는 것은 위법입니다. 임금을 지급하는 방식, 즉 한 번에 지급할지, 여러 번에 나누어 지급할지는 근로자와 사용자 간의 계약에 따라 결정될 수 있지만, 근로기준법에 따르면 임금은 "매월 1회 이상" 정해진 날짜에 지급되어야 하므로, 최소한 이 기준은 반드시 지켜야 합니다.

근로시간은 **수당**과 밀접하게 연관되어 있는데, 근로계약서에 명시된 근로시간을 초과하여 일했을 경우, 초과 근무에 대한 추가 수당을 받을 수 있습니다. 근로계약으로 합의한 시간보다 더 많이 일했으니, 그만큼 추가로 돈을 받는 것은 당연하겠죠. 초과 근무는 정규 근로시간을 넘어서 일한 만큼, 기본 임금보다 높은 시간당 임금으로 보상받아야 합니다. 근로기준법 제56조는 사용자가 연장근로(제53조·제59조 및 제69조 단서에 따라 연장된 시간의 근로)와 야간근로(오후 10시부터 오전 6시까지 사이의 근로), 그리고 휴일근로에 대해 통상임금의 50% 이상을 추가로 지급하도록 규정하고 있습니다.

먼저, **연장근로수당**에 대해 알아보겠습니다. 5인 이상의 근로자가 근무하는 사업장에서 근로자가 주 40시간 근무를 한다고 가정해 봅시다. 주 5일 근무일 경우, 하루에 8시간씩 일하게 되어 한 주 근로시간은 40시간이 됩니다. 연장근로수당은 기본적으로 근로자가 정해진 근무 시간 외에 추가로 일할 때 시간당 얼마를 더 받을지에 대한 문제입니다. 이때 기준이 되는 것이 **통상임금**입니다.

통상임금을 계산하기 위해서는 먼저 한 달 동안의 총 근무 시간을 알아야 합니다. 일반적으로 한 달에 총 209시간을 근무한다고 가정하는데, 이 209시간은 다음과 같은 계산으로 도출됩니다. 사용자는 법적으로 1주일에 1회 유급휴가를 제공해야 합니다. 즉, 1주일에 하루는 유급으로 쉬는 날이므로, 급여를 지급해야 하는 시간은 주당 총 48시간(실제 근무 시간 40시간 + 유급휴일 8시간)입니다. 한 달의 평균 주 수는 약 4.345주이며, 이를 주당 48시간과 곱하면 209시간이 됩니다.

이제 한 근로자의 한 달 급여가 230만 원이고, 이 중 기본급이 200만 원, 직책수당이 30만 원이라고 가정해 보겠습니다. 통상임금에 해당하는 금액은 기본급 200만 원과 직책수당 30만 원을 합한 총 230만 원입니다. 이를 월 근로시간인 209시간으로 나누면 시간당 통상임금은 약 11,000원이 됩니다.

근로자가 10시간의 연장근로를 했을 경우, 연장근로수당은 통상임금의 150%를 지급받게 됩니다. 따라서, 연장근로수당은 10시간 × 1.5 × 11,000원 = 165,000원이 됩니다. 이렇게 연장근로에 대한 수당은 근로자가 정해진 근로시간을 초과하여 일한 만큼, 그에 대한 보상이 이루어지도록 하는 것입니다.

통상임금은 근로자가 일한 시간에 대해 정기적이고 고정적으로 지급되는 임금을 의미합니다. 이는 기본급과 고정수당(예: 직책수당, 직무수당) 등이 포함되며, 매달 일정하게 지급되는 기본 임금에 해당합니다. 통상임금은 주로 연장근로수당, 야간근로수당, 휴일근로수당 등 각종 수당을 계산할 때 기준이 됩니다. 근로시간과 밀접하게 연관된 임금이라 할 수 있습니다.

반면, 평균임금은 일정 기간 동안 근로자가 받은 모든 임금의 평균 금액을 말합니다. 여기에는 통상임금뿐만 아니라 상여금, 성과급, 특별수당 등 다양한 임금 항목이 포함됩니다. 평균임금은 퇴직금, 휴업수당, 산재보상금 등을 계산할 때 사용됩니다. 즉, 평균임금은 근로자의 임금 수준을 보다 넓게 반영한 개념입니다.

통상임금이 고정적이고 정기적인 임금만을 포함하여 근로시간 외 수당을 계산하는 데 사용되는 반면, 평균임금은 근로자가 실제로 받은 모든 임금을 포함하여 퇴직금이나 휴업수당 등을 산정하는 데 사용된다는 점에서 차이가 있습니다.

다음으로, **연차수당**에 대해 살펴보겠습니다. 연차유급휴가는 임금을 받으면서 쉴 수 있는 "유급휴가"이기 때문에, 사용하지 않은 연차에 대해서는 수당으로 지급해야 합니다. 연차수당도 통상임금을 기준으로 계산합니다. 예를 들어, 연차 유급휴가가 1년에 15일인데, 근로자가 12일만 사용하고 3일이 남았다면, 3일 × 8시간 × 11,000원 = 264,000원을 회사에서 근로자에게 지급해야 합니다.

야간근로수당도 마찬가지로 통상임금을 기준으로 계산되며, 야간 근로(오후 10시부터 오전 6시까지) 시간에 대해 통상임금의 150%를 지급합니다. 예를 들어, 야간 근로를 2시간 했다면, 2시간 × 1.5 × 11,000원 = 33,000원을 추가로 더 받게 됩니다.

야간근로수당을 계산할 때 주의할 점이 있습니다. 야간근로가 연장근로나 휴일근로와 중복될 수 있다는 점입니다. 이 경우에는 야간근로뿐만 아니라, 연장근로나 휴일근로에 해당하는 수당도 별도로 계산하여 지급해야 합니다. 즉, 야간근로가 연장근로와 동시에 발생한 경우에는 연장근로수당과 야간근로수당을 각각 산정한 후, 두 가지 수당을 모두 지급해야 합니다. 이는 근로자의 추가 근로에 대한 정당한 보상을 보장하기 위한 법적 의무이므로, 사용자는 이를 철저히 준수해야 합니다.

포괄임금제란?

포괄임금제는 근로자의 기본급과 함께 시간 외 근로수당(연장, 야간, 휴일 근로수당 등)을 미리 포함한 형태로 월급을 책정하여 지급하는 제도입니다. 이 제도는 근로자가 실제로 연장 근로를 수행했는지 여부와 관계없이 정해진 임금을 받는 방식으로, 업무 특성상 근로시간 산정이 어렵거나 근로시간이 일정하지 않은 경우에 사용됩니다.

1. 포괄임금제의 목적과 도입 배경

포괄임금제는 주로 근로시간을 정확히 측정하기 어려운 업종이나, 업무 특성상 근로시간이 일정하지 않은 경우에 도입됩니다. 이 제도의 주요 목적은 근로시간 측정의 어려움을 해결하고, 근로자와 사용자가 임금 지급 문제로 갈등을 겪지 않도록 하는 데 있습니다. 예를 들어, 건설 현장, 영업직, IT업계와 같이 업무 특성상 근로시간이 유동적인 경우에 사용됩니다.

2. 포괄임금제의 장단점

• **장점**
  - **임금 계산의 간소화**: 근로시간 산정이 어려운 직종에서는 포괄임금제를 도입함으로써 임금 계산을 간소화할 수 있습니다.
  - **갈등 최소화**: 근로시간과 수당 산정 문제로 인한 근로자와 사용자의 갈등을 줄일 수 있습니다.
  - **예측 가능한 급여**: 근로자는 매월 예측 가능한 임금을 받을 수 있어 재정 계획을 세우기 쉽습니다.

• **단점**
  - **과도한 근로시간**: 근로시간이 실제보다 더 길어지면 근로자는 포괄임금제에 따라 추가 수당 없이 초과 근무를 할 위험이 있습니다.
  - **임금 미지급 논란**: 근로자가 실제 근로한 시간에 비해 포괄적으로 지급된 임금이 적을 경우, 임금 체불 문제가 발생할 수 있습니다.
  - **근로시간의 모호성**: 근로시간이 명확하게 기록되지 않아 근로시간의 법적 보장이 어렵습니다.

3. 포괄임금제의 법적 근거와 제한

포괄임금제는 우리나라 근로기준법에 명시적으로 규정되어 있지 않습니다. 그러나 대법원 판례에 따라 포괄임금제를 도입할 수 있는 경우와 그렇지 않은 경우가 명확히 구분됩니다.

- **법적 근거**
  - 대법원은 포괄임금제를 적용할 수 있는 요건으로 근로시간의 산정이 어려운 경우나 업무 성격상 근로시간이 불규칙한 경우에 한정하고 있습니다.
  - 또한, 포괄임금제를 적용하려면 근로자와 사용자가 서면으로 명확하게 합의해야 하며, 근로자의 동의를 받아야 합니다.
- **제한 사항**
  - 포괄임금제를 적용할 경우에도 근로기준법 제56조에 따른 연장, 야간, 휴일근로에 대한 가산수당 지급 규정은 준수해야 합니다.
  - 사용자가 포괄임금제를 일방적으로 도입하거나, 근로자의 동의 없이 적용할 경우 법적 문제가 발생할 수 있으며, 이는 임금 체불로 인정될 수 있습니다.

4. 포괄임금제의 적용 사례

포괄임금제는 다음과 같은 사례에서 주로 적용됩니다.

- **건설업:** 작업 환경이 유동적이고, 날씨와 현장 상황에 따라 근로시간이 변동되는 경우.
- **IT업계:** 프로젝트 기반의 업무로 근로시간이 불규칙한 경우.
- **영업직:** 출장이나 외근이 잦아 근로시간 관리가 어려운 경우.

5. 포괄임금제 도입 시 주의사항

포괄임금제를 도입하려면 다음 사항을 유의해야 합니다.

- **근로시간 산정의 어려움:** 포괄임금제를 적용할 수 있는지 여부를 판단하기 위해 근로시간 산정이 어려운 직무인지 검토해야 합니다.
- **서면 합의:** 근로자와 사용자가 서면으로 임금 지급 방식에 대해 명확히 합의해야 하며, 그 내용을 근로계약서에 포함해야 합니다.
- **초과근로 관리:** 초과근로가 발생할 경우, 이를 철저히 기록하고 적절히 보상해야 합니다.

포괄임금제는 근로시간 산정이 어려운 업무에서 유용하게 사용될 수 있지만, 이를 잘못 적용하거나 남용할 경우 법적 분쟁의 소지가 있습니다. 근로자와 사용자는 포괄임금제를 도입할 때 명확한 합의를 바탕으로 투명하게 운영해야 하며, 근로기준법에서 정한 근로자의 권리를 충분히 보호해야 합니다.

b) 근로시간

법적으로 근로자가 1주에 근무할 수 있는 **최대 근로시간**은 **40시간**을 초과할 수 없습니다. 이 근로시간에는 근로자가 사용자의 지휘·감독 아래에 있는 대기 시간도 포함되기 때문에, 이러한 시간은 휴게시간으로 간주될 수 없습니다. 예를 들어, 근로자가 대기 중에 수면을 취하더라도 사용자의 지휘·감독 아래에 있다면 그 시간은 모두 근로시간으로 인정됩니다.

반면, **휴게시간**은 근로자가 사용자의 지휘·감독에서 완전히 벗어나 자유롭게 자신의 시간을 사용할 수 있는 시간을 의미합니다. 현실적으로 모든 회사가 이러한 휴게시간을 온전히 보장하는 것은 아니지만, 근로기준법과 판례에서는 근로자가 사용자의 지휘·감독 아래에 있는 대기 시간을 근로시간으로 간주하고 있습니다.

〈근로기준법〉

제60조(연차 유급휴가) ① 사용자는 1년간 80퍼센트 이상 출근한 근로자에게 15일의 유급휴가를 주어야 한다.

② 사용자는 계속하여 근로한 기간이 1년 미만인 근로자 또는 1년간 80퍼센트 미만 출근한 근로자에게 1개월 개근 시 1일의 유급휴가를 주어야 한다.

③ 삭제

⑤ 사용자는 제1항부터 제4항까지의 규정에 따른 휴가를 근로자가 청구한 시기에 주어야 하고, 그 기간에 대하여는 취업규칙 등에서 정하는 통상임금 또는 평균임금을 지급하여야 한다. 다만, 근로자가 청구한 시기에 휴가를 주는 것이 사업 운영에 막대한 지장이 있는 경우에는 그 시기를 변경할 수 있다.

⑦ 제1항·제2항 및 제4항에 따른 휴가는 1년간(계속하여 근로한 기간이 1년 미만인 근로자의 제2항에 따른 유급휴가는 최초 1년의 근로가 끝날 때까지의 기간을 말한다) 행사하지 아니하면 소멸된다. 다만, 사용자의 귀책사유로 사용하지 못한 경우에는 그러하지 아니하다.

근로자가 근로관계가 종료된 후 "충분한 휴게시간을 보장받지 못했다."라며 고용노동부에 진정을 제기하는 사례가 빈번히 발생합니다.

이러한 상황을 방지하기 위해 사업주는 근로자의 휴게시간을 명확히 보장해줄 필요가 있습니다. 이는 단순히 법적 의무를 다하는 것을 넘어, 근로자의 업무 효율성을 높이고, 근로자의 권리를 존중하는 데 있어서도 중요한 역할을 합니다. 근로자들이 충분한 휴식을 취할 수 있는 환경을 제공하는 것은 근로자의 만족도를 높이고, 결과적으로는 회사의 성과와 직결되기 때문입니다.

2018년 7월 1일부터 개정된 근로기준법에 따라 **주 최대 52시간 근무제**가 시행되었습니다. 이전의 법에서는 "1주"에 대한 명확한 정의가 없어서, 최대 근로시간이 법정 근로시간 40시간, 연장근로시간 12시간, 그리고 주말 근무시간을 포함해 총 68시간으로 보고 있었습니다. 이렇게 주 68시간까지 일할 수 있는 상황은 근로자들에게 상당히 불리한 조건이었습니다.

이 문제를 해결하기 위해, 개정된 근로기준법은 "1주"를 "휴일을 포함한 7일"로 명확히 정하고, 법정 근로시간 40시간에 연장 근로시간 12시간을 더해 총 52시간을 넘지 않도록 규정했습니다. 이 개정안은 처음에는 종업원 300인 이상의 대기업과 공공기관부터 적용되었고, 이후 중소기업 등 다른 사업장으로 확대되었습니다. 만약 주 52시간 근무제를 어기면, 사업주는 2년 이하의 징역이나 2,000만 원 이하의 벌금을 받을 수 있으므로 주의가 필요합니다(근로기준법 제110조).

그런데 주 최대 52시간 근무제가 도입된 이후, 근로시간에 포함되는 기준에 대한 새로운 갈등이 생겨나고 있습니다. 예전에는 커피를 마시거나 흡연하는 시간도 근로시간으로 인정되는 경우가 많았지만, 이제는 이런 시간을 근로시간에서 제외하려는 회사들이 늘고 있습니다. 출장, 회식, 워크숍, 접대와 같은 활동도 기본적으로는 근로시간에 포함되지만, 상황에 따라 어떻게 해석할지 사측과 근로자 간의 입장이 다를 수 있습니다. 예를 들어, 상사가 "특별한 일이 없으면 회식에 참석하세요."라고 말하면, 이 회식이 회사가 강요한 의무적인 자리인지, 자발적으로 참석하는 선택사항인지 혼란스러울 수 있습니다.

사업주 입장에서는 직원들이 더 많이 일하는 것이 이득처럼 보일 수 있습니다. 그러나 직원들이 충분히 쉬어야 업무 효율도 높아지고, 직원들의 만족도도 향상됩니다. 법에서 정한 최소한의 기준을 지키는 것은 결국 회사와 직원 모두에게 긍정적인 결과를 가져다줍니다. 특히 스타트업의 경우, 단순히 근무 시간을 늘리기보다는 일의 효율성을 높이고, 일과 휴식 시간을 명확히 구분하는 문화를 만드는 것이 중요합니다. 요즘에는 일과 삶의 균형, 즉 '**워라밸**(Work-Life Balance)'이 직장 선택의 중요한 기준이 되고 있으며, 이는 성공적인 회사 운영에도 큰 영향을 미칩니다. 누구나 일하고 싶은 직장을 만드는 것은 모든 대표님의 꿈일 것입니다. 창업의 성공을 위해서는 직원들이 편안하고 만족스러운 환경에서 일할 수 있도록 배려하는 것이 중요합니다.

주 52시간 근무제 아래에서 스타트업 대표들이 꼭 알아야 할 사항도 있습니다. 어떤 대표들은 주 52시간을 넘긴 직원들에게 연장근로수당만 주면 된다고 생각할 수 있지만, 주 52시간을 초과해 일하는 것은 수당을 준다고 해도 법 위반이 될 수 있습니다. 이렇게 되면 형사처벌을 받을 수 있기 때문에 조심해야 합니다.

탄력적 또는 선택적 근무제도를 도입할 때도 신경 써야 합니다. 예를 들어, 2주 동안 총 104시간을 1주에 몰아 일하게 하는 방식은 겉으로는 주 52시간 규정을 준수하는 것처럼 보일 수 있습니다. 하지만 이러한 방식은 반드시 근로자와의 사전 합의가 필요하며, 근로계약서에 명확하게 명시해야 합니다. 또한, 회사의 취업규칙에도 이와 같은 근무 방식에 대한 구체적인 규정이 포함되어야 합니다.

결론적으로, 스타트업에서는 유연한 근무시간 제도를 도입할 수 있지만, 근로기준법을 잘 지키고, 철저히 준비하여 내부 규정을 마련하는 것이 필요합니다. 이런 노력들이 스타트업의 지속적인 성장과 성공을 위한 중요한 요소가 될 것입니다.

🔍 탄력적 근무시간제

1. 탄력적 근로시간제란?

탄력적 근로시간제는 업무량에 따라 근로시간을 유연하게 조정할 수 있는 제도입니다. 일정한 단위 기간(2주, 3개월, 6개월)을 설정하고, 이 기간 동안 특정 주나 특정일의 근로시간을 연장하거나 단축하여 평균 근로시간을 법정 근로시간(주 40시간)에 맞추는 방식입니다(근로기준법 제51조).

쉽게 말해, 탄력적 근로시간제는 업무량이 많은 시기에는 근로시간을 늘리고, 업무량이 적은 시기에는 줄여서 근로자가 자율적으로 근무시간을 조절할 수 있는 제도라고 할 수 있습니다. 단, 주 평균 근로시간이 40시간을 넘지 않아야 합니다.

이 제도는 특히 성수기와 비수기가 뚜렷한 업종(예: 운수업, 통신업, 냉난방 장비업)에서 유용하게 활용됩니다.

2. 탄력적 근로시간제의 장단점

- **장점:** 근로시간을 효율적으로 배분하고 활용할 수 있어, 특정 시기의 업무량이 많거나 적을 때 유연하게 대응할 수 있습니다.
- **단점:** 근로자별 근로시간이 다를 수 있어, 근로시간을 관리하기가 복잡해질 수 있습니다. 또한, 주 52시간을 초과하지 않도록 관리해야 하므로 관리자의 업무 부담이 늘어날 수 있습니다.

3. 탄력적 근로시간제의 유형

탄력적 근로시간제는 단위 기간에 따라 세 가지 유형으로 나눌 수 있습니다.

(1) 2주 이내 탄력적 근로시간제

- 2주 동안 특정 주의 근로시간이 40시간을 초과할 수 있지만, 2주 평균 근로시간은 주 40시간을 초과하지 않도록 하는 제도입니다(근로기준법 제51조 제1항).
- 특정 주의 근로시간은 최대 48시간을 초과할 수 없으며, 여기에 주 최대 연장근로시간 12시간을 더해 총 60시간까지 근무할 수 있습니다.
- 2주 이내 탄력적 근로시간제는 취업규칙에 명시되어야 하며, 개별 근로자와의 합의로 도입할 수 없습니다.

(2) 3개월 이내 탄력적 근로시간제

- 3개월 이내의 단위 기간 동안 특정 주의 근로시간이 40시간을 초과할 수 있지만, 3개월 평균 근로시간이 주 40시간을 초과하지 않도록 하는 제도입니다.
- 특정 주의 근로시간은 최대 52시간을 초과할 수 없고, 연장근로시간을 포함해 총 64시간까지 근무할 수 있습니다.

- 3개월 이내 탄력적 근로시간제는 근로자 대표와의 서면 합의가 필요합니다. 합의 내용에는 유효기간, 대상 근로자, 단위 기간, 근로일과 일별 근로시간 등이 포함되어야 하며, 합의서는 3년간 보존해야 합니다.

(3) 3개월 이상~6개월 이내 탄력적 근로시간제
- 3개월 이상 6개월 미만의 단위 기간을 설정하여 특정 주의 근로시간이 주 40시간을 초과할 수 있지만, 평균 근로시간이 주 40시간을 넘지 않도록 하는 제도입니다.
- 3개월 이상 탄력적 근로시간제를 도입할 경우, 근로일별 근로시간은 각 주의 시작 2주 전까지 근로자에게 통보해야 합니다.
- 근로자의 과로 방지를 위해 근로일 간 연속 11시간 이상의 휴식시간을 제공해야 합니다. 이를 위반할 경우 2년 이하의 징역 또는 2천만 원 이하의 벌금이 부과될 수 있습니다.

4. 탄력적 근로시간제 도입 시 주의사항
- **법적 요건 준수:** 탄력적 근로시간제를 도입하려면 근로기준법에서 정한 요건을 준수해야 하며, 서면 합의와 취업규칙에 명시가 필요합니다.
- **근로자 동의 필수:** 근로자 대표와의 사전 합의 없이 일방적으로 시행할 수 없습니다.
- **근로시간 기록 관리:** 근로시간을 정확히 기록하고, 법정 근로시간을 초과하지 않도록 철저히 관리해야 합니다.

탄력적 근로시간제는 근로시간을 유연하게 조정할 수 있는 제도로, 업무량의 변동이 큰 업종에서 유용하게 활용될 수 있습니다. 다만, 법적 요건을 충족하고 근로자와의 합의를 통해 시행해야 하며, 근로시간 관리와 기록을 철저히 해야 합니다. 이를 통해 법적 리스크를 줄이고, 근로자와 회사 모두에게 긍정적인 근무 환경을 제공할 수 있습니다.

Q. 탄력적 근로시간제 유형을 직무별, 부서별로 다르게 운영할 수 있나요?
A. 네, 가능합니다.

탄력적 근로시간제는 근로자 대표와의 서면 합의에 의해 전체 근로자뿐만 아니라 일부 근로자만을 대상으로도 도입할 수 있습니다. 따라서, 직무나 부서에 따라 서로 다른 단위 기간을 설정하여 운영할 수 있습니다. 예를 들어, 생산 부서는 2주 단위의 탄력적 근로시간제를, 연구개발 부서는 3개월 단위의 탄력적 근로시간제를 도입할 수 있습니다.

이런 경우, 각각의 단위 기간이 적용되는 대상 근로자의 범위를 명확히 구분하여 운영하는 것이 중요합니다. 이를 통해 근로자들에게 혼란을 줄이고, 법적 문제가 발생하지 않도록 해야 합니다.

Q. 탄력적 근로시간제를 운영하는 중에 사용자가 임의로 근로일 및 근로시간을 변경할 수 있나요?

A. 아니요, 사용자가 임의로 근로일 및 근로시간을 변경할 수는 없습니다.

탄력적 근로시간제를 운영 중에 업무 사정이 생겼다고 하더라도, 사용자가 임의로 근로일과 근로시간을 변경하는 것은 불가능합니다.

- **2주 이내** 유형의 탄력적 근로시간제를 적용하는 경우, 변경이 필요하다면 **취업규칙의 변경**이 필요합니다.
- **3개월 이내** 또는 **3개월 이상 6개월 미만** 유형의 경우, 근로자 대표와의 **서면 합의**가 있어야만 근로일과 근로시간을 변경할 수 있습니다.

따라서, 사전에 근로자들과 충분한 협의를 거쳐 합의된 사항을 변경할 때도 동일하게 공식적인 절차를 따르는 것이 필요합니다. 이를 통해 사용자와 근로자 간의 신뢰를 유지하고, 법적 문제를 예방할 수 있습니다.

c) 휴가

사용자는 근로자에게 **매년 15일의 유급휴가**를 제공해야 하며, 근로자가 휴가를 사용할 때에도 통상임금을 기준으로 급여를 지급해야 합니다. 근로자가 1년 미만 재직한 경우에는 1개월 개근할 때마다 1일의 유급휴가가 부여됩니다(근로기준법 제60조 제2항). 1년 이상 근로한 근로자가 출근율이 80% 이상인 경우, 매년 15일의 유급휴가를 받을 권리가 있습니다(근로기준법 제60조 제1항). 또한, 근로자가 연차휴가를 요청할 경우, 사용자는 근로자가 원하는 시기에 최대한 맞춰 연차휴가를 부여해야 합니다(근로기준법 제60조 제5항).

기존 근로기준법에서는 1년 미만 재직한 근로자에게 연차유급휴가를 충분히 보장하지 않았습니다. 근로기준법 제60조 제3항에 따르면, 사용자가 근로자의 첫 1년 동안 부여하는 유급휴가는 매월 개근 시 주어지는 휴가를 포함해 총 15일을 넘지 않도록 규정되어 있었습니다. 이 규정 때문에 근로자가 첫해에 연차유급휴가를 사용한 경우, 그 사용한 일수가 다음 해에 받을 15일의 연차유급휴가에서 차감되었습니다. 결과적으로, 근로기간이 2년 미만인 근로자는 입사 후 2년 동안 총 15일의 연차유급휴가만 보장받게 되어, 충분한 휴가를 사용하지 못하는 불이익이 발생했습니다.

이러한 불합리함을 개선하기 위해 개정된 근로기준법에서는 제60조 제3항을 삭제했습니다. 이에 따라, 입사 1년 차 근로자는 매월 개근할 때마다 최대 11일의 연차유급휴가를 받을 수 있으며, 2년 차에는 출근율이 80% 이상인 경우 15일의 연차유급휴가가 부여됩니다. 결과적으로, 근로자는 입사 후 2년 동안 총 26일의 연차유급휴가를 보장받게 되었습니다. 이는 1년 미만 재직한 근로자라도 매월 개근 시 하루의 연차를 제공하는 것이 공정하다는 사회적 요구에 부응한 바람직한 법 개정이라 할 수 있습니다.

개정된 법에 따라 근로자의 연차휴가 권리가 더 확실하게 보장된만큼, 사용자는 이를 철저히 지켜야 합니다. 만약 근로자가 자신의 연차휴가가 제대로 보장되지 않는다고 느낀다면, 언제라도 고용노동부에 달려갈 수 있습니다. 대표님, 긴장하셔야 합니다.

〈근로기준법〉

제60조(연차 유급휴가) ⑥ 제1항 및 제2항을 적용하는 경우 다음 각 호의 어느 하나에 해당하는 기간은 출근한 것으로 본다.
1. 근로자가 업무상의 부상 또는 질병으로 휴업한 기간
2. 임신 중의 여성이 제74조제1항부터 제3항까지의 규정에 따른 휴가로 휴업한 기간
3. 제19조의2 제1항에 따른 육아휴직으로 휴업한 기간
4. 「남녀고용평등과 일·가정 양립 지원에 관한 법률」 제19조의2제1항에 따른 육아기 근로시간 단축을 사용하여 단축된 근로시간
5. 제74조제7항에 따른 임신기 근로시간 단축을 사용하여 단축된 근로시간

근로기준법 제60조 제6항에 따르면, 근로자가 업무상의 부상 또는 질병으로 휴업한 기간(즉, 병가), 임신 중의 여성의 출산전후휴가(90일 전후), 육아휴직(최대 1년) 동안의 휴업 기간은 모두 출근한 것으로 간주

됩니다. 또한, 근로기준법 제60조 제1항에서는 사용자가 1년 동안 근무 일수가 80% 이상인 근로자에게 15일의 유급휴가를 제공해야 한다고 명시하고 있습니다. 계산해 보면 1년은 365일이고, 그중 80%는 약 292일이 됩니다. 따라서 근로자가 1년 동안 292일 이상 출근했다면, 사용자는 해당 근로자에게 15일의 유급휴가를 제공해야 할 의무가 생깁니다.

예를 들어, 한 근로자가 200일을 근무하고, 출산전후휴가로 90일, 병가로 3일을 사용했다면, 실제로 근무한 날은 200일입니다. 하지만 근로기준법 제60조 제6항에 따라 출산전후휴가와 병가 기간도 출근일로 간주되므로, 총 출근일수는 293일로 계산됩니다. 이렇게 되면 1년 중 80% 이상 출근한 것으로 인정되어, 사용자는 근로자에게 15일의 연차유급휴가를 부여해야 합니다.

만약 근로자가 연차휴가를 사용하지 않으면, 사용자는 해당 근로자에게 **연차수당**을 지급해야 합니다. 연차수당은 근로자가 휴가를 사용하지 않고 일한 것에 대한 보상으로, 기본적으로 유급휴가로 지급되는 급여 외에 추가로 지급됩니다. 이때 연차수당의 기준이 되는 것은 통상임금입니다. 예를 들어, 앞서 설명한 통상임금이 시간당 11,000원이라면, 하루(8시간) 기준 통상임금은 88,000원이 됩니다. 근로자가 5일의 연차휴가를 사용하지 않았다면, 연차수당은 440,000원(88,000원 x 5일)이 됩니다.

사용자는 근로자에게 연차수당을 지급하는 대신, 근로자가 실제로 휴가를 사용하도록 권장할 수 있습니다. 이는 근로자가 충분히 휴식하고 재충전할 수 있도록 도와주어, 결과적으로 업무 효율성을 높이는 효과가 있기 때문입니다. 또한, 근로자가 휴가를 사용하지 않아 연차수당을 지급해야 하는 상황을 예방하기 위해, 근로기준법 제61조는 **연차휴가 사용 촉진 제도**를 마련하고 있습니다. 이 제도에 따르면, 사용자가 정해진 절차에 따라 연차휴가 사용을 권장했음에도 불구하고 근로자가 휴가를 사용하지 않은 경우, 사용자는 연차수당을 지급할 의무가 면제됩니다.

제61조(연차 유급휴가의 사용 촉진) ① 사용자가 제60조제1항·제2항 및 제4항에 따른 유급휴가(계속하여 근로한 기간이 1년 미만인 근로자의 제60조제2항에 따른 유급휴가는 제외한다)의 사용을 촉진하기 위하여 다음 각 호의 조치를 하였음에도 불구하고 근로자가 휴가를 사용하지 아니하여 제60조제7항 본문에 따라 소멸된 경우에는 사용자는 그 사용하지 아니한 휴가에 대하여 보상할 의무가 없고, 제60조제7항 단서에 따른 사용자의 귀책사유에 해당하지 아니하는 것으로 본다.

1. 제60조제7항 본문에 따른 기간이 끝나기 6개월 전을 기준으로 10일 이내에 사용자가 근로자별로 사용하지 아니한 휴가 일수를 알려주고, 근로자가 그 사용 시기를 정하여 사용자에게 통보하도록 서면으로 촉구할 것
2. 제1호에 따른 촉구에도 불구하고 근로자가 촉구를 받은 때부터 10일 이내에 사용하지 아니한 휴가의 전부 또는 일부의 사용 시기를 정하여 사용자에게 통보하지 아니하면 제60조제7항 본문에 따른 기간이 끝나기 2개월 전까지 사용자가 사용하지 아니한 휴가의 사용 시기를 정하여 근로자에게 서면으로 통보할 것

② 사용자가 계속하여 근로한 기간이 1년 미만인 근로자의 제60조제2항에 따른 유급휴가의 사용을 촉진하기 위하여 다음 각 호의 조치를 하였음에도 불구하고 근로자가 휴가를 사용하지 아니하여 제60조제7항 본문에 따라 소멸된 경우에는 사용자는 그 사용하지 아니한 휴가에 대하여 보상할 의무가 없고, 같은 항 단서에 따른 사용자의 귀책사유에 해당하지 아니하는 것으로 본다.

1. 최초 1년의 근로기간이 끝나기 3개월 전을 기준으로 10일 이내에 사용자가 근로자별로 사용하지 아니한 휴가 일수를 알려주고, 근로자가 그 사용 시기를 정하여 사용자에게 통보하도록 서면으로 촉구할 것. 다만, 사용자가 서면 촉구한 후 발생한 휴가에 대해서는 최초 1년의 근로기간이 끝나기 1개월 전을 기준으로 5일 이내에 촉구하여야 한다.
2. 제1호에 따른 촉구에도 불구하고 근로자가 촉구를 받은 때부터 10일 이내에 사용하지 아니한 휴가의 전부 또는 일부의 사용 시기를 정하여 사용자에게 통보하지 아니하면 최초 1년의 근로기간이 끝나기 1개월 전까지 사용자가 사용하지 아니한 휴가의 사용 시기를 정하여 근로자에게 서면으로 통보할 것. 다만, 제1호 단서에 따라 촉구한 휴가에 대해서는 최초 1년의 근로기간이 끝나기 10일 전까지 서면으로 통보하여야 한다.

d) 해고

해고는 회사 운영에 있어 가장 민감하고 중요한 문제 중 하나입니다. 해고는 단순히 한 명의 직원을 떠나보내는 것이 아니라, 회사와 직원 모두에게 심각한 영향을 미칠 수 있는 중대한 결정입니다. 직원의 삶과 생계를 좌우할 뿐만 아니라, 회사의 이미지와 내부 분위기, 나아가 법적 분쟁 가능성까지 영향을 줄 수 있기 때문입니다. 따라서 해고는 신중하고도 철저한 법적 검토와 적법한 절차가 필요합니다. 잘못된 해고는 회사에 금전적 손실뿐만 아니라 법적 책임을 가져올 수 있으며, 회사의 신뢰도와 내부 사기를 떨어뜨리는 결과를 초래할 수 있습니다.

스타트업을 창업하려는 대표님께서, "왜 이제 막 시작하려는 사람한테 사람을 자르는 이야기를 하느냐."라며 의아해하실 수도 있습니다. 하지만 해고는 사업을 운영하다 보면 언젠가는 반드시 맞닥뜨릴 수밖에 없는 현실적인 문제입니다. 아무리 좋은 인재를 채용하고, 좋은 팀워크를 유지하려 노력하더라도, 예상치 못한 상황과 어려움은 언제든지 발생할 수 있습니다. 해고는 먼 미래의 일이 아니라, 사업을 키우는 과정에서 언젠가 반드시 고려해야 할 중요한 문제입니다.

〈근로기준법〉

제23조(해고 등의 제한) ① 사용자는 근로자에게 정당한 이유 없이 해고, 휴직, 정직, 전직, 감봉, 그 밖의 징벌(懲罰)(이하 "부당해고등"이라 한다)을 하지 못한다.
② 사용자는 근로자가 업무상 부상 또는 질병의 요양을 위하여 휴업한 기간과 그 후 30일 동안 또는 산전(産前)·산후(産後)의 여성이 이 법에 따라 휴업한 기간과 그 후 30일 동안은 해고하지 못한다. 다만, 사용자가 제84조에 따라 일시보상을 하였을 경우 또는 사업을 계속할 수 없게 된 경우에는 그러하지 아니하다.
제24조(경영상 이유에 의한 해고의 제한) ① 사용자가 경영상 이유에 의하여 근로자를 해고하려면 긴박한 경영상의 필요가 있어야 한다. 이 경우 경영 악화를 방지하기 위한 사업의 양도·인수·합병은 긴박한 경영상의 필요가 있는 것으로 본다.
② 제1항의 경우에 사용자는 해고를 피하기 위한 노력을 다하여야 하며, 합리적이고 공정한 해고의 기준을 정하고 이에 따라 그 대상자를 선정하여야 한다. 이 경우 남녀의 성을 이유로 차별하여서는 아니 된다.

당연한 것이겠지만 사용자는 근로자에게 정당한 사유 없이 부당한 해고, 휴직 등을 해서는 안 됩니다. 법적으로도 엄격히 금지되어 있는 사항입니다. 특히, 근로자가 업무상 부상을 입었거나 개인적인 질병으로 인해 요양을 위해 휴업 중인 경우, 그 휴업 기간과 추가로 30일 동안은 해고할 수 없습니다. 이는 근로자가 질병으로 인해 어쩔 수 없이 일을 할 수 없는 상황을 법적으로 보호하기 위한 최소한의 조치입니다. 마찬가지로, 임신한 여성 근로자의 경우에도 법에서 정한 육아휴직 기간(최대 1년)과 그에 더하여 30일 동안은 해고가 금지되어 있습니다. 이러한 규정은 근로자의 건강과 복지를 보호하기 위한 법적 장치로서, 사용자는 이를 철저히 준수해야 합니다.

또한, 흔히들 **'정리해고'**라고 부르는, 경영상의 이유로 인한 해고를 진행하려면 사용자는 반드시 '긴박한 경영상의 필요'를 입증해야 합니다. 여기서 "긴박한 경영상의 필요"란 기업의 도산을 피하기 위한 상황에만 한정되지 않으며, 장래에 발생할 수 있는 위기에 선제적으로 대응하기 위해 인원 감축이 객관적으로 합리적이라고 판단되는 경우도 포함됩니다. 이와 같은 판단은 개별적인 사정들을 종합적으로 고려해 이루어집니다. 단순히 경영상의 어려움만으로는 해고의 정당성을 확보하기 어렵고, 해고가 정말로 불가피한 조치임을 확실히 증명할 수 있어야만 합니다.

〈근로기준법〉

제26조(해고의 예고) 사용자는 근로자를 해고(경영상 이유에 의한 해고를 포함한다)하려면 적어도 30일 전에 예고를 하여야 하고, 30일 전에 예고를 하지 아니하였을 때에는 30일분 이상의 통상임금을 지급하여야 한다. 다만, 다음 각 호의 어느 하나에 해당하는 경우에는 그러하지 아니하다.

1. 근로자가 계속 근로한 기간이 3개월 미만인 경우
2. 천재·사변, 그 밖의 부득이한 사유로 사업을 계속하는 것이 불가능한 경우
3. 근로자가 고의로 사업에 막대한 지장을 초래하거나 재산상 손해를 끼친 경우로서 고용노동부령으로 정하는 사유에 해당하는 경우

사용자가 근로자를 해고할 정당한 이유가 있다고 해도, "내일부터 나오지 마!" 하는 식으로 바로 해고할 수는 없습니다. 전날 통보하고 다음 날부터 출근하지 말라고 하는 것은 안 된다는 얘기죠. 근로기준법에 따르면, 해고를 하려면 최소 30일 전에 예고해야 하고, 만약 그걸 지키지 않으면 30일치의 임금을 추가로 줘야 합니다. 그래서 만약 사용자가 내일 당장 근로자의 얼굴을 보고 싶지 않더라도, 30일치 월급은 뽑아놔야 한다는 거죠. 이러한 규정은 근로자가 갑작스러운 해고로 인해 생계에 어려움을 겪지 않도록, 다른 직장을 구할 시간을 확보해 주기 위한 법적 보호 장치입니다. 다만, 예외적인 상황도 있습니다. 해고 사유가 천재지변 같은 불가항력의 사태이거나, 근로자가 고의로 사업에 막대한 지장을 초래한 경우에는 30일의 예고 기간 없이도 즉시 해고가 가능합니다.

정당한 해고 사유로 인정될 수 있는 몇 가지 예를 들어보면,

- **근무 태만**: 지속적으로 지각을 하거나, 근무 시간에 불성실하게 일하거나, 회사의 업무 지시를 반복적으로 무시하는 경우.
- **직무 능력 부족**: 지속적으로 업무 능력이 현저히 부족하여 회사에 손해를 끼치거나, 동료의 업무에 지장을 초래하는 경우.
- **회사의 규정 위반**: 회사의 중요한 정책이나 규정을 반복적으로 위반하거나, 회사의 명예를 손상시키는 행위를 하는 경우.
- **경영상의 이유**: 흔히 말하는 '정리해고'의 경우로, 회사가 경제적 어려움에 처했거나, 구조조정이 필요하여 불가피하게 인력을 감축해야 하는 상황이 발생한 경우입니다. 여기서도 '긴박한 경영상의 필요성'이 인정되어야 합니다.
- **범죄 행위**: 회사 자산을 절도하거나 횡령하는 등 불법적인 행위를 저질렀을 경우.

등이 있을 수 있습니다.

설령 근로자가 회사에 손해를 끼쳤거나, 잘못을 저질러 해고할 만한 정당한 사유가 있어 보이더라도, 회사는 내부의 징계 절차를 적법

하게 거쳐야 하며, 근로자에게 해고 사유에 대해 충분히 소명할 기회를 제공해야 합니다. 이러한 절차를 지키지 않으면, 해고는 부당해고로 간주되어 무효가 될 수 있습니다.

부당해고가 인정되면, 근로자는 해고 기간 동안 발생한 임금을 청구할 수 있습니다. 그러나 이때 해고 기간 중 근로자가 다른 직장에서 수입을 얻었다면, 해당 중간수입은 임금 청구에서 공제될 수 있습니다. 이는 중복된 보상을 방지하기 위해, 근로자가 해고 기간 동안 얻은 수입을 실제로 손해배상이나 미지급 임금에서 차감하는 원칙입니다. 단, 이 중간수입 공제는 근로기준법에서 정한 휴업수당[1] 한도를 넘어서는 안 되며, 이는 최소한의 생계 보호를 위한 것입니다.

또 알아두어야 할 것은, 사용자는 근로자를 마음대로 해고할 수 없지만, 근로자는 언제든지 퇴사 의사를 통보하고 바로 회사를 떠날 수 있다는 것입니다. 많은 스타트업 대표님들이 인수인계 없이 갑작스럽게 퇴사하는 직원이나, 대체 인력을 고용한 후 얼마 지나지 않아 그만두는 근로자에 대해 불만을 토로합니다. 그러나 현행 근로기준법에 따르면, 근로자는 자유롭게 퇴사할 권리가 있으며, 이는 헌법에서 보장하는 **직업 선택의 자유**에 따른 권리입니다. 근로기준법 제7조에 따라 강제 근로를 요구하는 것은 법적으로 금지됩니다.

다만, 사업주가 근로자의 사직 의사표시를 받아들이지 않더라도, 민법 제660조에 따라 사직의 의사표시가 있던 날로부터 한 달이 경과하면 근로관계는 자동으로 종료됩니다. 이런 이유로 많은 회사가 퇴사 시 30일 전에 사직 의사를 통보하도록 규정하고 있습니다.

근로자가 갑작스럽게 퇴사하여 회사에 손해를 끼친다 해도, 사용자의 입장에서 마땅히 막을 수 있는 방법이 없습니다. 물론, 근로자의 **무**

---

1   근로기준법 제46조에 따르면, 휴업수당은 근로자가 사용자의 책임으로 인해 일하지 못한 경우, 평균 임금의 70% 이상을 지급해야 합니다. 다만, 만약 70%의 휴업수당이 최저임금보다 낮다면 최저임금 수준으로 지급해야 합니다. 따라서 중간수입 공제가 발생하더라도, 휴업수당 수준인 평균 임금의 70%는 보장되어야 하며, 그 이하로 중간수입을 공제할 수는 없습니다.

단퇴사로 인해 회사에 구체적이고 실제적인 손해가 발생했다면 민사상 손해배상청구를 할 수 있습니다. 그러나, 이는 근로자의 퇴사로 인한 손해가 회사의 정상적인 운영에 중대한 영향을 미쳤다는 점을 입증해야만 인정될 수 있습니다(최근 판례를 보면, 근로자가 퇴사하면서 충분한 인수인계를 하지 않아 회사에 손해가 발생한 경우, 근로자가 근로계약 위반 책임을 지고 소액의 손해배상금을 인정한 사례가 있습니다). 따라서, 사용자는 근로자의 퇴사에 대비하여 업무 인수인계 절차를 철저히 규정하고, 이를 관리해야 합니다.

근로자가 업무를 제대로 수행하지 못해 회사에 손해를 입혔다고 해서 즉시 해고하는 것도 법적으로는 허용되지 않습니다. 회사의 내부 **취업 규칙**에 징계 절차가 명시되어 있다면, 해당 절차에 따라 해고를 진행해야 하고, 만약 규정이 없다면 통상적으로 인정되는 절차를 따라야 합니다. 만약 이러한 절차를 거치지 않고 해고를 결정한다면, 그 해고는 절차상의 하자가 있는 부당해고로 간주되어 무효가 되고, 사업주는 해고된 기간 동안의 급여를 모두 지급해야 합니다. 영화나 드라마에서처럼 "당신 해고야!(You fired!)"라는 한 마디로 끝내는 해고는 현실에서는 불법입니다. 그렇게 했다가는 "미안해, 당신 복직이야!"라는 뜻밖의 결과를 마주할 수 있죠.

e) 퇴직금

이제 **퇴직금**에 대해 이야기해 보겠습니다. 퇴직금은 근로자가 회사에서 일한 시간과 헌신에 대한 마지막 보상입니다. 퇴직금은 단순한 금전적 보상을 넘어, 직원의 근로 기간에 대한 존중과 감사의 표현이기도 합니다. 그렇기 때문에 퇴직금제도를 제대로 운영하는 것은 회사의 신뢰도와 직원 만족도를 높이는 데 큰 역할을 합니다. 이 항목에서는 퇴직금의 개념부터 지급 기준, 계산 방법, 그리고 유의할 점까지 꼼꼼히 살펴보겠습니다.

퇴직금은 근로자가 일정 기간 동안 회사에 근속한 것에 대한 마지막 보상으로, 근로자가 퇴직한 후의 생계를 지원하고 장기 근속을 유도하기 위해 마련된 제도입니다. 퇴직금에 관한 사항은 근로기준법 제34조[2]에서 규정한 것처럼 「근로자퇴직급여 보장법」에 있는 내용을 따릅니다. 일반적으로, 사용자와 근로자가 근로계약을 체결하고 근로계약서를 작성할 때 퇴직금에 대한 사항도 포함하게 됩니다.

퇴직금은 상시 5인 이상의 근로자를 사용하는 사업장에서 1년 이상 계속 근로한 근로자에게 지급해야 합니다. 여기에는 정규직뿐만 아니라 계약직, 일용직 근로자도 포함되며, 근로자의 신분과 관계없이 법에서 정한 요건을 충족하면 퇴직금을 받을 권리가 있습니다. 사용자는 근로자가 퇴직한 날로부터 14일 이내에 퇴직금을 지급해야 하며, 이를 어길 경우 법적 제재를 받을 수 있습니다. 퇴직금은 **평균임금**을 기준으로 계산됩니다. 평균임금이란 퇴직일을 기준으로 이전 3개월 동안 근로자에게 지급된 임금 총액을 그 기간의 총 일수로 나눈 금액을 말합니다. 이를 통해 산정된 평균임금을 바탕으로 퇴직금이 계산되며, 계산식은 다음과 같습니다.

$$\text{퇴직금} = \text{평균임금} \times 30 \times \text{계속 근로 연수}$$

예를 들어, 근로자가 3년 동안 근무했고, 평균임금이 200만 원이라면, 퇴직금은 200만 원 × 3 = 600만 원이 됩니다.

퇴직금은 근로자의 근속 기간에 따라 금액이 증가하는데, 이는 퇴직금이 평균임금을 기준으로 계산되기 때문입니다. 근속연수가 길어질수록 평균임금이 높아지게 되고, 그에 따라 퇴직금으로 지급해야 할 금액도 커집니다. 사업주 입장에서는 퇴직금의 부담을 줄이기 위해 퇴직금을 중간에 정산하거나, 매달 월급을 줄 때 정산해 지급하고 싶어 할 수 있습니다. 퇴직금의 액수가 비교적 적을 때 미리 정산을 하면, 장기적으로 사용자에게 유리할 수 있기 때문입니다.

---

2 제34조(퇴직급여 제도) 사용자가 퇴직하는 근로자에게 지급하는 퇴직급여 제도에 관하여는 「근로자퇴직급여 보장법」이 정하는 대로 따른다.

이에 대해 판례는 근로자와 명시적인 합의가 없는 경우 퇴직금 중간정산은 허용하지 않는다는 입장입니다. 다시 말해, 사용자 마음대로 퇴직금 중간정산을 해버리는 경우에는 인정이 안 된다는 것입니다. 예를 들어, 퇴직금과 월급을 합친 금액이 200만 원이라고 합시다. 이때 보통 사용자는 중간정산을 하기 위하여 그냥 200만 원을 계좌이체 하는 경우가 많습니다. 하지만 사용자가 이렇게 계좌이체로 그냥 지급하면 퇴직금으로 인정받지 못할 가능성이 큽니다. 왜냐하면 퇴직금 중간정산은 근로자와 명시적인 합의가 있어야 하기 때문입니다. 따라서 사용자는 퇴직금 정산이라는 명목으로 급여와 분리해서 근로자에게 지급해야 하고, 근로자와 명시적인 합의를 해야 효력이 있습니다. 그런데 만약 명시적인 약정이 없는 경우는 어떻게 될까요? 사업자가 위와 같이 200만 원을 근로자에게 계좌이체하였다고 하더라도, 사업자는 근로자에게 퇴직금을 지급해야 합니다.

〈근로기준법〉

제34조(퇴직급여 제도) 사용자가 퇴직하는 근로자에게 지급하는 퇴직급여 제도에 관하여는 「근로자퇴직급여 보장법」이 정하는 대로 따른다.

제36조(금품 청산) 사용자는 근로자가 사망 또는 퇴직한 경우에는 그 지급 사유가 발생한 때부터 14일 이내에 임금, 보상금, 그 밖의 모든 금품을 지급하여야 한다. 다만, 특별한 사정이 있을 경우에는 당사자 사이의 합의에 의하여 기일을 연장할 수 있다.

사용자는 위와 같은 퇴직금을 근로기준법 제36조에 따라 14일 이내에 근로자에게 지급해야 합니다. 만약 14일 이내에 근로자에게 지급하지 않는다면 그 다음날부터 대통령령으로 정한 지연이자를 지급해야 하고(근로기준법 제37조), 이와 더불어 3년 이하의 징역 또는 3천만 원 이하의 벌금형에 처할 수도 있어 유의해야 합니다(근로기준법 제109조). 실제로 기업 대표들의 경우 퇴직금 문제를 한번 겪어 보기 전까지는 근로자에게 14일 전까지 지급을 꼭 해줘야 하는지 잘 모르는 경우가 많습니다. 왜냐하면 사용자는 근로자에게 퇴직금을 안 주려는 의도가 있었다기보다는 일시적으로 자금이 조금 부족하다 보니까 '조금 기간을 두고 정산을 해주면 되겠지.'라고 생각하는 것입니다. 하지만 절대로 그렇게 마음대로 정하면 안 됩니다. 예를 들어, 정말 사업이 어려워서 바로 정산이 어려워 당장 퇴직금을 지급할 수 없는 경우에는, 거래처에서 아직 매출채권이 회수가 안 되었는데 언제까지 거래처에서 해결을 해주겠다고 했고, 그래서 이 돈이 해결되면 퇴직금을 주겠다는 식으로 구체적인 사정을 근로자에게 설명하고 이에 대해 근로자와 분명하게 합의를 해야 합니다. 그렇지 않으면 앞서 언급한 형사처벌을 받을 수도 있습니다.

하지만, 법적으로는 근로자도 특수한 경우가 아니면 마음대로 퇴직금 중간정산을 요구할 수는 없습니다. 퇴직금 중간정산이라는 방법을 통해 근로자에게 부당한 결과가 많이 나왔기 때문에 법적으로 퇴직금 중간정산에 제한을 둔 것입니다. 근로자퇴직급여 보장법 제8조 제2항 및 근로자퇴직급여 보장법 시행령 제3조 제1항에서 정한 사유에 한해서만 퇴직금 중간정산이 가능합니다. 아래 법 내용을 보면 퇴직금 중간정산 신청이 가능한 사유가 확인이 되는데 무주택자가 주택을 구입하는 경우, 본인을 포함한 가족이 큰 병에 걸려 돈이 필요한 경우 등 근로자가 갑자기 목돈이 필요한 경우에 신청이 가능합니다.

〈근로자퇴직급여 보장법〉

제8조(퇴직금제도의 설정 등)

② 제1항에도 불구하고 사용자는 주택구입 등 대통령령으로 정하는 사유로 근로자가 요구하는 경우에는 근로자가 퇴직하기 전에 해당 근로자의 계속근로기간에 대한 퇴직금을 미리 정산하여 지급할 수 있다. 이 경우 미리 정산하여 지급한 후의 퇴직금 산정을 위한 계속근로기간은 정산시점부터 새로 계산한다.

〈근로자퇴직급여 보장법 시행령〉

제3조(퇴직금의 중간정산 사유) ① 법 제8조제2항 전단에서 "주택구입 등 대통령령으로 정하는 사유"란 다음 각 호의 경우를 말한다.

1. 무주택자인 근로자가 본인 명의로 주택을 구입하는 경우

2. 무주택자인 근로자가 주거를 목적으로 「민법」 제303조에 따른 전세금 또는 「주택임대차보호법」 제3조의2에 따른 보증금을 부담하는 경우. 이 경우 근로자가 하나의 사업에 근로하는 동안 1회로 한정한다.

3. 근로자가 6개월 이상 요양을 필요로 하는 다음 각 목의 어느 하나에 해당하는 사람의 질병이나 부상에 대한 의료비를 해당 근로자가 본인 연간 임금총액의 1천분의 125를 초과하여 부담하는 경우

   가. 근로자 본인

   나. 근로자의 배우자

   다. 근로자 또는 그 배우자의 부양가족

4. 퇴직금 중간정산을 신청하는 날부터 거꾸로 계산하여 5년 이내에 근로자가 「채무자 회생 및 파산에 관한 법률」에 따라 파산선고를 받은 경우

5. 퇴직금 중간정산을 신청하는 날부터 거꾸로 계산하여 5년 이내에 근로자가 「채무자 회생 및 파산에 관한 법률」에 따라 개인회생절차개시 결정을 받은 경우

6. 사용자가 기존의 정년을 연장하거나 보장하는 조건으로 단체협약 및 취업규칙 등을 통하여 일정나이, 근속시점 또는 임금액을 기준으로 임금을 줄이는 제도를 시행하는 경우

   6의2. 사용자가 근로자와의 합의에 따라 소정근로시간을 1일 1시간 또는 1주 5시간 이상 단축함으로써 단축된 소정근로시간에 따라 근로자가 3개월 이상 계속 근로하기로 한 경우

   6의3. 법률 제15513호 근로기준법 일부개정법률의 시행에 따른 근로시간의 단축으로 근로자의 퇴직금이 감소되는 경우

7. 재난으로 피해를 입은 경우로서 고용노동부장관이 정하여 고시하는 사유에 해당하는 경우

② 사용자는 제1항 각 호의 사유에 따라 퇴직금을 미리 정산하여 지급한 경우 근로자가 퇴직한 후 5년이 되는 날까지 관련 증명 서류를 보존하여야 한다.

　　퇴직금과 관련하여 사용자가 몇 가지 유의해야 할 사항이 있습니다. 먼저, 퇴직금을 받을 권리는 법적으로 보장된 것이므로, 근로자가

퇴직금을 포기한다고 해도 법적 효력이 없습니다. 퇴직금 포기를 유도하거나 강요하는 행위는 불법입니다. 또한, 퇴직금을 지급하지 않는 경우, 근로자는 고용노동부에 신고할 수 있으며, 사용자는 법적 제재를 받을 수 있습니다. 퇴직금을 미지급한 사용자는 3년 이하의 징역 또는 3천만 원 이하의 벌금형에 처해질 수 있습니다.

퇴직금 청구권의 **소멸시효는 3년**입니다. 퇴직 후 3년 이내에 퇴직금을 청구하지 않으면 권리가 소멸되므로, 근로자는 자신의 권리를 적극적으로 행사해야 합니다. 일부 기업은 연봉계약에 퇴직금을 포함하는 방식으로 운영하기도 합니다. 이 경우, 연봉에 포함된 퇴직금의 액수가 명확히 정해져 있어야 하고, 근로자의 서면 동의가 필요합니다. 합의가 없는 경우, 연봉에 포함된 퇴직금은 인정되지 않으며, 퇴직 시별도로 지급해야 합니다. 만약 근로자가 중간정산 후 근속 연수를 채우지 않고 퇴사한다면, 중간정산된 퇴직금을 회사가 반환 요구할 수는 없습니다. 이는 이미 지급된 금전이기 때문에, 법적으로 되돌려 받기 어렵습니다.

퇴직금 관련 판례와 행정해석을 보면, 근로자와 사용자 간에 퇴직금을 지급하지 않기로 약정한 경우에도 이는 무효입니다. 퇴직금은 법적 의무이므로 이러한 약정은 효력이 없습니다. 퇴직금 청구권의 소멸시효는 3년이며, 이를 지나면 퇴직금을 청구할 권리를 상실하게 됩니다. 퇴직금제도는 근로자의 노고에 대한 정당한 보상이자, 퇴직 후 경제적 안정을 보장하기 위한 중요한 제도입니다. 사용자는 퇴직금 관련 법규를 철저히 준수해야 하며, 근로자 역시 자신의 권리를 명확히 알고 퇴직금을 청구할 수 있도록 근무환경을 조성해야 합니다.

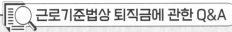

근로기준법상 퇴직금에 관한 Q&A

1. 퇴직금은 언제 발생하나요?

퇴직금은 근로자가 퇴직한 날을 기준으로 발생합니다. 퇴직금 중간정산의 경우, 근로자가 퇴직금 중간정산을 요청한 시점에 발생하며, 퇴직일로부터 14일 이내에 전액 지급해야 합니다(근로기준법 제36조).

2. 퇴직금 계산에 이용되는 평균임금은 무엇이며, 어떻게 계산하나요?

평균임금 정의: 근로기준법 제19조에 따라, 평균임금은 산정 사유 발생일 이전 3개월간 근로자에게 지급된 임금 총액을 그 기간의 총 일수(사유 발생 당일을 제외한 3개월의 기간)로 나눈 금액입니다.

3. 계속 근로연수 1년이란 무슨 뜻인가요?

계속 근로연수란 근로계약 체결 시점부터 종료 시점까지의 기간을 말하며, 근로일수나 출근율과 관계없이 해당 사업장에 재직한 기간을 모두 포함합니다.

4. 일용직은 퇴직금이 없나요?

순수한 일용직, 즉 매일 단위로 근로계약이 체결되고 종결되는 경우에는 퇴직금 지급 대상이 아니지만, 실제로는 1년 이상 계속 근로하는 경우에는 퇴직금을 받을 수 있습니다. 퇴직금은 정규직, 임시직 등 근로자의 신분과 상관없이 지급 조건에 해당한다면 지급해야 합니다.

5. 퇴직금을 받을 수 없다는 사장의 말에 동의하고 입사했을 경우, 퇴직금을 청구할 수 없나요?

퇴직금 지급은 근로기준법에서 정한 강행규정이므로, 입사 시 퇴직금이 없다는 사실을 알고 있었더라도, 상시 5명 이상 근무하는 사업장에서 1년 이상 근무한 근로자는 퇴직금을 청구할 수 있습니다.

6. 명의상 사장과 실제 운영하는 사장이 다를 경우 퇴직금은 누가 지급해야 하나요?

근로기준법상 사용자는 명의와 관계없이 실제 사업장을 운영하는 자에게 퇴직금 지급 의무가 있습니다. 예를 들어, 명의는 부인이지만 실제 운영은 남편이 하는 경우 남편이 퇴직금 지급 의무를 집니다.

7. 회사를 퇴사한 이후 시간이 오래 지나면 퇴직금을 받을 수 없나요?

근로기준법 제48조에 따라, 임금채권은 3년간 행사하지 않으면 시효로 인해 소멸되므로, 퇴직 후 3년이 지나면 근로기준법상 퇴직금을 청구할 수 없으며, 이후에는 민사적으로 해결해야 합니다.

8. 근로기준법에서 정한 퇴직금 이상을 지급하면 안 되나요?

근로기준법은 최저 기준을 정한 것이므로, 그 기준을 초과하여 지급하는 것은 가능합니다. 다만, 기준에 미달하게 지급하는 것은 허용되지 않습니다.

9. 직원이 퇴직 시 퇴직금을 포기한다고 약속한 후 다시 청구한 경우, 퇴직금을 지급해야 하나요?

이미 발생한 임금채권을 포기하는 것은 개별 근로자의 자유의사에 기초할 때만 유효합니다. 집단적 의사결정만으로는 법적 효력을 인정받기 어렵고, 개별 근로자의 동의가 필요합니다.

10. 퇴직금 계산 시 직원 수가 상시 5명 이상이면 퇴직금을 지급해야 한다고 되어 있는데, 직원 수 5명은 어떻게 계산하나요?

상태적으로 5명 이상인 경우를 상시 5인 이상으로 보며, 근로자에는 상용근로자, 일용근로자, 외국인근로자, 임시직근로자, 도급제 근로자가 포함됩니다.

11. 직원 수가 5명 이상, 미만을 반복할 경우 퇴직금 계산기간은 어떻게 산정하나요?

해당 근로자의 전체 근무 기간 중 상시 5인 이상인 경우의 재직기간을 합산하여 계산합니다. 5인 이상인 경우 해당 기간의 실제 근무 기간을 1년 이상, 미만으로 구분할 필요는 없습니다.

12. 근무 기간이 짧아 퇴직금이 없다는 것은 알겠지만, 직원 수가 5명 미만인 경우 퇴직금을 청구할 수 없나요?

5인 미만 사업장에서는 근로기준법상 퇴직금 의무는 발생하지 않지만, 사업주가 자발적으로 퇴직]금 또는 퇴직위로금을 지급하는 것은 가능합니다.

13. 퇴직금 계산 시 수습기간과 임시직 기간은 어떻게 처리하나요?

수습기간이 평균임금 산정 기간에 포함될 경우, 그 일수와 임금은 제외하되 계속 근로연수에는 포함됩니다.

14. 퇴직금 계산 시 상여금도 포함되나요? 포함된다면 어떻게 계산하나요?

평균임금을 산정할 사유 발생일 기준으로 이전 12개월 동안에 받은 총 상여금 중 3개월치(3/12)만 평균임금 계산에 반영됩니다.

15. 연차유급휴가근로수당은 퇴직금에 어떻게 포함시키나요?

퇴직자가 미사용하고 퇴직한 연차유급휴가에 대한 수당액의 3/12를 퇴직금 산정을 위한 평균임금 산정 기준에 포함시킵니다.

16. 회사에 근무하면서도 퇴직금을 받을 수 있나요?

근로자의 요구로 기왕의 근로 기간에 대해 퇴직금 청구가 있을 경우 사용자의 승인에 의해 퇴직금을 중간에 정산하여 지급할 수 있으나, 사용자가 반드시 응해야 하는 것은 아닙니다.

17. 사업주가 근로자의 요구 없이 퇴직금을 먼저 지급할 수 있나요?

퇴직금은 근로자의 퇴직으로 인해 지급 사유가 발생하므로, 근로자의 요구 없이 사용자가 일방적으로 퇴직금을 지급하는 것은 불가능합니다.

18. 연봉계약서에 퇴직금을 포함시키는 것이 위법인가요?

연봉계약서에 퇴직금을 포함하여 매월 분할 지급하거나, 1년 경과 시 정산 지급하는 경우 법적으로 문제가 되지 않습니다. 다만, 퇴직금이 명확히 구분되어 있어야 하며, 근로자의 서면 동의가 필요합니다.

19. 퇴직금을 포함한 연봉 계약을 했는데, 중간에 퇴사한 경우 이미 지급한 퇴직금을 돌려받을 수 있나요?

계속 근로연수 1년 미만인 근로자에게 퇴직금을 미리 지급한 경우, 퇴직금 지급 요건이 충족되지 않으므로, 민사적으로 해결해야 합니다.

20. 퇴직한 이후 임금 인상이 있을 경우 퇴직금을 다시 계산해야 하나요?

임금 인상은 보통 재직 중인 근로자에게만 적용되므로, 퇴직한 근로자에게는 소급 적용되지 않습니다.

이 Q&A는 근로기준법 및 관련 법령, 판례, 행정 해석을 바탕으로 정리되었습니다.

나. 알아두어야 할 법들

1) 최저임금법

2024년 현재, 대한민국의 **최저임금**은 시간당 9,860원으로 설정되어 있습니다. 이는 전년도에 비해 2.5% 인상된 수치로, 경제 성장과 물가 상승을 반영하여 노동자의 생활 안정을 보장하기 위해 결정된 것입니다.

최저임금제도는 근로자가 최소한의 생활을 유지할 수 있도록 보장하기 위해, 국가가 사용자에게 일정 수준 이상의 임금을 지급하도록 법적으로 강제하는 제도입니다. 이 제도는 헌법 제32조 제1항에 명시된 근로의 권리와 관련된 법적 보호의 일환으로 시행됩니다. 헌법 제32조는 "모든 국민은 근로의 권리를 가지며, 국가는 사회적·경제적 방법으로 근로자의 적정한 생활을 보장할 의무를 진다."고 규정하고 있습니다.

최저임금은 고용노동부 장관이 최저임금위원회의 심의를 거쳐 매년 정하고, 이를 고시하도록 되어 있습니다. 2024년의 최저임금은 1월 1일부터 12월 31일까지 적용되며, 모든 근로자에게 동일하게 적용됩니다. 다만, 동일한 가정에 거주하는 친족이 운영하는 사업장에서 일하는 친족, 선원, 특정 승인 절차를 거친 일부 장애인 근로자는 최저임금 적용에서 예외로 인정됩니다.

〈최저임금법〉

제6조(최저임금의 효력) ① 사용자는 최저임금의 적용을 받는 근로자에게 최저임금액 이상의 임금을 지급하여야 한다.

③ 최저임금의 적용을 받는 근로자와 사용자 사이의 근로계약 중 최저임금액에 미치지 못하는 금액을 임금으로 정한 부분은 무효로 하며, 이 경우 무효로 된 부분은 이 법으로 정한 최저임금액과 동일한 임금을 지급하기로 한 것으로 본다.

제28조(벌칙) ① 제6조제1항 또는 제2항을 위반하여 최저임금액보다 적은 임금을 지급하거나 최저임금을 이유로 종전의 임금을 낮춘 자는 3년 이하의 징역 또는 2천만원 이하의 벌금에 처한다. 이 경우 징역과 벌금은 병과(倂科)할 수 있다.

최저임금제의 주요 목표는 근로자가 최소한의 인간다운 생활을 유지할 수 있도록 충분한 임금을 보장하는 것입니다. 이를 통해 전반적인 노동력의 질을 향상시키고, 근로자의 생계를 안정시키는 역할을 합니다. 최저임금 규정을 준수하지 않는 사용자는 법적 제재를 받을 수 있으므로, 모든 사업장은 최저임금 규정을 철저히 지켜야 합니다.

사용자는 법이 정한 최저임금 이상을 근로자에게 지급해야 하며,

만약 최저임금에 미치지 못하는 금액을 임금으로 지급한다면, 해당 부분은 무효로 간주되고, 부족한 금액은 근로자에게 추가로 지급해야 합니다. 최저임금제를 위반한 경우, 사용자는 3년 이하의 징역이나 2천만 원 이하의 벌금에 처해질 수 있습니다.

최저임금제도가 시행된 이후에도 일부 정규직 근로자들이 시간당으로 환산했을 때 최저임금에 미치지 못하는 기본급을 받는 경우가 있었습니다. 이를 해결하기 위해 2018년 5월 28일, 국회 환경노동위원회는 최저임금법 개정안을 통과시켰습니다. 이 개정안의 핵심 내용은 상여금의 25%와 복리후생비의 7%를 월 환산액 기준으로 계산하여 최저임금에 포함시키는 것이었습니다. 이로 인해 상여금과 복리후생비가 포함된 임금이 최저임금을 초과한다면, 최저임금법을 위반하지 않는 것으로 간주됩니다.

이러한 개정에 사용자와 근로자 간의 갈등이 있었던 것은 사실입니다. 개정안이 상여금과 복리후생비를 최저임금에 포함시키도록 하면서, 사용자의 부담을 줄이려는 의도로 중립적인 해결책으로 제시된 측면이 있습니다. 그러나 최저임금이 인상되면 물가 상승과 같은 경제적 부작용이 나타날 수 있는 것이라, 이러한 정책의 타당성과 실효성에 대한 논쟁은 계속되고 있습니다. 최저임금 인상은 저임금 근로자의 생활 안정성을 높이는 긍정적인 효과를 기대할 수 있지만, 동시에 사용자와 경제 전반에 미치는 영향을 고려하지 않을 수 없는 복합적인 문제입니다. 최저임금 정책에 사회적 합의와 경제적 균형을 고려한 신중한 접근이 필요한 이유입니다.

최저임금에 포함되는 임금의 범위는 사용자가 최저임금 규정을 얼마나 쉽게 준수할 수 있는지를 결정하는 중요한 요소입니다. 최저임금에 포함되는 임금의 범위가 넓어질수록, 사용자는 상대적으로 부담이 적어집니다. 예를 들어, 기본급 외에도 상여금이나 복리후생비의 일부가 최저임금 산정에 포함되면, 최저임금을 충족하기가 더 쉬워지기 때문입니다. 반면, 최저임금에 포함되지 않는 항목이 많아지면 사용자의 부담은 커질 수 있습니다.

　일부 일용직이나 비정규직 근로자의 경우, 최저임금 기준을 지키지 않으려는 시도가 있을 수 있습니다. 그러나 현대 사회에서는 노동법에 대한 의식과 지식이 매우 발달해 있기 때문에, 근로자가 현재 고용관계에서 문제를 제기하지 않더라도, 고용관계가 종료된 이후에 최저임금을 제대로 받지 못했다고 신고하는 사례가 증가하고 있습니다. 실제로 많은 근로자가 퇴사 후 노동부에 이러한 문제를 신고하고 있으며, 최저임금 미지급에 대해 법적 대응을 하는 경우도 흔히 발생합니다.

　따라서 최저임금 규정은 모든 사업주가 반드시 준수해야 할 중요한 법적 의무로 인식해야 합니다. 이를 어길 경우, 사업주는 법적 제재를 받을 수 있으며, 이는 금전적인 부담뿐만 아니라 사업의 신뢰도에도 큰 영향을 미칠 수 있습니다. 최저임금 규정을 철저히 준수하는 것이 장기적으로 볼 때 사업의 안정성과 지속 가능성을 보장하는 길입니다.

2) 근로자퇴직급여 보장법

〈근로자퇴직급여 보장법〉

제2조(정의)
6. "퇴직급여제도"란 확정급여형퇴직연금제도, 확정기여형퇴직연금제도, 중소기업퇴직연금기금제도 및 제8조에 따른 퇴직금제도를 말한다.

제4조(퇴직급여제도의 설정) ① 사용자는 퇴직하는 근로자에게 급여를 지급하기 위하여 퇴직급여제도 중 하나 이상의 제도를 설정하여야 한다. 다만, 계속근로기간이 1년 미만인 근로자, 4주간을 평균하여 1주간의 소정근로시간이 15시간 미만인 근로자에 대하여는 그러하지 아니하다.

제8조(퇴직금제도의 설정 등) ① 퇴직금제도를 설정하려는 사용자는 계속근로기간 1년에 대하여 30일분 이상의 평균임금을 퇴직금으로 퇴직 근로자에게 지급할 수 있는 제도를 설정하여야 한다.

② 제1항에도 불구하고 사용자는 주택구입 등 대통령령으로 정하는 사유로 근로자가 요구하는 경우에는 근로자가 퇴직하기 전에 해당 근로자의 계속근로기간에 대한 퇴직금을 미리 정산하여 지급할 수 있다. 이 경우 미리 정산하여 지급한 후의 퇴직금 산정을 위한 계속근로기간은 정산시점부터 새로 계산한다.

앞에서 말씀드린 것처럼, 퇴직금은 근로자가 퇴직할 때 사용자로부터 받는 중요한 금전적 보상으로, 근로자의 근속 기간 동안의 헌신과 노고에 대한 경제적 보상입니다. 이에 관한 구체적인 사항은 근로자퇴직급여 보장법에 규정되어 있으며, 이 법은 근로자의 권리를 보호하고 사용자가 퇴직금제도를 투명하고 공정하게 운영하도록 보장하기 위해 만들어진 것입니다.

퇴직금 지급 조건은 '계속근로기간'이 1년 이상이어야 한다는 것입니다. **'계속근로기간'**이란 동일한 사용자와의 근로계약 하에서 계속 근로한 기간을 의미합니다. 예를 들어, 단기계약을 반복적으로 갱신하거나 계약직으로 1년 이상 근무한 경우에도 '계속근로기간'이 1년 이상으로 인정되며, 퇴직금 지급 대상이 됩니다. 이는 사용자가 계약을 반복적으로 갱신하며 근로자의 퇴직금을 회피하려는 행위를 방지하기 위한 장치입니다.

그러나 현실에서 일부 사업주들은 근로자가 1년이 되기 직전에 해고함으로써 퇴직금 지급 의무를 피하려고 하는 경우가 있습니다. 이는 근로자의 권리를 침해할 수 있으며, 법적 보호 장치에 의해 규제될 수 있습니다. 만약 이러한 방식으로 해고된 근로자가 부당해고로 신고할 경우, 해당 사용자는 근로자를 복직시키고, 해고 기간 동안의 임금뿐만 아니라 퇴직금도 지급해야 할 의무가 생길 수 있습니다. 이와 같은 행위는 법의 취지에 반하는 것으로, 법적 분쟁으로 이어질 수 있으며, 기업의 평판과 신뢰도에도 부정적인 영향을 미칠 수 있습니다. 따라서 사업주들은 이러한 탈법적인 시도를 자제하고, 근로자의 권리를 보호하는 방향으로 인사 관리를 해야 합니다.

퇴직금은 근로자가 퇴직 시 사용자로부터 받는 중요한 금전적 보상으로, 이는 근로자의 헌신과 노고에 대한 마지막 보상이라고 할 수 있습니다. 퇴직금은 30일분 이상의 평균임금을 기준으로 지급되어야 하며, 평균임금의 계산 방법은 앞서 설명한 바와 같습니다.

사용자가 퇴직금 액수를 줄이기 위해 중간정산을 강요하거나 임의로 시행하는 것은 근로자의 권리를 침해하는 행위로 간주됩니다. 이러한 행위는 근로기준법에 어긋나며, 위반 시 형사처벌을 받을 수 있다는 점을 다시 한 번 강조합니다. 이는 근로자의 정당한 권리를 보호하고, 공정한 근로환경을 조성하기 위한 중요한 법적 장치입니다. 따라서, 사용자는 퇴직금과 관련된 법적 규정을 철저히 준수하여야 하며, 근로자의 요청 없이 중간정산을 강요하거나 진행해서는 안 됩니다. 퇴직금 지급 과정에서의 법적 규정 준수는 회사의 신뢰를 높이고, 근로자와의 관계를 긍정적으로 유지하는 데 중요한 역할을 합니다.

이처럼 퇴직금과 관련된 규정은 근로자의 권리를 최대한 보호하려는 취지를 담고 있습니다. 따라서 사용자는 법적 규정을 준수하여야 하며, 근로자의 요구와 상황에 따라 공정하고 투명하게 퇴직금제도를 운영해야 합니다. 근로자 역시 자신의 권리를 정확히 이해하고 필요에 따라 적법한 절차를 통해 퇴직금을 중간정산 받을 수 있는 방법을 알고 있어야 합니다.

<**근로자퇴직급여 보장법**>

제13조(확정급여형퇴직연금제도의 설정) 확정급여형퇴직연금제도를 설정하려는 사용자는 제4조제3항 또는 제5조에 따라 근로자대표의 동의를 얻거나 의견을 들어 다음 각 호의 사항을 포함한 확정급여형퇴직연금규약을 작성하여 고용노동부장관에게 신고하여야 한다.

4. 급여수준에 관한 사항

제15조(급여수준) 제13조제4호의 급여 수준은 가입자의 퇴직일을 기준으로 산정한 일시금이 계속근로기간 1년에 대하여 30일분의 평균임금이 되도록 하여야 한다.

제20조(부담금의 부담수준 및 납입 등) ① 확정기여형퇴직연금제도를 설정한 사용자는 가입자의 연간 임금총액의 12분의 1 이상에 해당하는 부담금을 현금으로 가입자의 확정기여형퇴직연금제도 계정에 납입하여야 한다.

② 가입자는 제1항에 따라 사용자가 부담하는 부담금 외에 스스로 부담하는 추가 부담금을 가입자의 확정기여형퇴직연금 계정에 납입할 수 있다.

③ 사용자는 매년 1회 이상 정기적으로 제1항에 따른 부담금을 가입자의 확정기여형퇴직연금제도 계정에 납입하여야 한다. (⋯)

퇴직급여제도에는 크게 세 가지 유형이 있습니다. 확정급여형(DB형), 확정기여형(DC형) 그리고 일반적인 퇴직금제도가 그것입니다. 각 제도는 근로자가 퇴직할 때 받을 수 있는 급여의 형태와 지급 방식이 다릅니다.

첫째, **확정급여형 퇴직연금제도**(DB형)는 사용자가 퇴직 시점에 근로자에게 지급할 퇴직급여의 금액이 미리 정해져 있는 제도입니다. 이 제도에서는 퇴직 시 근로자가 받을 퇴직금이 근로자의 근속연수와 퇴직 시점의 평균임금에 따라 결정됩니다. 사용자는 이를 위해 매년 일정한 금액을 적립하여 퇴직금을 지급할 준비를 해야 합니다. DB형은 근로자가 퇴직 시 안정적인 급여를 보장받을 수 있는 장점이 있으나, 사용자가 연금 운용의 위험을 감수해야 한다는 부담이 있습니다.

둘째, **확정기여형 퇴직연금제도**(DC형)는 사용자가 근로자의 퇴직연금 계좌에 매월 일정 금액을 납부하는 방식입니다. 근로자는 퇴직 시 계좌에 적립된 금액과 운용 수익을 퇴직급여로 받게 됩니다. 즉, 퇴직 시점에 근로자가 받을 퇴직금은 고정되지 않고, 사용자가 납부한 금액과 그동안의 투자 수익에 따라 달라집니다. 이 제도는 사용자가 납부할 금액이 명확하여 재정 부담을 예측하기 쉽다는 장점이 있으나, 근로자는 퇴직 시 받을 수 있는 금액이 연금 운용 성과에 따라 달라질 수 있어 불확실성이 있습니다.

셋째, **퇴직금제도**는 근로자가 1년 이상 근속 후 퇴직할 때, 사용자가 30일분 이상의 평균임금을 퇴직금으로 지급해야 하는 전통적인 방식입니다. 이 제도는 근로자의 최소한의 퇴직 보장을 제공하며, 근로자가 퇴직할 때 일시금으로 지급됩니다. 퇴직금제도는 근로자에게 경제적 안전을 제공하지만, 사용자는 근속연수가 길어질수록 퇴직금 지급에 대한 재정적 부담이 커질 수 있습니다.

퇴직급여제도는 근로자의 권리와 사용자의 재정적 의무를 균형 있게 보호하기 위해 마련된 것입니다. 근로자는 퇴직 시 적절한 보상을 받을 수 있도록 이 제도들을 이해하고, 사용자는 법적 의무를 준수하면서 퇴직급여제도를 운영해야 합니다. 선택한 제도에 따라 각각의 장단점이 있으므로, 근로자와 사용자는 서로의 상황에 맞는 퇴직급여 방식을 신중하게 선택하는 것이 중요합니다.

★ 함께할 멤버 모집: 이봐 너 내 동료가 돼라!

이 장에서는 스타트업 운영에 있어서 가장 중요한 '사람'에 대해 이야기했습니다. 좋은 동업자를 찾는 것부터 시작해 근로자를 고용하고, 근로기준법을 준수하며, 임금과 휴가, 해고, 퇴직금에 이르기까지, 사람과 관련된 다양한 주제들을 다뤘습니다. 스타트업을 운영하면서 사람을 잘 관리하고, 함께 성장할 수 있는 환경을 만드는 것은 무엇보다 중요한 과제입니다.

스타트업을 운영하면서 가장 중요한 자산은 바로 사람입니다. 사람을 잘못 만나면 10년 동업이 1년 천하로 끝날 수도 있습니다. 그래서 좋은 동료를 찾는 것이 무엇보다 중요합니다. 물론, 좋은 동료를 찾는 일은 쉽지 않죠. 훌륭한 인재를 찾는 일 자체도 어렵지만, 그 인재들을 효과적으로 관리하고 조직 내에서 빛나게 하는 것은 창업자, 즉 대표자의 역할입니다. "구슬이 서 말이라도 꿰어야 보배"라는 속담처럼, 아무리 좋은 인재들이 있어도 그들을 잘 엮어내어 하나의 팀으로 만드는 것은 창업자의 몫입니다. 이러한 점에서 스타트업 대표는 단순한 관리자가 아니라, 인재를 잘 꿰어서 그 가치를 극대화할 수 있는 '리더'가 되어야 합니다.

이 장에서는 스타트업 운영에 필요한 인력 관리와 관련된 내용을 다루었습니다. 근로기준법부터 시작해 임금, 휴가, 해고, 퇴직금까지 실무에서 꼭 알아야 할 중요한 정보들을 담았습니다. 이 책은 한 번 읽고 끝내는 것이 아니라, 필요할 때마다 꺼내어 참고할 수 있도록 항상 가까이 두셨으면 좋겠습니다.

유비가 관우와 장비 같은 뛰어난 동업자들을 만나고, 조운, 마초, 황충 같은 훌륭한 장수들을 모아 나라를 세운 이야기는 마치 하나의 훌륭한 창업 스토리와도 같습니다. 유비는 단순히 재능 있는 사람들을 모으는 데 그치지 않고, 그들의 재능과 특성을 잘 활용해 강력한 팀을 만들어냈습니다. 이는 스타트업에서도 마찬가지입니다. 좋은 동업자와 직원을 찾는 것뿐만 아니라, 그들과 목표를 공유하고 협력하며 함께 성장해 나가는 것이 성공의 열쇠입니다.

스타트업의 아이디어가 **씨앗**이라면, 회사 형태는 그 씨앗을 담는 **화분**이고, 사무실은 그 씨앗이 뿌리내리고 자라는 **토양**입니다. 하지만 아무리 좋은 토양이 있더라도, **경작자**(동업자)와 **영양 공급원**(직원)이 없다면 그 씨앗은 제대로 자라기 어렵습니다. 동업자는 사업의 방향을 결정하는 공동 경작자이고, 직원은 그 씨앗이 건강하게 자랄 수 있도록 물과 햇빛을 제공하는 필수적인 영양 공급원입니다. 유비가 뛰어난 인재들을 모아 나라를 세운 것처럼, 여러분도 좋은 동료와 팀을 통해 사업을 성장시키고 튼튼한 **뿌리**를 내릴 수 있습니다.

성공적인 스타트업을 만들기 위해서는 단순히 인재를 모으는 것만이 아니라, 그들이 능력을 최대한 발휘할 수 있는 환경을 만드는 것이 중요합니다. 이 책에서 배운 지식들을 바탕으로, 팀원들과 함께 협력하고 성장해 나가는 방법을 고민해 보세요. 대표님이 세운 팀이 더 단단해지고, 함께 성장해 나가는 모습을 기대합니다. 그 과정에서 이 책이 여러분의 든든한 가이드가 되기를 바랍니다.

계약의 체결

제5장
계약의 체결

1. 계약서의 중요성
2. 계약을 하면서 생각해볼 것들

1. 계약서의 중요성

　기업을 경영하다 보면 다양한 사람과 관계를 맺게 되고, 사업이 성장함에 따라 여러 **계약**을 맺게 됩니다. 말로만 약속한 내용, 즉 구두계약도 법적으로 효력이 있긴 하지만, 매번 녹음하거나 모든 대화를 기록할 수 없는 노릇이지요. 게다가, 시간이 지나면 사람의 기억은 점차 흐려지기 마련이고, 각자의 입장에서 유리한 쪽으로 기억이 왜곡될 가능성도 큽니다. 따라서 계약의 온전한 내용을 담고 있는 계약서를 작성하는 것은 필수적입니다.

　계약서는 마치 건물의 설계도와 같습니다. 설계도면이 건물의 구조와 기능을 상세하게 보여주듯이, 계약서는 계약 당사자 간의 권리와 의무를 명확하게 규정하여 불필요한 오해와 분쟁을 사전에 방지하는 역할을 합니다. 만약 계약서 없이 사업을 진행한다면, 마치 설계도 없이 건물을 짓는 것과 같이 예측 불가능한 문제들이 발생할 수 있으며, 이는 곧 사업의 실패로 이어질 수 있습니다. 특히, 대규모 사업이나 복잡한 거래의 경우에는 계약서의 중요성이 더욱 부각됩니다. 가령, 투자 계약의 경우, 투자금의 규모, 투자 조건, 지분율 등 중요한 사항들을 계약서에 명시하지 않으면 투자자와의 사이에 불필요한 분쟁이 발생할 수 있습니다. 또한, 기술 이전 계약의 경우, 기술 사용 범위, 로열티 지급 조건 등을 명확하게 규정하지 않으면 지식재산권 침해 문제로 이어질 수 있습니다. 따라서 계약서는 단순한 서류가 아니라, 사업의 성공적인 수행을 위한 필수적인 안전장치라고 할 수 있습니다.

실제 변호사 업무를 하면서 보면 많은 사람들이 구두 계약에 의존하거나, 문서로 된 계약서를 작성하지 않고 사업을 진행하는 경우가 상당히 많습니다. 특히, 한국에서는 '의리'나 '정' 같은 인간관계를 중요시하는 문화가 자리 잡고 있어, 문서화하지 않아도 상대방이 약속을 지킬 것이라고 믿는 경향이 있습니다. 그러나 이런 방법은 당장은 좋은 관계를 유지하는 데 유리하게 작용할 수 있을지 모르나, 장기적으로는 신뢰 관계를 더 해치게 될 수 있습니다. 계약서 없이 구두 약속만으로 사업을 진행하다가 분쟁이 생기면, 그 기억과 해석의 차이로 인해 예기치 않은 법적 문제에 휘말릴 수 있습니다.

계약서 작성은 이러한 불확실성을 줄이고, 계약 당사자 간의 의무와 권리를 명확히 규정하여 서로 간의 신뢰를 강화하는 핵심적인 도구입니다. 구체적인 내용이 문서로 남아 있으면 계약 이행 과정에서 발생할 수 있는 불필요한 오해나 분쟁을 미연에 방지할 수 있습니다. 잘 작성된 계약서는 사소한 논쟁에서부터 큰 법적 다툼까지 분쟁을 해결하는 데 강력한 무기가 됩니다.

예를 들어, 단순한 서비스 제공 계약이라도 이에 따른 책임, 보상, 위약 사항 등이 명확히 문서화되어 있지 않다면, 나중에 어느 한쪽이 예상치 못한 손실을 입었을 때 이를 둘러싸고 분쟁이 발생할 수 있습니다. 이러한 문제를 방지하기 위해 계약의 구체적인 내용과 양 당사자의 합의 사항을 분명하게 기록해 두는 것이 매우 중요합니다.

계약서 작성 시 중요한 포인트는 계약서 내용이 완벽하게 상세하고 명료해야 한다는 점입니다. 계약서의 모든 문항은 불명확한 표현을 지양하고, 추후 분쟁 발생 시 계약서만으로도 문제를 해결할 수 있을 만큼 구체적이어야 합니다. 이런 이유로 계약서를 작성할 때는 전문 변호사나 법률 전문가의 자문을 받는 것이 권장됩니다. 계약서가 단순히 서류를 작성하는 것이 아니라, 사업의 중요한 법적 안전장치 역할을 하며, 사업 운영의 안정성을 더해줄 수 있는 기초가 됩니다. 따라서 계약서를 적절히 작성하고, 잘 보관해두는 것은 기업의 중요한 의무이며, 성공적인 비즈니스를 위한 필수 조건입니다.

우리나라 민법의 3대 원칙 중 하나는 **'사적 자치의 원칙'**입니다(나머지 원칙은 '과실책임의 원칙'과 '소유권 절대의 원칙'입니다만 민법시간이 아니니 여기서는 다루지 않겠습니다). 사적 자치의 원칙은 개인이 법질서의 한계 내에서 자유롭게 자신의 의사에 따라 법률 관계를 형성할 수 있다는 것을 의미합니다. 이 원칙 중에서도 계약에 관한 부분이 바로 '계약 자유의 원칙'입니다. 계약자유의 원칙이란 계약을 체결할 것인지 여부, 체결한다면 어떤 내용으로, 어떤 상대방과, 어떤 방식으로 계약을 체결할지를 당사자 스스로 결정할 수 있는 자유를 말합니다. 또한, 계약을 체결하지 않을 자유도 포함되어 있습니다. 이는 헌법상 보장된 행복추구권과 일반적 행동자유권에서 파생된 권리입니다.[1]

쉽게 말하면, 우리나라에서는 개인이 자유롭게 계약을 체결할 수 있으며, 그 계약이 법을 위반하지 않는다면 계약 내용이 법보다 우선합니다. 계약서가 법적 분쟁에서 중요한 이유도 여기에 있습니다. 법원에서는 인적 증거보다 물적 증거, 즉 계약서 같은 서류를 중시하며 판단하는 경향이 있습니다. 따라서, 계약서는 개인 간 법적 관계를 규정하는 데 있어서 '법과 같다.'고 할 수 있을 만큼 중요합니다.

계약서는 단순한 서류가 아니라, 법적 효력을 갖는 문서이기 때문에 그 형식과 내용에 대해 꼼꼼한 검토가 필요합니다. 특히 계약서에 도장이 찍힌 이후에는 계약 내용을 수정하는 것이 어렵기 때문에, 도장을 찍기 전 계약서를 다시 한 번 꼼꼼하게 검토하고, 중요한 계약의

---

1   헌법재판소 1991. 6. 3. 선고 89헌마204.

경우 법률 전문가의 확인을 받는 것이 안전한 방법입니다.

※ 계약서 작성 시 유의사항

그렇다면 계약서를 작성할 때 유의해야 할 사항에는 어떠한 것들이 있을까요? 물론 계약의 대상과 계약서의 종류에 따라 달라지겠지만, 일반적으로 계약서를 작성할 때에는 다음과 같은 점들을 유의하여 작성하여야만 합니다.

1. **계약 당사자의 명확한 기재**: 계약서에는 계약 당사자의 신원이 명확히 기재되어야 합니다. 이는 각 계약자가 누구인지 명확히 하고, 법적 책임을 누구에게 물을 수 있는지 확인하기 위함입니다. 법인이라면 법인의 정확한 명칭과 등록번호, 사람이라면 주민등록번호나 사업자등록번호, 주소 등을 정확히 기재해야 합니다.

2. **계약의 목적과 대상 명확화**: 계약의 목적과 그 대상이 무엇인지 구체적으로 명시하는 것이 중요합니다. 예를 들어, 물품 공급 계약의 경우, 어떤 물품을 공급하는지, 그 규격이나 수량이 어떻게 되는지를 명확히 적어야 합니다. 계약의 목적이 불분명하면 계약 해석의 여지가 생길 수 있습니다.

3. **기간 및 조건**: 계약이 유효한 기간을 명시하고, 그 기간 동안 이루어져야 할 주요 조건들을 상세히 기술해야 합니다. 특히 계약의 시작과 종료 시점을 명확히 해야 하며, 중간에 계약을 해지하거나 연장할 수 있는 조항도 구체적으로 적어야 합니다.

4. **금전적 거래 및 대금지급 방식**: 계약서에서 중요한 부분 중 하나는 대금과 그 지급 방식입니다. 대금의 액수, 지급 기한, 지급 방식(현금, 은행이체 등) 등을 명확히 해야 하고, 만약 기한 내에 지급이 이루어지지 않을 경우에 대한 패널티나 이자 지급 조건을 설정해 두는 것이 바람직합니다.

5. **계약 불이행 시의 조치**: 계약이 불이행될 경우를 대비하여, 어떤 조치를 취할 것인지 손해배상 조항을 포함해야 합니다. 이 조항

은 분쟁 발생 시 해결의 기준이 됩니다. 따라서 계약이행·불이행의 범위와 그에 따른 불이익은 명확히 규정해야 합니다.

6. **분쟁 해결 조항**: 계약서에 분쟁이 발생할 경우 어느 관할 법원에서 소송이 진행될지 또는 중재를 통해 해결할지를 명시해야 합니다. 분쟁 해결 절차에 대한 사전 규정을 두면, 실제로 분쟁이 발생했을 때 빠르고 효율적인 처리가 가능합니다.

7. **서명 및 날인**: 계약서의 모든 페이지에 계약 당사자들의 서명 또는 날인이 포함되어야 합니다. 이는 계약 당사자가 계약의 모든 내용을 충분히 숙지하고 동의한다는 증거가 됩니다.

8. **특약 사항**: 기본적인 계약 내용 외에도, 당사자 간의 특별한 합의 사항이나 구체적인 요구사항이 있다면 특약 사항으로 별도 명시하는 것이 좋습니다. 특약 사항은 계약서의 본문과 같은 효력을 가지며, 양 당사자가 이를 인정하고 서명해야 합니다.

계약서를 쓸 때 유의할 사항이 몇 가지 있습니다. 첫 번째로, **계약서 초안 작성에 본인이 직접 참여**하는 것이 매우 중요합니다. 이는 계약서 초안을 작성할 때 본인이 원하는 조건을 명확하게 반영하기 위함입니다. 초안 단계에서는 아직 협상이 끝나지 않았기 때문에, 자신에게 유리한 조건을 먼저 제시하는 것이 전략적으로 유리합니다. 계약서를 작성할 때 초안에 참여하지 않고 상대방에게 초안을 맡기면, 상대방에게 유리한 방향으로 작성될 가능성이 높기 때문에 이 부분은 반드시 본인이 직접 챙겨야 합니다. 계약서 초안을 작성하는 것은 계약의 흐름과 방향을 설정하는 매우 중요한 단계이기 때문에, 이 시점부터 계약의 주도권을 잡는 것이 중요합니다.

두 번째로, **계약서 문구는 명확하고 간단하게 작성**해야 합니다. 간혹 법률 용어를 사용해 복잡하게 작성하면 보다 전문적으로 보일 수 있다는 오해를 하기도 합니다. 그러나 계약서의 본질은 서로 간의 약속을 문서로 남겨 분쟁을 예방하는 데에 있습니다. 문구가 애매하거나 복잡할 경우, 오히려 분쟁의 원인이 될 수 있습니다. 예를 들어, "협의할 수 있다."라는 문구보다는 "협의하여야 한다."와 같은 명확한 표현이 바람직합니다. 계약서에 포함되는 내용은 최대한 구체적이어야 하며, 특히 잠재적으로 발생할 수 있는 분쟁을 미리 대비하여 명확하게 작성하는 것이 필요합니다. 협의할 내용이 있다면, 계약 당시에 해결하는 것이 추후 문제를 줄이는 데 효과적입니다.

세 번째로, **계약서 용어는 일관성을 유지**하는 것이 좋습니다. 예를 들어 계약서 내에서 특정 용어가 반복적으로 사용될 경우, 처음에 해당 용어를 정의한 뒤 동일하게 사용하는 것이 혼동을 줄이는 방법입니다. 이를 위해 계약서 초반에 "용어 정의"를 따로 두기도 합니다. 예를 들어, "A건물"을 계약서에서 여러 번 언급해야 한다면, 첫 부분에 "A건물(이하 '본 건물')"로 정의한 후 이후에는 '본 건물'이라고만 쓰면 됩니다. 이는 불필요한 오해를 방지하고, 분쟁 발생 시 명확한 근거로 작용할 수 있습니다.

(예시)

매도인은 매수인에게 서울 강남구 압구정동 A아파트 101동 101호(이하 'A건물'이라 한다)에 관하여 매매대금을 금 1억 원으로 하여 매도한다.

또한, 계약서 도입부에 별도의 장을 만들어 계약서에서 사용될 용어들을 미리 정의하는 것도 좋은 방법입니다. 이를 통해 계약서의 각 항목이 일관성 있게 해석되고, 쌍방이 용어의 의미를 명확히 이해할 수 있습니다.

제2조(용어의 정의) 본 계약서에서 사용되는 용어의 정의는 다음과 같고, 정의되지 않은 용어는 관련법령 및 상관례에 따라 해석한다.

1. '디지털콘텐츠'(이하 '콘텐츠'라 한다)라 함은 부호·문자·음성·음향·이미지 또는 영상 등으로 표현된 자료 또는 정보로서 그 보존 및 이용에 있어서 효용을 높일 수 있도록 전자적 형태로 제작 또는 처리된 것을 말한다.
2. '서비스'라 함은 갑이 온라인상 접속 가능한 단말기를 통하여 이용자에게 콘텐츠를 제공하는 행위를 말한다.
3. '시스템'이라 함은 서비스를 위하여 갑 또는 을에 의해 개발·구축되어 운영하는 것을 말한다.
4. '정보제공료'라 함은 을이 갑에게 콘텐츠를 제공함으로써 취득하는 대가를 말하며, '정보이용료'라 함은 이용자가 콘텐츠를 이용한 대가로서, 갑에게 납부해야 하는 요금을 말한다.
5. '이용자'라 함은 서비스에 가입한 회원 또는 서비스에 가입하지 아니하고 콘텐츠를 이용하는 자를 말한다.
6. '매출액'이라 함은 갑이 이용자에게 청구한 정보이용료 등 을이 제공한 콘텐츠로 인해 발생한 수입의 합계를 말한다.

네 번째로, 계약서에 서명하기 전에 **전문가의 조언**을 받는 것이 매우 중요합니다. 특히 계약 내용이 복잡하거나 금액이 큰 경우, 법률적 문제를 미리 방지하기 위해 변호사나 법률 전문가의 철저한 검토가 필수적입니다. 중요한 계약일수록 내용을 꼼꼼하게 확인하고, 서명 전에 다시 한 번 면밀히 검토하는 습관이 분쟁을 예방하는 데 큰 도움이 됩니다.

마지막으로, **계약서 작성 후 보관**도 매우 중요합니다. 서명된 계약서는 각 당사자가 1부씩 보관하는 것이 원칙이며, 이를 분실하지 않도록 주의해야 합니다. 계약서가 분실되면 법적 증거로서의 효력을 상실할 수 있어, 분쟁 발생 시 불리한 상황에 처할 위험이 있습니다.

이렇듯, 계약서는 단순한 문서가 아니라 **사업의 성공과 안정성**을 좌우할 수 있는 매우 중요한 도구입니다. "구슬이 서 말이어도 꿰어야 보배"라는 말처럼, 아무리 유리한 계약 조건이더라도 이를 적절하게 기록하고 관리하지 않으면 의미가 없습니다. 계약서는 분쟁을 방지하고, **상대방과의 신뢰를 강화**하는 중요한 역할을 하므로, 그 중요성을 반드시 인식해야 합니다. 따라서 계약서를 작성할 때는 신중하게 내용을 검토하고, 체결 후에도 안전하게 **보관**하며, 필요할 때 적절히 **관리**하는 것이 성공적인 비즈니스를 위한 **필수 조건**이라 할 수 있습니다.

2. 계약을 하면서 생각해볼 것들

(1) 전자계약과 디지털 서명의 활용

최근의 스타트업은 비대면 거래나 원격 근무를 활용하는 경우가 많은데, 이러한 환경에서는 서면 계약을 주고받는 것보다 **전자계약**을 하는 것이 훨씬 효율적일 수 있습니다.[2] 전자계약서와 디지털 서명은 대한민국에서 법적인 효력을 인정받고 있고, 물리적인 서류 교환보다 훨씬 빠르고 비용도 절감할 수 있기 때문입니다.[3] 또한, 계약서의 수정, 보완, 서명이 실시간으로 이루어져 계약 체결 과정이 간소화되는 효과도 있습니다.

전자계약은 협업이 필요한 상황에서도 매우 유용합니다. 예를 들어, 스타트업이 글로벌 진출을 계획할 때, 각국의 파트너사와 물리인

---

2 민법은 계약에서 별도의 형식을 요구하지 않고, 당사자 간의 약정(합의)만으로 계약의 성립을 인정하는 낙성 불요식 계약 원칙을 따르고 있습니다. 계약 당사자가 계약 내용에 대해서 동의했다는 사실을 증명할 수 있으면 그 형태가 무엇이든 법적 효력이 인정됩니다. 이러한 원칙은 계약의 유연성을 높여주지만, 동시에 증거가 부족할 경우 분쟁이 발생할 위험도 높아질 수 있다는 의미가 되기 때문에 계약의 합의가 이루어졌다는 증거(전자계약, 서면 계약서 사본, 이메일 기록 등)를 남겨둘 필요가 있습니다.

3 전자문서 및 전자거래 기본법 제4조 제1항: 전자문서는 다른 법률에 특별한 규정이 있는 경우를 제외하고는 전자적 형태로 되어있다는 이유로 법적 효력이 부인되지 아니한다. 전자서명법 제3조 제2항 : 공인전자서명 외의 전자서명은 당사자 간의 약정에 따른 서명, 서명날인 또는 기명날인으로서의 효력을 가진다.

서류를 교환하는 대신 전자 서명을 활용하면, 즉각적으로 계약을 체결하고 수정할 수 있습니다. 이는 글로벌 비즈니스에서 시간과 비용을 절약할 수 있는 큰 장점이 됩니다.

특히 **블록체인 기반 계약 시스템**은 계약의 보안성을 한층 더 강화하는 데 기여합니다. 블록체인 기술을 활용하면 계약서의 위조나 변조가 거의 불가능해지며, 계약 내역이 투명하게 기록되어 변경 위험을 최소화할 수 있습니다. 이는 특히 민감한 사업 데이터를 다루는 스타트업에게 매우 중요한 보안 요소로 작용합니다. 금융, 헬스케어, 기술 기반 스타트업처럼 보안이 중요한 산업의 경우, 블록체인 기반 전자계약 시스템을 도입함으로써 법적 안전성을 확보하고, 사업 신뢰성을 더욱 강화할 수 있습니다.

(2) 계약의 관리

스타트업이 여러 계약을 체결하고 운영하는 과정에서 **계약의 관리**는 필수적입니다. 서비스 제공 계약의 만료일을 놓치면 필요한 서비스를 제대로 제공받지 못해 고객 신뢰에 타격을 줄 수 있습니다. 이를 방지하기 위해 계약 만료일과 갱신 시점을 체계적으로 관리할 시스템을 구축해야 합니다. 특히 구독 서비스를 운영하는 스타트업은 계약이 자동으로 갱신되는지, 아니면 재협상이 필요한지 미리 확인하여 계약 종료나 조건 변경에 대비할 수 있어야 합니다. 또한 계약서 보관과 수정 내역을 철저히 관리하면 불필요한 혼란을 줄일 수 있습니다.

중요한 계약에는 갱신 조항을 포함해 계약을 자동으로 갱신할지 혹은 재협상을 통해 조건을 변경할지를 명확히 설정해 두는 것이 바람직합니다. 특히 투자 계약에서는 추가 자금 투입 시점에 재협상 조항을 마련해 두면, 투자자가 조건을 변경하려 할 때 협상에서 유리한 위치를 유지할 수 있습니다.

(3) 지식재산권 보호와 비밀 유지 계약(NDA)

스타트업은 특히 혁신적 아이디어나 기술을 기반으로 사업을 운영하는 경우가 많습니다. 하지만 이러한 기술이 제대로 보호되지 않으면 경쟁사에 의해 복제되거나 도용될 수 있으며, 이는 사업 전체에 치명적인 영향을 미칠 수 있습니다. 예를 들어, 소프트웨어 개발 스타트업은 계약서에 개발된 소프트웨어의 소유권과 사용권을 명확히 규정해야 합니다. 그렇지 않으면 소프트웨어 개발자나 협력 업체가 소유권을 주장할 수 있으며, 이는 법적 분쟁으로 이어질 수 있습니다.

또한, 스타트업이 외부 파트너나 투자자와 협력할 때는 **비밀 유지 계약서**(NDA)를 반드시 포함해야 합니다. NDA는 회사의 핵심 기술이나 사업 계획, 데이터 등을 보호하는 역할을 하며, 이러한 정보가 외부에 유출될 경우 법적 대응의 근거가 됩니다. 예를 들어, 공동 개발 프로젝트에서 아이디어와 기술을 공유하는 경우, NDA 없이 사업을 진행하면 상대방이 기술을 빼돌리거나 경쟁사에 넘길 위험이 큽니다. 이러한 상황을 방지하기 위해 NDA는 매우 중요한 법적 도구가 됩니다.

특히 스타트업은 직원 채용 시에도 NDA를 활용해야 합니다. 예를 들어, 스타트업에서 일하던 직원이 퇴사 후 경쟁 회사로 이직하여 이전 회사의 기술이나 사업 계획을 유출할 경우, 법적 대응을 하기 어려울 수 있습니다. 하지만 사전에 NDA를 통해 비밀 유지 의무를 명확히 규정해 놓으면, 이러한 문제가 발생했을 때 법적으로 손해배상을 청구할 수 있는 근거를 마련할 수 있습니다.

(4) 국제 계약과 준거법, 관할

스타트업이 글로벌 시장을 목표로 하는 경우, 국제 계약에서 발생할 수 있는 법적 이슈는 예상보다 복잡할 수 있습니다. 나라마다 법적 시스템과 규제가 다르기 때문에, 계약서에 미리 **준거법**과 **관할권**을 명시해 놓아야 합니다. 예를 들어, 스타트업이 글로벌 소프트웨어 배포

계약을 체결할 때, 어느 국가의 법을 따를 것인지와 분쟁 발생 시 어느 법원의 관할을 따를 것인지를 미리 설정하지 않으면, 이후 분쟁이 발생했을 때 큰 곤란에 빠질 수 있습니다.

가. 준거법

준거법은 계약에서 분쟁이 발생했을 때 적용될 법률을 의미합니다. 다시 말해, 계약 당사자들이 어느 국가의 법을 따를 것인지 미리 정해 두는 것입니다. 예를 들어, 스타트업이 한국에 본사를 두고 있지만 미국, 유럽 등의 여러 국가에서 소프트웨어를 배포하려 한다면, 계약 당사자들은 계약서에서 어느 나라의 법을 기준으로 분쟁을 해결할지를 명시해야 합니다. 각국의 법적 규제가 상이하기 때문에, 준거법을 명확히 하지 않으면 분쟁 발생 시 어떤 법을 기준으로 계약 내용을 해석할지에 대한 혼란이 생길 수 있습니다.

예를 들어, 한국과 미국 간에 체결한 계약에서 양측이 한국법을 준거법으로 설정했다면, 그 계약과 관련된 분쟁은 한국의 법률에 따라 해결됩니다. 반대로, 미국법을 준거법으로 설정했다면 미국 법률에 따라 계약 해석과 분쟁이 처리됩니다. 준거법을 명확히 지정하지 않으면, 각국 법률의 차이로 인해 법적 분쟁에서 혼선이 생길 수 있으며, 계약 당사자 간의 입장 차이를 조정하기 어려워집니다.

나. 관할권

관할권은 분쟁이 발생했을 때 어느 나라의 법원이 사건을 다룰지를 결정하는 것입니다. 계약서에 관할권을 명시해 두지 않으면, 분쟁이 발생했을 때 어느 국가의 법원에서 소송을 제기할지에 대한 문제가 발생할 수 있습니다. 특히 여러 나라에서 사업을 운영하는 스타트업은, 각국의 법원에서 소송을 제기할 수 있는 가능성이 열려 있기 때문에 관할권을 명확히 설정해야 분쟁 발생 시 법적 절차를 신속하게 진행할 수 있습니다.

예를 들어, 한국의 스타트업이 미국 기업과 계약을 체결하고 한국 법원을 관할 법원으로 지정해 놓았다면, 분쟁이 발생했을 때 미국 기업은 한국 법원에서 소송 절차를 진행해야 합니다. 반대로, 관할 법원을 미국으로 설정했다면, 한국 스타트업은 미국 법원에서 소송 절차를 진행해야 합니다. 각국의 법원은 법적 절차, 소송 비용, 소송 기간 등이 다르기 때문에, 스타트업은 자신에게 유리한 관할 법원을 사전에 지정하는 것이 필수적입니다.

특히, 국제 거래의 경우 중재 조항을 두어 법원이 아닌 중재기관을 통해 분쟁을 해결하도록 할 수도 있습니다. 중재는 법원 소송보다 더 빠르고 비용이 적게 들며, 당사자 간의 신속한 분쟁 해결을 돕는 장점이 있습니다. 따라서 스타트업은 중재 조항을 통해 분쟁을 비공식적으로 해결할 방법을 고려하는 것도 좋은 전략입니다.

각국의 문화적 차이도 계약서 작성 과정에서 매우 중요한 요소로 작용합니다. 한국과 미국 간의 계약서 작성 방식은 크게 다를 수 있으며, 동일한 문구도 각국의 법 해석 방식에 따라 다른 결론을 가져올 수 있습니다. 이러한 차이를 무시하고 계약서를 작성하면, 법적 분쟁이 발생했을 때 예상치 못한 문제가 발생할 수 있습니다.

제 생각엔 한국에서는 계약서가 상대적으로 직접적이고 명확한 표현을 사용하는 경향이 있지만, 미국 계약서의 경우 법적 보호를 강화하기 위해 보다 세부적이고 복잡한 문구를 사용하는 경우가 많습니다. 예를 들어, "합리적으로 노력한다."라는 문구는 한국에서는 비교적 명확하게 받아들여질 수 있지만, 미국에서는 "합리적"이라는 표현 자체가 법적 해석에 따라 다르게 적용될 수 있습니다. 이처럼 단어 선택과 문장 구조에 있어 두 나라의 법률 체계와 관습이 다르기 때문에, 스타트업이 다국적 계약을 체결할 때는 각국의 법적 관습과 문화적 차이를 충분히 고려해야 합니다.

따라서 이러한 문제를 방지하기 위해 전문 번역가와 현지 법률 전문가의 도움을 받아 계약서를 작성하는 것이 바람직합니다. 특히 다국적 계약에서 언어의 미묘한 차이가 법적 해석에 큰 영향을 미칠 수 있기 때문에, 단순한 번역 이상의 법적 정확성이 요구됩니다. 번역 과정에서 잘못된 표현이나 모호한 용어가 포함되면, 법적 분쟁 시 큰 혼란을 야기할 수 있습니다.

또한, 다국적 계약서에서는 용어 정의를 명확히 하는 것이 중요합니다. 계약서에서 반복적으로 사용될 용어는 처음에 그 의미를 정확히 정의한 후, 일관되게 사용하는 것이 혼란을 줄이는 데 도움이 됩니다. 예를 들어, "서비스"라는 용어를 계약서에서 반복적으로 사용할 경우, 처음에 그 의미를 정의한 후 동일한 의미로 일관되게 사용해야 합니다. 이렇게 하면 계약 당사자 간에 용어에 대한 해석 차이가 발생하지 않으며, 계약 내용을 명확하게 전달할 수 있습니다.

(5) 투자 계약과 기업 인수합병(M&A)

스타트업이 성장하며 **투자 유치**나 기업 인수합병(M&A)과 같은 과정을 겪을 때, 계약서 작성은 사업의 생존과 직결되는 중요한 문제입니다. 예를 들어, **투자 계약서**에는 투자자의 의결권, 지분 비율, 자금 회수 조건 등을 명확히 규정해야 합니다. 이를 명확히 하지 않으면 투자자가 지나치게 경영권에 개입하거나 창업자가 경영권을 잃을 위험이 있습니다.

또한, 스타트업이 M&A의 대상이 될 경우에는 **기업 자산의 이전, 고용 승계, 합병 조건** 등을 계약서에 명확히 규정해야 합니다. 예를 들어, 스타트업이 경쟁사에 인수되는 경우, 기존 직원들의 고용 승계 조건이 불명확하면 직원들이 대거 퇴사할 수 있으며, 이는 사업 연속성에 큰 위험이 될 수 있습니다. 따라서, M&A 계약서 작성 시에는 법적 문제를 철저히 검토하고, 전문 변호사의 자문을 받는 것이 필수적입니다.

(6) 위약금과 손해배상 조항의 명확화

계약이 체결된 이후, 예기치 못한 사정으로 계약이 이행되지 않을 가능성은 언제나 존재합니다. 이럴 때를 대비하여 위약금이나 손해배상 조항을 명확히 설정하는 것이 매우 중요합니다. 예를 들어, 상품 공급 계약에서 공급자가 기한 내에 물품을 전달하지 못했을 경우, 지체보상금을 설정해놓으면 그 손해를 보상받을 수 있습니다.

또한, 서비스 제공 계약에서 서비스가 불완전하게 제공되거나 기한 내에 완료되지 않았을 경우, 이에 따른 손해를 청구할 수 있는 법적 근거를 마련해 놓으면, 이후 분쟁에서 손해배상을 청구하기가 훨씬 수월해집니다. 이러한 조항은 분쟁 발생 시 대응할 수 있는 확실한 법적 근거가 되어, 스타트업이 불리한 위치에 처하는 것을 방지합니다.

(7) 계약서 수정 및 변경

계약이 체결된 이후에도 사업 환경이나 조건이 변할 수 있기 때문에, 계약서 수정과 변경 절차는 매우 중요합니다. 계약서 수정은 단순히 조건을 바꾸는 것이 아니라, 새로운 합의 사항을 정확히 문서로 남기는 절차입니다. 일반적으로 계약서의 특정 조항을 수정하거나 추가할 때는 **부속합의서**(Amendment)를 작성하여 기존 계약서와 동일한 법적 효력을 가질 수 있도록 해야 합니다. 이때 모든 당사자의 서명과 날인이 필요하며, 이는 수정된 내용이 정식으로 채택되었음을 법적으로 증명합니다.

계약서를 수정할 때는 구체적인 절차도 중요합니다. 예를 들어, 계약서에서 수정이 필요한 경우, 이를 서면으로 통보하고, 수정할 항목에 대해 상호 협의를 통해 합의된 내용을 기록하는 방식입니다. 이렇게 계약의 변경이 정식 절차에 따라 이루어져야 향후 불필요한 분쟁을 방지할 수 있으며, 수정된 계약이 원래 계약과 동일한 효력을 가지게 됩니다.

(8) 계약의 해제, 해지 및 종료 조항

계약서 작성 시에는 계약 **해제, 해지**와 **종료**에 대한 조건을 명확히 규정해야 합니다. 이는 계약이 어떤 상황에서, 어떤 조건으로 종료될 수 있는지를 명시하는 부분으로, 계약 당사자들이 예상하지 못한 상황에서 계약 관계가 끝날 경우에 대비할 수 있게 합니다. 특히, 계약 해지로 인한 손해배상이나 위약금 조항을 포함시켜, 불이행으로 인한 피해를 최소화할 수 있는 장치를 마련하는 것이 중요합니다.

해지와 **해제**는 모두 계약을 종료시키는 방법이지만, 그 의미와 효과는 다릅니다. **해지**는 계약을 장래에 향해 소멸시키는 것으로, 해지 이전에 발생한 권리나 의무는 여전히 유효합니다. 예를 들어, 임대차 계약에서 해지가 발생하면, 해지 후 새로운 의무는 생기지 않지만, 이미 이루어진 의무는 여전히 남아 있습니다. 반면, **해제**는 계약을 소급적으로 무효화하는 것으로, 계약 체결 이후의 모든 권리와 의무가 소멸됩니다. 따라서 해제가 발생하면 원상회복, 즉 계약에 따라 제공된 것들을 돌려주어야 할 의무가 생깁니다. 주로 매매 계약과 같은 일회성 거래에서 사용되며, 계약 목적이 달성되지 않거나 위반이 있을 때 적용됩니다.

또한, **자동 종료 조항**도 유용한데, 이는 특정 조건이 충족되지 않으면 계약이 자동으로 종료될 수 있도록 설정하는 것입니다. 예를 들어, 특정 서비스가 기한 내에 제공되지 않거나 사업 상황이 변해 더 이상 계약을 유지할 필요가 없을 경우, 계약을 종료할 수 있는 조건을 설정해 두면 당사자 간의 예기치 않은 분쟁을 방지할 수 있습니다.

(9) 비밀 유지 및 경쟁 금지 조항

비밀 유지 조항(Confidentiality Clause)은 스타트업이 사업을 운영할 때 매우 중요한 역할을 합니다. 이는 계약 당사자 간에 민감한 정보를 보호하고, 제3자에게 유출되지 않도록 하는 약속을 문서화한 것입니다. 특히 기술 기반의 스타트업이거나 새로운 비즈니스 모델을 개발하는 과정에서 외부 파트너와 계약할 경우, 중요한 정보가 외부로 유출되는 것을 방지하기 위해 비밀 유지 조항을 반드시 포함해야 합니다.

또한, **경쟁 금지 조항**(Non-Compete Clause)은 계약 당사자 간에 계약 기간 중 또는 계약 종료 후 일정 기간 동안 **직접적인 경쟁** 활동을 금지하는 약속입니다. 이는 특히 스타트업의 핵심 인력이 퇴사 후 경쟁사로 이직하거나, 계약 파트너가 동일한 비즈니스 모델을 사용해 경쟁하는 상황을 방지하는 데 도움이 됩니다. 이러한 조항을 계약서에 명시하면, 스타트업이 민감한 기술과 사업 정보를 더 안전하게 보호할 수 있습니다.

(10) 불가항력 조항(Force Majeure)

불가항력 조항은 계약 당사자가 통제할 수 없는 상황, 즉 자연재해, 전쟁, 전염병과 같은 예기치 못한 사건이 발생하여 계약 의무를 이행할 수 없게 될 경우, 그 책임을 면제받을 수 있는 조항입니다. 예를 들어, 최근 코로나19 사태로 인해 많은 사업들이 일정에 차질을 빚거나 계약을 이행하지 못하는 상황이 발생했을 때, 불가항력 조항이 포함된 계약서는 이러한 상황에 대해 책임을 묻지 않도록 보호해줍니다.

이 조항은 계약 이행이 불가능해질 때, 당사자가 의무를 면제받는 기준을 설정함으로써 분쟁을 예방하고, 불가피한 상황에서 사업의 연속성을 유지하는 데 중요한 역할을 합니다. 계약서에 불가항력 조항이 포함되어 있으면, 예기치 못한 상황에서도 각 당사자는 책임으로부터 벗어나 사업의 손실을 최소화할 수 있습니다.

(11) 통지 조항(Notice Clause)

통지 조항은 계약에서 중요한 사안이나 변경사항을 통지해야 할 때, 그 절차와 방식을 규정한 조항입니다. 예를 들어, 계약 해지, 변경,

갱신 혹은 불이행 통보 등의 중요한 내용이 발생할 경우, 계약 당사자 간에 이를 어떻게 알릴지에 대한 명확한 규정을 두는 것이 필요합니다.

통지 조항에서 다루어야 할 주요 요소는 다음과 같습니다.

- **통지 방식**: 계약서에서 어떤 방식으로 통지를 할 것인지를 명확히 해야 합니다. 일반적으로 통지는 서면을 통해 이루어지며, 우편, 이메일 또는 기타 전자적 수단이 사용될 수 있습니다. 최근에는 이메일이나 전자문서를 통한 통지가 점점 더 일반화되고 있습니다. 그러나 이메일로 통지할 경우에도 법적 효력을 인정받기 위해서는 수신 확인을 받는 등의 절차를 명시하는 것이 좋습니다.

- **통지의 수신자**: 누구에게 통지해야 하는지도 명확히 규정해야 합니다. 예를 들어, 계약서에서는 각 당사자의 대표자 또는 지정된 특정 인물에게 통지를 해야 한다고 명시할 수 있습니다. 또한, 각 당사자가 통지를 받을 수 있는 주소, 이메일, 연락처를 명확히 기재하는 것도 필요합니다. 만약 통지 수신자가 변경되면 즉시 상대방에게 이를 알려야 한다는 규정도 포함될 수 있습니다.

- **통지 시점**: 통지가 언제 효력을 발생하는지도 중요한 요소입니다. 일반적으로 우편을 통한 통지는 발송일로부터 며칠 후에, 이메일을 통한 통지는 발송 즉시 효력이 발생하도록 명시하는 경우가 많습니다. 예를 들어, "통지는 이메일 발송 시점부터 효력을 발생한다." 또는 "등기 우편 발송 후 3일 이내에 효력이 발생한다."라는 식으로 통지의 효력 발생 시점을 규정해야 합니다.

- **특정 상황에서의 통지 의무**: 계약서에 명시된 특정 상황, 예를 들어 계약 해지, 계약 변경, 위약금 청구 등에서 반드시 통지 의무를 다하도록 명시할 수 있습니다. 이는 상대방이 알지 못한 상태에서 중요한 결정이 이루어지는 것을 방지하고, 투명한 의사소통을 보장하기 위함입니다. 예를 들어, 계약을 해지하려면 서면으로 통지해야 하며, 통지는 계약 종료일로부터 최소 30일 전에 발송되어야 한다는 규정을 포함할 수 있습니다.

이렇게 미리 통지의 방법과 기한을 정해 두면, 향후 분쟁 발생 시 대응하기가 훨씬 수월해집니다.

제 XX조(통지)

1. 본 계약과 관련한 모든 통지는 서면으로 이루어지며, 등기우편, 이메일 또는 기타 전자적 수단을 통해 발송된다.
2. 통지는 각 당사자가 계약서에 기재한 주소 또는 이메일 주소로 발송되어야 하며, 이메일을 통한 통지는 수신 확인이 완료된 시점에 효력이 발생한다.
3. 등기우편을 통한 통지는 발송 후 3일 이내에 수신된 것으로 간주되며, 주소 또는 연락처 변경 시 상대방에게 즉시 서면 통지해야 한다.
4. 계약 해지, 변경, 갱신 또는 기타 중요한 사안에 대한 통지는 최소 30일 전에 서면으로 이루어져야 한다.

사업 공간 마련하기

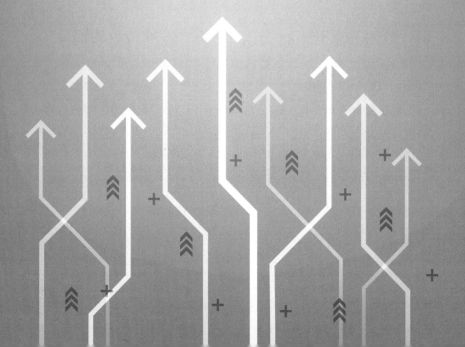

사업 공간 마련하기

1. 일할 장소를 마련하기에 앞서
2. 관련 사례와 몇 가지 팁
3. 자금이 부족한 스타트업을 위한 공간 확보 전략
4. 사무실을 구하고

1. 일할 장소를 마련하기에 앞서

　사업을 시작할 때 가장 먼저 고려해야 할 요소 중 하나는 **사무실 공간의 마련**입니다. 사무실은 단순한 일터 이상의 의미를 가집니다. 직원들이 함께 모여 일하며 창의성을 발휘하고, 고객과의 신뢰를 쌓는 공간이기 때문에, 적절한 사무실을 찾는 것은 스타트업에게 매우 중요한 문제입니다. 특히, 서울과 같은 대도시에서 사무실을 임대하는 것은 위치와 비용 측면에서 신중한 접근이 필요합니다. 많은 스타트업이 초기 비용 부담을 줄이기 위해 공유 오피스나 임대차 계약을 통해 사무실을 확보하는 전략을 택하고 있으며, 이에 따라 사무실 임대의 조건과 절차를 제대로 이해하는 것이 필수적입니다. 이번 장에서는 전세와 임대차를 포함한 다양한 사무실 계약 방식과 그에 따른 고려 사항에 대해 다루어 보겠습니다.

　사업을 시작하면 자주 마주하게 되는 문제가 계약이고, 여러 종류의 계약이 존재하지만, 그중에서도 특히 고민하게 되는 것은 사무공간에 관한 계약입니다. 일을 할 수 있는 사무실을 구하는 것은 생각만큼 쉬운 일이 아닙니다. 특히 사무공간을 마련할 때는 임대차 계약 등 별도의 계약을 체결해야 한다는 점에서, 이와 관련된 사항을 구체적으로 설명해 보려 합니다.

사업 초기에는 비용 중 가장 큰 비중을 차지하는 것이 사무실 임대료와 인건비입니다. 특히 서울에서 역세권에 사무실을 마련하는 데는 상당한 비용이 듭니다. 최근 구직자들 또한 출퇴근의 편리성을 중시하기 때문에, 역세권에 위치한 좋은 사무실에서 사업을 시작하는 것이 중요할 때가 많습니다. 이에 따라 여러 명이 함께 사용하는 공유 오피스를 선택하는 스타트업도 점점 늘고 있습니다.

사무공간 문제는 많은 스타트업이 직면하는 어려움이지만, 이를 쉽게 해결할 수 있는 방법도 있습니다. 그중 하나는 정부 지원 과제를 활용하는 것입니다. 정부는 다양한 지원 프로그램을 운영하며, 그중 일부는 영세 스타트업에게 사무공간을 제공하는 과제도 포함됩니다. 특정 정부 사업에 선정되면 일정 기간 동안 매우 저렴한 비용으로 사무공간을 사용할 수 있어, 초기 자본이 부족한 스타트업에게 큰 도움이 됩니다. 예를 들어, 4명이 근무할 수 있는 공간을 월 5만 원 정도에 제공하는 경우도 있습니다. 물론, 위치가 좋은 사무공간의 경우 경쟁이 치열할 수 있지만, 모든 과제가 그런 것은 아닙니다. 경쟁률이 낮으면서도 좋은 조건을 제공하는 과제를 찾아 적극적으로 지원하는 것이 유리합니다.

정부 지원 과제를 통해 사무공간을 확보하는 경우, 계약 절차는 상대적으로 간소합니다. 대부분의 계약 과정을 정부가 처리해 주기 때문입니다. 하지만 정부 지원을 받지 못하고 일반 임대차 계약을 통해 사무실을 구해야 할 때는 절차와 조건을 꼼꼼히 따져봐야 합니다. 특히 선순위 근저당권이나 가처분 같은 법적 문제를 확인하는 것이 중요합니다.

사무실을 구하는 과정은 일반적인 부동산 거래와 유사합니다. 주택을 임차할 때처럼, 사무실 후보지를 정한 후 부동산의 등기부등본을 확인하는 것이 가장 우선입니다. 등기부등본은 부동산의 법적 상태를 확인할 수 있는 중요한 문서로, 소유권, 근저당 설정 여부, 가처분, 소유권 이전 청구권 등 다양한 권리관계가 기록되어 있습니다. 이를 통해 부동산의 실제 소유자와 계약 상대방이 일치하는지, 법적 분쟁에 얽혀 있지 않은지를 확인할 수 있습니다.

근저당은 부동산 소유자가 대출을 받을 때, 해당 부동산을 담보로 금융기관에 설정해 주는 권리입니다. 예를 들어, 부동산 시세가 1억 원인데 8천만 원의 근저당이 설정되어 있다면, 임대인이 재정적으로 어려워져 해당 부동산이 경매에 넘어갈 경우 임차인은 보증금을 돌려받지 못할 위험이 큽니다. 이러한 위험을 방지하려면, 선순위 근저당이 설정된 부동산을 임차할 때 신중하게 접근해야 합니다.

가처분은 소유권이나 점유권에 대한 분쟁이 있을 때 법원이 해당 부동산의 처분을 일시적으로 금지하는 조치입니다. 만약 가처분이 걸린 부동산을 임차하게 되면, 임차인이 그 부동산을 자유롭게 사용할 수 없거나 나중에 분쟁에 휘말릴 수 있습니다. 따라서 계약 전에 반드시 등기부등본을 통해 가처분이 설정되어 있는지 확인하고, 위험 요소를 제거한 후에 임대차 계약을 체결해야 합니다.

계약을 진행하기 전에 반드시 임대인이 등기부등본상의 소유자와 동일한지 확인해야 합니다. 만약 계약 상대방이 소유자가 아니라면, 보증금을 지급하고도 사무실을 사용할 수 없는 상황이 발생할 수 있습니다. 보증금 지급 절차도 매우 중요합니다. 보증금은 반드시 계약서에 명시된 임대인의 명의로 된 계좌에 입금하는 것이 안전합니다. 간혹 다른 명의의 계좌가 계약서에 기재되는 경우가 있는데, 이를 확인 없이 입금하면 추후에 분쟁에 휘말릴 수 있습니다.

결국, 사무공간을 구하는 과정에서 가장 중요한 것은 기초적인 사항을 꼼꼼히 확인하고 신중하게 접근하는 것입니다. 등기부등본 확인, 보증금 입금 계좌의 일치 여부, 선순위 근저당 여부 등을 철저히 확인해야 합니다. 특히 스타트업의 경우 보증금은 큰 자산이기 때문에 이를 보호하지 못하면 큰 경제적 타격을 입을 수 있습니다.

(1) 대항력?

부동산 임대차를 규율하는 법은 주택임대차보호법이지만, 사무공간의 경우에는 **상가건물임대차보호법**이 적용됩니다. 다만, 상가건물임대차보호법의 모든 조항이 모든 상가 임대차에 일률적으로 적용되는 것은 아닙니다. 일부 조항은 임대인의 권리를 제한하거나 임차인의 권리를 과도하게 보호할 수 있기 때문에, 특정한 경우에만 적용됩니다. 따라서, 우선 내가 하려는 상가 임대차가 상가건물임대차보호법의 적용 대상인지 확인하는 것이 중요합니다. 이 법의 적용 여부는 보증금, 임대료, 건물의 용도 등 다양한 조건에 따라 달라질 수 있으므로, 사무실 임대 계약을 체결하기 전 이러한 법적 요건을 철저히 검토해야 합니다.

특히 주의해야 할 점은 **상가임대차보증금**과 월세 금액에 따라 상가건물임대차보호법의 일부 조항이 적용되지 않을 수 있다는 것입니다. 이는 상가건물임대차보호법 제2조에 규정되어 있으며, **대통령령으로 정한 일정 금액 이상**의 임대차는 해당 법의 적용을 받지 않습니다. 이는 고액의 상가 임대차에서는 임차인을 영세한 약자로 보지 않기 때문에, 법에서 특별히 보호하지 않는다는 의미입니다. 상가건물임대차보호법은 기본적으로 **영세 임차인**을 보호하기 위해 제정된 법입니다. 따라서 임차인이 법의 보호를 받기 위해서는 임대차 계약을 체결할 때 보증금과 월세가 법에서 정한 한도 내에 있는지를 확인해야 합니다. 이러한 법적 기준을 잘 이해하고 계약을 진행해야, 추후 임대차 관계에서 발생할 수 있는 문제를 예방할 수 있습니다.

자신이 얻으려는 상가가 상가건물임대차보호법의 적용 대상이 되는지 확인하는 방법은 비교적 간단합니다. 상가건물임대차보호법 시행령 제2조를 볼까요?

> **〈상가건물임대차보호법 시행령〉**
>
> **제2조(적용범위)** ① 「상가건물 임대차보호법」(이하 "법"이라 한다) 제2조제1항 단서
> 에서 "대통령령으로 정하는 보증금액"이란 다음 각 호의 구분에 의한 금액을 말한다.
> 1. 서울특별시 : 9억원
> 2. 「수도권정비계획법」에 따른 과밀억제권역(서울특별시는 제외한다) 및 부산광역시:
>   6억9천만원
> 3. 광역시(「수도권정비계획법」에 따른 과밀억제권역에 포함된 지역과 군지역, 부산광
>   역시는 제외한다), 세종특별자치시, 파주시, 화성시, 안산시, 용인시, 김포시 및 광
>   주시: 5억4천만원
> 4. 그 밖의 지역 : 3억7천만원
> ② 법 제2조제2항의 규정에 의하여 보증금외에 차임이 있는 경우의 차임액은 월 단위
> 의 차임액으로 한다.
> ③ 법 제2조제2항에서 "대통령령으로 정하는 비율"이라 함은 1분의 100을 말한다.

예를 들어, 상가건물임대차보호법 시행령에 따르면, 서울특별시의 경우 보증금액 기준은 **9억 원**으로 정해져 있습니다. 이 기준을 넘는 경우에는 상가건물임대차보호법이 적용되지 않습니다. 그렇다면 월세가 있는 임대차의 경우 보증금액은 어떻게 계산할까요? 시행령 제2조 제3항에 따르면, **월세에 100을 곱한 금액**을 보증금에 더해 계산하면 됩니다.

예를 들어, 보증금이 1억 원이고 월세가 100만 원인 상가를 서울에서 임차하는 경우, 계산식은 다음과 같습니다.

보증금 총액 = 1억 원 + (100만 원 × 100) = 2억 원

이 경우 보증금 총액이 9억 원을 넘지 않으므로, 상가건물임대차보호법이 적용됩니다.

또, 많은 분들이 상가건물임대차보호법이 대항력을 갖춘 상가 임대차에만 적용되는지 헷갈려 하십니다. 결론부터 말씀드리면, 모든 상가 임대차는 보증금액 총액 조건만 충족하면, 대항력이 필요한 제3조 (대항력), 제5조(우선변제권), 제14조(소액보증금 우선변제권) 규정을 제외

한 모든 규정이 적용됩니다. 즉, 상가 임차인이 사업자등록을 하지 않아 대항력을 갖추지 못하였더라도, 임대차 기간, 계약의 갱신, 차임에 관한 규정 등은 모두 적용되므로 상가건물임대차보호법의 보호를 받을 수 있습니다. 사업자등록을 하지 않은 상태에서도 법적 보호를 받을 수 있다는 점을 반드시 유념해야 합니다.

> **〈상가건물임대차보호법〉**
>
> **제2조(적용범위)** ① 이 법은 상가건물(제3조제1항에 따른 사업자등록의 대상이 되는 건물을 말한다)의 임대차(임대차 목적물의 주된 부분을 영업용으로 사용하는 경우를 포함한다)에 대하여 적용한다. 다만, 제14조의2에 따른 상가건물임대차위원회의 심의를 거쳐 대통령령으로 정하는 보증금액을 초과하는 임대차에 대하여는 그러하지 아니하다.
>
> ② 제1항 단서에 따른 보증금액을 정할 때에는 해당 지역의 경제 여건 및 임대차 목적물의 규모 등을 고려하여 지역별로 구분하여 규정하되, 보증금 외에 차임이 있는 경우에는 그 차임액에 「은행법」에 따른 은행의 대출금리 등을 고려하여 대통령령으로 정하는 비율을 곱하여 환산한 금액을 포함하여야 한다.
>
> **제3조(대항력 등)** ① 임대차는 그 등기가 없는 경우에도 임차인이 건물의 인도와 「부가가치세법」 제8조, 「소득세법」 제168조 또는 「법인세법」 제111조에 따른 사업자등록을 신청하면 그 다음 날부터 제3자에 대하여 효력이 생긴다.
>
> ② 임차건물의 양수인(그 밖에 임대할 권리를 승계한 자를 포함한다)은 임대인의 지위를 승계한 것으로 본다.

계속해서, 우리가 살펴볼 **대항력**에 대해 설명하겠습니다. 이는 상가건물임대차보호법 제3조에서 규정하고 있습니다. 제3조 제1항에 따르면, "건물의 인도와 사업자등록을 신청하면 그 다음 날부터 제3자에 대하여 효력이 생긴다."라고 명시되어 있습니다. 사실 대항력이라는 것은 원래 없던 권리입니다. 이것이 무슨 뜻이냐면, 채권채무 관계는 원칙적으로 당사자 간에서만 효력을 가지며, 제3자에게는 주장할 수 없다는 것입니다. 예를 들어, 내가 A에게 돈을 빌렸다고 해서 관계없는 B에게 돈을 갚으라고 요구할 수 없는 것처럼, 제3자는 당사자 간의 계약에 대해 알 수 없으므로 그 권리를 주장할 수 없습니다.

임대차 관계 역시 채권채무관계의 일종입니다. 임차인은 임대인에게 돈을 지급하고, 그 대가로 임대인은 공간을 제공합니다. 따라서 임차인은 임대인이 계약을 이행하지 않을 경우 공간을 사용할 수 있도록 해달라고 요구할 권리가 있으며, 계약 만료 후에는 보증금을 돌려받고 공간을 비워줄 권리를 주장할 수 있습니다. 이와 같은 임대차 계약에서, 임차인은 돈을 지급할 의무를 이행한 만큼, 임대인으로부터 정당한 대가를 받을 권리가 생기며, 이를 통해 임대차 관계에서의 권리와 의무가 상호 성립합니다.

그러나 상가건물임대차보호법 제3조에 따라 대항력을 갖추게 되면, 임차인은 그 권리를 임대인뿐만 아니라 제3자에게도 주장할 수 있는 권리를 얻게 됩니다. 본래 계약 당사자 간의 내용은 제3자에게 적용되지 않지만, 법에서 정한 요건을 충족하면 그 권리를 제3자에게까지 주장할 수 있게 되는 것입니다.

대항력을 얻기 위한 요건은 **건물의 인도와 사업자등록**입니다(상가건물임대차보호법 제3조 제1항). 그러나 이 두 가지 요건을 갖췄다고 해서 무조건 대항력을 취득했다고 단정할 수는 없습니다. 등기부등본을 꼼꼼히 살펴보고 선순위 근저당이 있는지 확인하는 것이 중요합니다. 만약 선순위 근저당이 이미 설정되어 있다면, 내가 대항력을 갖추기 전에 그 근저당이 먼저 효력을 갖습니다. 이 경우, 해당 사무실이 경매로 넘어가면 임차인은 대항력을 주장할 수 없게 됩니다. 따라서 선순위 근저당이 있는 사무실을 임차할 때는 더욱 신중하게 계약을 체결해야 하며, 이를 사전에 확인하지 않으면 보증금을 돌려받지 못할 위험이 있습니다.

상가건물임대차보호법 제3조 제1항에서는 "대항력 요건을 갖추면 그 다음 날부터 제3자에 대하여 효력이 생긴다."라고 규정하고 있습니다. 여기서 중요한 점은 **대항력은 요건을 갖춘 다음 날부터** 효력이 발생한다는 것입니다. 그렇다면, 만약 근저당권 설정 서류가 접수된 날에 임차인이 건물을 인도받고 사업자등록을 신청했다면, 어떤 결과가 나올까요?

　이러한 경우, 근저당권이 먼저 설정된 것이므로, 임차인은 대항력을 주장할 수 없습니다. 근저당권은 접수된 날짜부터 효력이 발생하는 반면, 대항력은 사업자등록을 신청한 다음 날부터 효력이 생기기 때문입니다. 따라서, 근저당권이 먼저 설정된 경우에는 임차인이 대항력을 갖추었더라도 근저당권자에 대해 대항력을 주장할 수 없게 됩니다. 이와 같은 상황은 현실에서 드문 일이지만, 때때로 사기성 임대차에서 발생할 수 있는 문제입니다. 이러한 이유로, 계약 직전에 반드시 등기부등본을 확인하여 근저당권 설정 여부를 파악하는 것이 매우 중요합니다.

　대항력과 우선변제권은 개념이 다릅니다. 대항력은 자신의 권리를 계약 관계가 없는 제3자에게도 주장할 수 있는 권리를 의미합니다. 즉, 임대차 계약이 임대인과 임차인 사이에서만 효력을 가지는 것이 아니라, 제3자에게도 그 권리를 주장할 수 있게 해주는 것입니다.

　반면, **우선변제권**은 대항력에 확정일자까지 갖춘 경우에 발생하는 권리로, 후순위 권리자보다 임차인이 보증금을 먼저 받을 수 있는 권리를 말합니다. 이는 건물이 경매나 공매로 넘어갔을 때, 임차인이 선순위 권리자보다 우선적으로 보증금을 회수할 수 있는 권리입니다. 즉, 대항력은 임차인이 제3자에게 임대차 계약을 주장할 수 있게 해주는 기본적인 권리라면, 우선변제권은 보증금을 보호하기 위한 추가적인 권리입니다. 따라서 임차인은 대항력을 갖추는 것만으로도 제3자에게 임대차 계약을 주장할 수 있지만, 보증금을 안전하게 회수하기 위해서는 확정일자를 받아 우선변제권을 확보하는 것이 매우 중요합니다.

〈상가건물임대차보호법〉

제4조(확정일자 부여 및 임대차정보의 제공 등) ① 제5조제2항의 확정일자는 상가건물의 소재지 관할 세무서장이 부여한다.

제5조(보증금의 회수) ② 제3조제1항의 대항요건을 갖추고 관할 세무서장으로부터 임대차계약서상의 확정일자를 받은 임차인은 「민사집행법」에 따른 경매 또는 「국세징

임대차계약서상의 확정일자를 받은 임차인은 「민사집행법」에 따른 경매 또는 「국세징수법」에 따른 공매 시 임차건물(임대인 소유의 대지를 포함한다)의 환가대금에서 후순위권리자나 그 밖의 채권자보다 우선하여 보증금을 변제받을 권리가 있다.

제14조(보증금 중 일정액의 보호) ① 임차인은 보증금 중 일정액을 다른 담보물권자보다 우선하여 변제받을 권리가 있다. 이 경우 임차인은 건물에 대한 경매신청의 등기전에 제3조제1항의 요건을 갖추어야 한다.

② 제1항의 경우에 제5조제4항부터 제6항까지의 규정을 준용한다.

③ 제1항에 따라 우선변제를 받을 임차인 및 보증금 중 일정액의 범위와 기준은 임대건물가액(임대인 소유의 대지가액을 포함한다)의 2분의 1 범위에서 해당 지역의 경제여건, 보증금 및 차임 등을 고려하여 제14조의2에 따른 상가건물임대차위원회의 심의를 거쳐 제대통령령으로 정한다.

(2) 우선변제권

이 장에서 설명드리는 내용은 스타트업을 시작할 때 종잣돈인 보증금을 지킬 수 있는 방법입니다. 사업의 성공은 하늘의 뜻일 수 있지만, 하늘에 물어볼 틈도 없이 받을 수 있는 돈을 떼이는 것은 정말 억울한 일이 아닐 수 없습니다. 계속해서 우선변제권에 대해 설명드리겠습니다.

우선변제권이란, 상가를 임차한 임차인이 보증금을 다른 사람들보다 먼저 받을 수 있는 권리를 말합니다. 즉, 임차인이 확정일자를 받은 경우, 임차 건물이 경매나 공매로 넘어가더라도 확정일자 이후에 권리를 취득한 후순위 권리자보다 임차인이 우선적으로 보증금을 변제받을 수 있는 권리입니다.

이 권리를 취득하려면 두 가지 요건을 충족해야 합니다.

1. 건물 인도와 사업자등록을 통해 **대항력**을 갖추는 것.
2. 그 후 **확정일자**를 받는 것.

이 두 가지를 충족함으로써 임차인은 우선변제권을 확보할 수 있습니다.

우선변제권을 자세히 살펴보려면 상가건물임대차보호법 제4조와 제5조를 참고해야 합니다. 제4조에 따르면, 확정일자는 상가 건물이 위치한 관할 세무서에서 신청할 수 있습니다. 이때 임대차계약서 원본과 신분증을 가지고 가서 확정일자 발급을 신청하면 됩니다. 확정일자를 받으면, 상가 건물이 경매로 넘어가더라도 후순위 권리자나 다른 채권자보다 먼저 보증금을 받을 수 있는 권리를 얻게 됩니다.

보통 대항력과 확정일자는 함께 취득하는 경우가 많습니다. 이 두 가지를 모두 갖추면, 확정일자 이후에 권리를 취득한 후순위 권리자나 제3채권자보다 우선하여 변제받을 수 있습니다. 다만, 보증금 액수에 따라 우선변제권이 제한될 수 있으므로, 이에 대해서는 최우선변제권을 통해 추가로 설명하겠습니다.

최우선변제권은 우선변제권과 달리 확정일자가 없어도 대항력만 갖추면 보증금을 일부 보호받을 수 있는 권리입니다(제14조). 이 제도는 영세한 임차인을 보호하기 위한 것이며, 보증금 전체를 보호하는 것이 아니라 일부 금액만 보호합니다. 보호 금액은 지역마다 다릅니다. 예를 들어, 서울에서는 환산보증금이 6,500만 원 이하인 경우 최우선변제로 보호받을 수 있습니다. 만약 보증금이 3천만 원이라면 전액을 보호받는 것이 아니라, 서울 기준으로 2,200만 원까지만 보호받으며, 낙찰가의 2분의 1 범위 내에서 보장됩니다(제14조 제3항).

〈상가건물임대차보호법〉

제2조(적용범위) ① 이 법은 상가건물(제3조제1항에 따른 사업자등록의 대상이 되는 건물을 말한다)의 임대차(임대차 목적물의 주된 부분을 영업용으로 사용하는 경우를 포함한다)에 대하여 적용한다. 다만, 제14조2에 따른 상가건물임대차위원회의 심의를 거쳐 **대통령령으로 정하는 보증금액을 초과하는 임대차에 대하여는 그러하지 아니하다.**

③ 제1항 단서에도 불구하고 제3조, 제10조제1항, 제2항, 제3항 본문, 제10조의2부터 제10조의9까지의 규정, 제11조의2 및 제19조는 제1항 단서에 따른 보증금액을 초과하는 임대차에 대하여도 적용한다.

상가건물임대차보호법은 상가 임대차 계약에서 임차인을 보호하기 위한 핵심적인 법입니다(제2조 제1항 본문). 하지만 모든 계약에 적용되는 것은 아닙니다. 보증금이 대통령령으로 정한 금액을 초과할 경우, 이 법의 보호 대상에서 벗어날 수 있습니다(제2조 제1항 단서).

그렇다면, 왜 이런 차별이 있을까요? 이 법은 상대적으로 약자인 임차인을 보호하기 위해 만들어졌습니다. 임차인의 보증금은 대부분 주요 재산이기 때문에 보호가 필요합니다. 그러나 보증금이 일정 수준을 넘어서면, 임차인을 더 이상 보호할 필요가 없다고 보는 것이죠. 쉽게 말해, 보증금이 크면 그만큼 재정적 여유가 있다는 의미로 받아들여지는 겁니다.

하지만 모든 권리가 사라지는 것은 아닙니다. 대항력(제3조), 계약 갱신 요구(제10조), 권리금 보호(제10조의3~제10조의7) 같은 중요한 권리는 보증금이 기준을 넘더라도 여전히 보호받을 수 있습니다. 즉, 보증금이 크더라도 계약 갱신이나 권리금 문제에서는 법의 보호를 받을 수 있습니다.

그러나 우선변제권과 최우선변제권은 얘기가 다릅니다. 보증금이 기준을 초과하면 이 권리들은 적용되지 않습니다. 이 부분이 중요합니다. 임차보증금이 큰 계약을 체결할 때는 상가건물임대차보호법의 일부 보호를 받지 못할 수 있다는 점을 반드시 인지해야 합니다. 계약을 체결하기 전에 보증금액을 확실히 파악하고, 법의 적용 여부를 꼼꼼히 따져보는 것이 중요합니다.

이 모든 내용을 외울 필요는 없습니다. 중요한 것은 필요할 때 이 책을 다시 참고하여 확인하는 것입니다. 법을 알고 제대로 활용하는 능력, 이제 조금 감이 오시나요? 바로 그것이 사업의 안정성을 지키는 열쇠입니다.

상가건물임대차보호법의 일부 규정이 적용되지 않는 기준 보증금액은 법률이 아닌 상가건물임대차보호법 시행령에 규정되어 있으며, 상황에 따라 변경될 수 있습니다. 서울특별시의 기준은 현재 9억 원입니다(기존 6억 1천만 원에서 상향). 수도권 과밀억제권역(서울 제외) 및 부산광역시는 6억 9천만 원, 광역시, 세종시, 파주시, 화성시, 안산시, 용인시, 김포시, 광주시는 5억 4천만 원, 그 외 지역은 3억 7천만 원을 초과하는 임대차 계약에 대해서는 우선변제권과 최우선변제권이 적용되지 않습니다. 서울에서 보증금이 9억 원인 상가 임대차 계약을 체결한 경우, 해당 금액은 기준을 초과하지 않으므로 우선변제권이 적용됩니다. 지역별 차등을 두는 이유는 부동산 시세 차이와 과밀지역의 밀도를 조정하기 위함입니다.

그렇다면 보증금 외에 월세가 있는 경우는 어떻게 계산할까요? 상가건물임대차보호법 제2조 제2항에 따르면, 월세가 있는 경우에는 차임액에 대통령령으로 정한 비율을 곱해 환산해야 합니다. 시행령 제2조 제3항은 그 비율을 1분의 100으로 규정하고 있습니다. 간단히 말해, 보증금에 월세를 100배 곱해 더하는 방식으로 환산합니다.

$$\text{환산보증금} = \text{보증금} + (\text{월세} \times 100)$$

예를 들어, 보증금이 8억 원이고 월세가 200만 원인 상가 계약의 경우, 환산보증금은 8억 + (200만 원 × 100) = 10억이 됩니다. 이는 기준을 초과하므로 우선변제권 규정이 적용되지 않습니다. 따라서 사무공간을 고를 때, 보증금과 월세를 모두 고려해 상가건물임대차보호법의 보호를 받을 수 있는지 반드시 확인해야 합니다.

지금까지 설명한 내용을 정리하면, 지역별 기준 보증금, 우선변제권, 최우선변제권을 표로 쉽게 볼 수 있습니다. 이 기준은 2019년 4월 2일 이후 체결된 계약에 적용되며, 그 이전 계약은 당시 규정을 적용해야 합니다. 상가건물임대차보호법의 최신 개정 내용은 국가법령정보센터에서 확인할 수 있습니다.

지역	보증금	최우선변제금	보증금 중 보호범위
서울특별시	9억 원 이하	6,500만 원 이하	2,200만 원
수도권 과밀억제권지역, 부산, 인천	6억 9천만 원 이하	5,500만 원 이하	1,900만 원
광역시, 안산시, 용인시, 김포시, 광주시	5억 4천만 원 이하	3,800만 원 이하	1,300만 원
세종특별자치시, 파주시, 화성시	5억 4천만 원 이하	3,000만 원 이하	1,000만 원
그 밖의 지역	3억 7천만 원 이하	3,000만 원 이하	1,000만 원[1]

(3) 임대기간 및 계약의 갱신

〈상가건물임대차보호법〉

제9조(임대차기간 등) ① 기간을 정하지 아니하거나 기간을 1년 미만으로 정한 임대차는 그 기간을 1년으로 본다. 다만, 임차인은 1년 미만으로 정한 기간이 유효함을 주장할 수 있다.

제10조(계약갱신 요구 등) ① 임대인은 임차인이 임대차기간이 만료되기 6개월 전부터 1개월 전까지 사이에 계약갱신을 요구할 경우 정당한 사유 없이 거절하지 못한다. 다만, 다음 각 호의 어느 하나의 경우에는 그러하지 아니하다.

1. 임차인이 3기의 차임액에 해당하는 금액에 이르도록 차임을 연체한 사실이 있는 경우

4. 임차인이 임대인의 동의 없이 목적 건물의 전부 또는 일부를 전대(轉貸)한 경우

8. 그 밖에 임차인이 임차인으로서의 의무를 현저히 위반하거나 임대차를 계속하기 어려운 중대한 사유가 있는 경우

② 임차인의 계약갱신요구권은 최초의 임대차기간을 포함한 전체 임대차기간이 10년을 초과하지 아니하는 범위에서만 행사할 수 있다.

③ 갱신되는 임대차는 전 임대차와 동일한 조건으로 다시 계약된 것으로 본다. 다만, 차임과 보증금은 제11조에 따른 범위에서 증감할 수 있다.

---

1   상가건물임대차보호법 시행령 제2조, 제6조, 제7조 참조.

알맞은 사무실을 구해 사업을 잘 운영하고 있는데, 갑자기 건물주가 나가라고 한다면 상당히 당황스러울 것입니다. 새로운 공간을 구하는 것도 큰 부담이고, 대부분 인테리어 비용을 들여 꾸민 경우가 많기 때문에 그 비용마저 날릴 수 있습니다. 이를 방지하기 위해 상가건물임대차보호법에서는 임차인이 최소한 10년간 안정적으로 사업을 영위할 수 있도록 임대차기간을 보장하고 있습니다(제10조 제2항). 요즘에는 처음부터 계약기간을 5년으로 설정하는 경우가 많습니다.

상가건물임대차보호법 제10조에 따르면, 임차인은 계약 만료 시 계약갱신 요구권을 행사할 수 있습니다. 계약이 끝나기 6개월 전부터 1개월 전 사이에 임차인이 계약 갱신을 요청하면, 특별한 사유가 없는 한 임대인은 이를 거절할 수 없습니다. 임차인이 원할 경우, 최대 10년간 계약을 갱신할 수 있습니다(기존 5년에서 10년으로 연장). 이는 임차인이 안정적으로 사업을 운영할 수 있도록 보장하는 중요한 장치입니다.

그러나, 임차인이 계약 기간 중 의무를 제대로 이행하지 않을 경우, 임대인은 계약 갱신을 거부할 수 있습니다. 여기서 임대차 계약 갱신을 거부할 수 있는 구체적인 사유는 다음과 같습니다.

- **임대료 연체**: 통상적으로 **3회 이상** 임대료가 연체된 경우.
- **무단 전대**: 임대인의 동의 없이 임차인이 다른 사람에게 무단으로 전대차 계약을 체결한 경우.
- **계약 위반**: 계약에서 명시된 사항을 위반하거나 임대인이 동의하지 않은 용도로 공간을 사용하는 경우.
- **임대차 목적 변경**: 예를 들어, 사무공간으로 임대한 건물을 임차인이 주거용으로 사용하는 등 본래의 임대차 목적을 변경한 경우.

임대차 계약이 갱신될 때, 일반적으로 기존 조건과 동일하게 갱신되는 것이 원칙입니다. 다만, 보증금과 월세(차임)는 법이 정한 범위 내에서 조정이 가능합니다. 이때 주의해야 할 몇 가지 사항이 있습니다.

1. **보증금 및 월세 인상폭**: 임대인은 보증금과 월세를 인상할 수 있지만, 그 **인상폭은 최대 5% 이내**로 제한됩니다(제10조 제3항). 임

차인에게 부담이 지나치게 커지지 않도록 법에서 이와 같은 제한을 두고 있는 것입니다. 다만, 임대인이 인상하지 않거나 임차인의 입장에서 보증금이나 월세를 낮추는 것은 얼마든지 가능합니다.

2. **시장 상황 반영**: 보증금과 월세를 조정할 때는 시장 상황을 잘 살펴봐야 합니다. 특히 지역별로 상가 시세가 급격히 오르거나 내려가는 경우, 임대인은 합리적인 범위 내에서 이를 반영할 수 있지만, 임차인도 이와 같은 상황을 활용해 협상을 할 수 있습니다. 임대인이 5% 이상 인상을 요구한다면, 법적 근거를 제시하여 이를 거부할 수 있습니다.

3. **계약 조항 확인**: 계약 갱신 시, 처음 계약 조건에서 변경된 사항이 있는지 꼼꼼하게 확인하는 것이 중요합니다. 특히 보증금과 월세 외에 **관리비**나 **기타 부대비용**이 인상되는 조항이 추가될 수 있기 때문에 이를 주의 깊게 살펴봐야 합니다.

계약 갱신을 임대인이 거부할 수 있는 몇 가지 추가적인 상황도 있습니다. 예를 들어, 임대인이 건물을 재건축하거나 대수선(건물 전체를 리모델링하거나 철거하는 수준의 공사)을 계획하고 있을 경우, 임대인은 계약을 갱신하지 않을 수 있습니다. 이때도 임대인은 재건축 계획을 구체적으로 증명해야 하며, 임차인이 이미 투자한 인테리어 비용이나 이사 비용에 대한 보상을 요구할 수 있습니다.

또한, 계약 기간이 1년 미만으로 설정되었거나, 계약서에 명시된 기간이 없는 경우에도 법적으로는 1년간의 계약 기간이 보장됩니다(제9조). 이는 임차인의 권익을 보호하기 위한 장치로, 임차인이 예기치 않게 짧은 계약 기간에 묶이지 않도록 하기 위함입니다.

계약 갱신을 통해 임대차 관계가 지속될 때, 기본적으로 동일한 조건으로 갱신되는 것이 원칙입니다. 그러나 보증금과 월세는 앞서 설명한 법적 한도 내에서 조정될 수 있으며, 임차인은 이를 숙지하고 갱신 시 유리한 조건을 협상할 수 있습니다.

> A 기업은 사무공간을 계약한 지 이제 1년 6개월 정도가 되었는데, 건물주가 엘리베이터 설치와 건물 외벽 인테리어를 이유로 계약이 만료되면 사무실을 비워달라는 통보를 하였습니다. A 기업은 최소 5년 동안 이 사무실을 사용할 계획이었고, 인테리어까지 완료한 상태에서 갑작스러운 통보에 당황했습니다. 구두로 계약 갱신 의사를 밝히며 사무실을 비워줄 수 없다고 했지만, 며칠 뒤 건물주의 대리인으로부터 **내용증명**을 통해 사무실을 비워달라는 공식 요청을 받게 되었습니다. 이런 경우, A 기업은 어떻게 대응해야 할까요?

건물주가 건물의 가치를 높이기 위해 엘리베이터 설치나 외부 인테리어를 진행하는 경우가 많지만, 이런 상황에서도 상가건물임대차보호법 제10조를 적용할 수 있습니다. 만약 해당 건물이 정말 노후화되어 안전상의 문제가 발생할 가능성이 있다면, 임차인은 아쉽게도 사무실을 비워줘야 할 수 있습니다. 이는 임차인이 계속 사무실을 사용하다가 인명 피해가 발생하는 최악의 상황을 방지하기 위한 조치입니다. 건물주는 이러한 책임을 회피하기 위해 리모델링 등의 조치를 취할 권리가 있습니다.

그러나, 건물 자체에는 문제가 없고 단지 건물의 가치를 높이기 위한 이유로 임대차 계약 갱신을 거절하는 것은 허용되지 않습니다. 예를 들어 A 기업의 경우, 상가건물임대차보호법 제10조에 근거하여 계약 갱신을 요구할 수 있는 법적 권리가 있습니다. 만약 건물주가 명시적으로 "건물 가치 증대"를 이유로 사무실을 비워달라고 요구했다면, 이에 대한 반박 내용증명을 보내는 것이 바람직합니다. A 기업은 "특별한 하자가 없으며, 건물주의 개인적인 이유만으로 계약 갱신을 거부할 수 없다."라고 명확히 대응할 수 있습니다.

실제로 제가 경험한 사례에서, 임차인이 내용증명으로 반박하자 건물주는 결국 A 기업이 사무공간을 계속 사용하도록 허용한 경우가 있습니다.

3. 자금이 부족한 스타트업을 위한 공간 확보 전략

　　사무공간 문제는 특히 스타트업에게 큰 부담이 될 수 있습니다. 자금이 넉넉하지 않은 스타트업이 공간을 확보하는 가장 매력적인 방법 중 하나는 정부의 지원을 받는 것입니다. 막연하게 들릴 수 있으니, 구체적인 방법을 설명드리겠습니다.

　　우리나라에서 스타트업을 지원하는 주요 정부 부서는 중소벤처기업부입니다. 창업 관련 정보를 제공하는 대표적인 사이트는 K-STARTUP(www.k-startup.go.kr)입니다. 이 사이트에 접속하면, 메인 화면에 시설·공간 탭이 있으며, 이를 통해 현재 진행 중인 공간 지원 사업을 한눈에 확인할 수 있습니다. 스타트업을 위한 공간 지원 사업은 다양한 형태로 제공되며, 일부 사업에서는 저렴한 임대료로 사무공간을 사용할 수 있는 기회를 제공합니다. 정부의 지원을 잘 활용하면 스타트업은 초기 자금을 절약하면서도 안정적인 사무공간을 확보할 수 있습니다. 이는 사업의 성장에 매우 중요한 요소이므로, 이러한 기회를 적극적으로 찾아보는 것이 중요합니다.

▶ **K-STARTUP 공고 · 신청 페이지**

해당 공고를 클릭해 들어가면, 모집요건과 지원혜택이 공고마다 다릅니다. 지원할 수 있는 요건에 해당하는지 꼼꼼히 확인한 후, 가장 적합한 정책에 신청하면 됩니다. 물론 좋은 조건일수록 경쟁률은 높을 수밖에 없습니다.

▶ K-STARTUP 기업 모집공고

InnoWork 창조기업 비즈니스센터 입주기업 모집공고

InnoWork 창조기업 지원센터 입주기업 모집

InnoWork에서 창조기업을 대상으로 지원센터 입주업체를 모집하고 있습니다. 우수하고 참신한 사업아이템과 도전정신으로 창업을 희망하는 (예비)창업가를 적극 지원하고자 하오니 많은 관심과 지원 바랍니다.

다이노베이터

신청방법 및 대상
- 신청기간 : 2018.08.03 (금) ~ 2018.08.10 (금) 21:00 까지
- 신청방법 : 온라인 접수(바로가기)
- 신청대상 : 창업기업, 창업예정자 또는 1인 창조기업

▶ K-STARTUP 기업 모집 상세페이지

입주모집 개요
- 입주기간
  - 최소 6개월, 최대 24개월
    ※ 1인 창조 비즈니스센터 입주기간 최대 18개월 입주 가능

지원내용
- 법인설립 비용 감면 지원, 법인설립 취등록세 감면 지원
- 입주비용 15~20% 입주 심사 및 성과 평가 후 지원
- 매월 세무회계비 50% 비용 지원, 법인설립 무료로 지원
- 신규채용 인건비 연계 지원, 디자인비 20% 100만원 이내 지원
- 매월 세무회계 비용 50% 지원, 구글 무제한 드라이브 이용 지원
- 특허, 상표 출원 비용 130만원 심사후 지원, 정책자금 확보 지원
- 24시간 냉난방, 전기료 매월 무료, 인터넷 무료
- 메일서버 및 웹서버 지원, 클라우드 서버, 백업 드라이브 지원
- **자세한 내용은 아래의 문의처로 문의하여 주시기 바랍니다.**

이 내용은 2018년에 모집 공고된 사례 중 하나로, 마감이 임박한 공고를 예시로 첨부한 것입니다. 지원 대상은 창업기업, 창업예정자, 1인 기업으로 설정되어 있으며, 혜택은 다양합니다. 참고로, 1인 창조기업 지원센터는 2024년에도 여전히 존재하는 지원 사업입니다. 혜택은 단순한 공간 대여 비용뿐만 아니라 사업 운영에 필요한 다양한 지원과 세금 혜택까지 포함됩니다. 물론, 입주 심사를 거쳐야 하지만, 이러한 혜택을 받는다면 초기 스타트업에게는 매우 큰 도움이 될 것입니다.

사업 초기부터 큰 사무공간을 확보하는 것은 상당한 부담이 될 수 있습니다. 최근에는 공유 오피스처럼 저렴하게 공간을 활용할 방법이 많으며, 앞서 언급한 정부 지원 과제나 인큐베이팅 시스템 등을 통해 공간을 확보할 수도 있습니다. 다만, 공간을 확보하면 일반적으로 최소 2년 동안 고정비용을 부담해야 할 가능성이 크므로 신중한 선택이 필요합니다.

또한, 공유 오피스나 인큐베이팅 시스템을 이용할 때도 계약서를 꼼꼼히 확인해야 합니다. 공유 오피스는 일반 임대차보다 계약 기간이 짧지만, 최소 사용 기간이 설정되어 있을 수 있습니다. 예를 들어, 계약 기간 중간에 다른 공간으로 이전해야 할 경우, 위약금이 발생할 수 있습니다. 이는 인큐베이팅 시스템이나 다른 공간에서도 동일하게 적용됩니다.

따라서 공간을 계약할 때는 어떤 방식이든 계약서를 주의 깊게 살펴야 합니다. 계약서에서 반드시 확인해야 할 사항은 다음과 같습니다.

- **임대인과 부동산 소유자의 일치 여부**
  - 계약 상대방이 실제 부동산 소유자와 일치하는지 확인해야 합니다. 등기부등본을 통해 소유주가 누구인지 확인하는 것이 중요합니다.
- **임대인 계좌 확인**
  - 월세, 보증금 등 비용을 납부하는 계좌가 임대인 명의로 되어 있는지 반드시 확인해야 합니다. 다른 명의의 계좌로 입금하는 경우, 추후 분쟁의 소지가 생길 수 있습니다.

- **환산보증금 계산**
- 계약서에 명시된 보증금과 월세를 기준으로 환산보증금을 정확히 계산했는지 확인하세요. [환산보증금 = 보증금 + (월세 × 100)]의 방식으로 계산되며, 이를 통해 상가건물임대차보호법의 적용 여부를 판단할 수 있습니다.
- **임대 기간 및 갱신 조건**
- 임대차 기간과 갱신 조건을 확인해야 합니다. 계약이 끝날 때 갱신이 가능한지, 갱신 시 조건이 어떻게 변하는지 명확히 해야 합니다.
- **위약금 조항**
- 계약 기간 중 중도 해지 시 발생할 수 있는 위약금이 있는지, 그 금액과 조건을 확인해야 합니다. 이는 다른 공간으로 이전해야 할 경우 대비한 중요한 사항입니다.
- **공간 사용 조건**
- 임대하는 공간의 사용 범위와 제공되는 서비스(인터넷, 주차, 공용 시설 등)를 정확히 파악해야 합니다. 계약서에 명확히 기재되어 있는지 확인하십시오.
- **임대료 인상 조건**
- 임대 기간 동안 임대료가 인상될 가능성이 있는지 확인해야 합니다. 임대료 인상 조건과 그 시기를 미리 알고 있어야 불필요한 비용 증가를 막을 수 있습니다.
- **보증금 반환 조건**
- 계약 종료 시 보증금 반환 조건을 명확히 해야 합니다. 퇴거 시 시설 원상복구 여부, 보증금 반환 절차 등이 계약서에 명시되어 있는지 확인하십시오.

또한, 환산보증금이 기준을 넘지 않도록 계산해 대항력뿐만 아니라 확정일자에 의한 우선변제권을 확보할 수 있도록 해야 합니다. 이를 통해 사무공간을 보다 안전하게 확보할 수 있을 것입니다.

정부 지원 공간과 **공유 오피스**는 스타트업이 초기 자금을 아끼면서 안정적인 사무공간을 확보할 수 있는 중요한 선택지입니다. 각각의 장단점을 정리해보면 다음과 같습니다:

1. 정부 지원 공간

• 장점

– **저렴한 임대료**: 정부 지원 공간은 대개 매우 저렴하거나 아예 무료로 제공됩니다. 이는 초기 자금이 부족한 스타트업에게 큰 도움이 됩니다.

– **다양한 지원 혜택**: 단순히 공간만 제공하는 것이 아니라, 교육 프로그램, 네트워킹 기회, 멘토링, 세금 혜택, 법률 및 회계 지원 등 다양한 추가 혜택을 받을 수 있습니다.

– **안정성**: 정부의 지원이므로 일정 기간 동안 안정적으로 사용할 수 있는 경우가 많습니다. 특히, 정부 과제나 프로그램에 선정되면 보장된 기간 동안 공간을 사용할 수 있어 사업 운영에 집중할 수 있습니다.

– **스타트업 커뮤니티 형성**: 비슷한 상황에 처한 다른 창업자들과 교류할 기회가 많습니다. 이를 통해 정보 공유와 협업이 활발하게 이루어질 수 있습니다.

• 단점

– **입주 심사**: 정부 지원 공간을 사용하려면 보통 엄격한 심사를 통과해야 합니다. 경쟁률도 높아 지원에 성공하지 못할 가능성도 있습니다.

– **공간의 제한성**: 제공되는 공간이 제한적일 수 있어, 스타트업의 성장에 따라 필요한 만큼 확장할 수 없을 때가 있습니다.

– **제한된 입주 기간**: 정부 지원 공간의 입주 기간이 일정 기간으로 한정되어 있을 수 있으며, 지원이 종료되면 새로운 공간을 찾아야 할 수도 있습니다.

– **규제와 조건**: 정부 지원을 받는 만큼 사용에 따른 규제가 있을 수 있고, 자유롭게 공간을 운영하는 데 제약이 있을 수 있습니다.

2. 공유 오피스

• 장점

– **유연성**: 공유 오피스는 계약 기간이 상대적으로 짧고 유연하게 설정할 수 있습니다. 필요에 따라 단기 계약을 하거나, 사무공간을 확장/축소할 수 있는 옵션이 많습니다.

– **즉시 사용 가능**: 대부분의 공유 오피스는 이미 가구와 설비가 갖추어져 있어 바로 업무를 시작할 수 있습니다. 별도의 인테리어 비용이나 시간을 들일 필요가 없습니다.

– **편리한 위치**: 공유 오피스는 보통 도심의 주요 상권이나 교통이 편리한 지역에 위

치해 있어 출퇴근이 용이합니다. 이는 직원 모집에도 긍정적인 영향을 미칠 수 있습니다.

- 부대시설 제공: 회의실, 휴게실, 커피 머신 등의 기본 편의시설이 잘 갖춰져 있어 추가적인 시설 투자 없이 편리하게 사용할 수 있습니다.
- 네트워킹 기회: 다양한 분야의 스타트업이나 프리랜서들이 함께 사용하는 경우가 많아, 자연스럽게 네트워킹이나 협업 기회를 얻을 수 있습니다.

• 단점
- 비교적 높은 비용: 정부 지원 공간에 비해 임대료가 높은 편입니다. 특히 장기적으로 사용할 경우 누적 비용이 클 수 있습니다.
- 제한된 개인 공간: 공유 오피스는 이름 그대로 여러 기업이나 개인이 함께 사용하는 공간이므로, 독립적인 사무공간이 부족할 수 있습니다. 프라이버시가 필요한 업무를 하기엔 제약이 있을 수 있습니다.
- 정해진 사용 규정: 공유 오피스의 정책에 따라 회의실 예약이나 특정 시설 이용에 제한이 있을 수 있으며, 자유로운 공간 활용이 어려울 수 있습니다.
- 위약금: 계약을 해지하거나 조기에 이사해야 할 경우, 위약금이나 추가 비용이 발생할 수 있습니다.

3. 결론
- 정부 지원 공간은 저렴하고 다양한 혜택을 제공하지만, 입주 심사와 제한된 공간 사용 기간이 단점입니다.
- 공유 오피스는 유연하고 편리한 위치에 있으며, 단기적으로 공간을 이용하기에 좋지만, 비용이 더 높고 개인 공간 확보에 제한이 있을 수 있습니다.

스타트업의 상황과 필요에 따라 두 가지 선택지 중 가장 적합한 선택을 하면 좋습니다.

4. 사무실을 구하고

지금까지 사무실 마련하기에 관한 여러 사항들을 살펴보았습니다. 사무공간은 단순히 업무를 보는 장소가 아니라, 사업의 뿌리를 내리는 터전이자 성장의 기반입니다. 스타트업의 아이디어가 씨앗이라면, 회사의 형태는 그 씨앗을 담는 화분이라 할 수 있죠. 그렇다면 사무실은 무엇일까요? 사무실은 바로 **씨앗이 자라나는 토양**입니다. 아무리 튼튼한 화분이 있더라도, 그 안에 담긴 흙이 풍부하고 적절해야 씨앗은 뿌리를 내리고 싹을 틔울 수 있습니다.

적절한 사무실이란 그저 크고 멋진 공간을 의미하지 않습니다. 마치 식물이 성장 단계에 맞는 토양을 필요로 하듯, 사업도 그 규모와 성장 속도에 적절한 사무공간을 선택해야 합니다. 처음부터 지나치게 큰 공간을 선택하면, 영양분을 충분히 흡수할 수 없는 메마른 땅이 될 수 있습니다. 반면에, 적당한 크기와 기능을 가진 공간은 풍부한 영양을 공급하는 옥토가 되어 사업이 건강하게 자라게 합니다. 농부가 토양을 고를 때 신중함을 기하는 것처럼, "큰 땅이면 더 좋겠지."라는 단순한 생각보다는 그 땅이 씨앗이 잘 자랄 수 있는 조건을 갖췄는지 고민해야 합니다. 땅이 너무 크면 가꾸기 어렵고, 너무 작으면 성장이 억제되듯, 사무공간도 사업의 현재와 미래를 함께 고려해 신중하게 선택해야 합니다.

또한, 사무실이라는 토양은 단지 아이디어가 발아하는 공간을 넘어서, 팀원들이 모여 함께 뿌리내리는 곳입니다. 좋은 토양에서 자란 식물이 건강하게 자라는 것처럼, 좋은 사무실은 팀원들의 열정과 창의성을 북돋아주고, 그들이 함께 뿌리내릴 수 있도록 합니다. 반대로, 불안정한 사무공간은 마치 척박한 땅처럼 팀의 에너지를 소모시키고 성장을 방해할 수 있습니다.

사무실을 잘못 구하면, "일하러 나가는 건지 월세 벌러 나가는 건지 헷갈리는" 상황에 빠질 수 있습니다. 처음부터 지나치게 비싼 사무실에 들어가게 되면 월세 부담이 커져 사업이 자라기 어려워집니다. 반대로, 너무 작은 공간은 사업의 성장을 억제할 수 있습니다. 적당한 공간과 비용을 고려해, 사업이 확장해 나갈 수 있는 기반을 마련해야 합니다.

결국, 사무실은 우리 사업의 뿌리가 내리고 씨앗이 싹을 틔우는 필수적인 토양입니다. 사무실을 선택할 때는 단기적인 비용을 넘어, 장기적인 투자라는 관점에서 바라봐야 합니다. 신중히, 멀리 내다보고 공간을 선택한다면, 그곳이 여러분의 성공의 발판이 될 것입니다.

현명한 사업가의 분쟁해결법

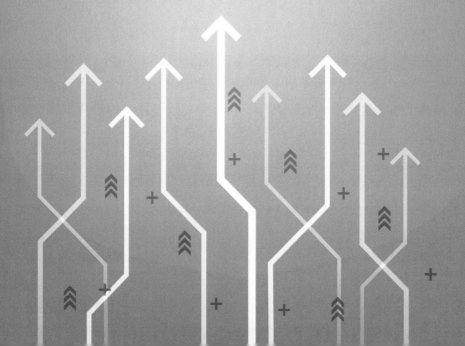

현명한 사업가의
분쟁해결법

1. 분쟁의 종류
2. 분쟁의 해결 원칙

사업을 운영하다 보면 예상치 못한 마찰이나 충돌이 발생할 수 있습니다. 특히, 스타트업처럼 빠르게 성장하는 기업은 혁신과 확장을 추구하는 과정에서 다양한 이해관계가 얽히며 의견 차이가 커질 가능성이 높습니다. 초기에는 열정과 아이디어로 모든 문제를 해결할 수 있을 것 같지만, 현실은 그렇지 않습니다. 사람들 사이에서는 필연적으로 생각의 차이가 생기고, 사업은 언제나 이익과 손해가 맞물리기 때문에 여러 가지 문제들이 발생하기 마련입니다.

실제로 세계적인 스타트업 중에서도 동업자 간의 갈등으로 큰 어려움을 겪은 사례가 있습니다. 대표적인 예로 페이스북의 창립 초기에 마크 저커버그와 공동 창립자인 에두아르도 세버린의 충돌이 있습니다. 두 사람은 함께 회사를 세웠지만, 사업의 방향성과 주주 권리 문제로 인해 심각한 다툼이 발생했고, 결국 세버린은 법적 대응을 통해 자신의 권리를 되찾아야 했습니다. 또 다른 사례로, 트위터의 초기 창립자들인 잭 도시, 에반 윌리엄스, 비즈 스톤 간의 의견 차이도 유명합니다. 회사 운영 방식과 리더십에 대한 불일치로 인해 여러 차례 경영진이 교체되었고, 그로 인해 내부 혼란이 커졌습니다.

이처럼 작은 오해나 생각의 차이가 커지면 내부적으로는 동업자 간의 충돌이나 인사 문제로, 외부적으로는 계약 위반이나 금전적 손실

등으로 이어질 수 있습니다. 이러한 상황은 사업의 지속 가능성을 위협할 뿐만 아니라, 회사의 이미지와 성장에도 부정적인 영향을 미칠 수 있습니다.

하지만 중요한 것은, 이러한 문제를 어떻게 대처하고 해결하느냐에 따라 사업의 미래가 달라질 수 있다는 점입니다. 갈등을 피할 수는 없지만, 이를 효율적으로 관리하고 해결하는 능력은 성공적인 사업 운영에 필수적입니다. 성공적인 창업가는 마찰을 위기가 아닌, 문제 해결의 기회로 삼아 조직을 더욱 단단하게 만들고자 합니다.

이 장에서는 사업을 운영하면서 발생할 수 있는 다양한 문제의 유형을 구체적으로 나누고, 그에 맞는 해결 방법을 살펴보겠습니다. 이를 통해 상황의 성격을 체계적으로 이해하고, 각각에 대한 적절한 대처 방안을 모색하는 데 도움이 될 것입니다.

1. 분쟁의 종류

사업을 하다 보면 다양한 문제들이 발생하게 마련입니다. 이 책에서는 이를 내부적인 분쟁과 외부적인 분쟁으로 나누어 설명하고자 합니다.

내부적인 분쟁은 회사와 직원 간의 갈등 그리고 직원들 간의 충돌로 구분할 수 있습니다. 이러한 갈등은 조직 내에서 주로 발생하며, 인사 문제, 업무 분담 그리고 상호 관계에서 비롯됩니다.

반면, **외부적인 분쟁**은 금전적 문제와 비금전적 문제로 나눌 수 있습니다. 금전적 문제는 주로 계약 위반, 대금 미지급과 같은 재정적 요소에서 발생하고, 비금전적 문제는 지식재산권 분쟁, 명예훼손 등과 같은 비재정적 요소에서 비롯됩니다.

분쟁의 분류는 절대적인 기준이 있는 것은 아니지만, 다양한 경험을 바탕으로 편의상 이렇게 나누어 설명하는 것이 이해에 도움이 될 것입니다. 내부적인 분쟁은 주로 조직 내에서 발생하며, 외부적인 분쟁은 회사 외부 이해관계자와의 충돌로 발생한다는 차이점이 있습니다. 이를 체계적으로 구분하는 것은 각 분쟁에 맞는 해결책을 모색하는 데 중요한 기초가 됩니다.

표로 정리해볼까요?

분쟁의 1차적 구분	내부적인 분쟁		외부적인 분쟁	
분쟁의 2차적 구분	회사와 직원	직원과 직원	각종의 금전분쟁	비금전분쟁
구체적인 분쟁 내용	각종의 근로관계 분쟁	성희롱, 성추행 등	물품대금, 용역계약, 임대차	지식재산권 관련 분쟁 특허, 영업비밀
예방책	근로계약서 작성, 근로기준법 준수, 상생하는 노사 관계 확립	성희롱 등 예방교육, 징계 규칙 등 정비	계약서에 대한 철저한 검토, 보증서 발급 등	변리사를 통한 특허 관리, 영업 비밀 등 관련하여 비밀서약서 등 구비
근본적인 해결책	전체적으로 법률 전문가를 통해 이러한 문제에 대한 자문을 받는 게 중요			

(1) 내부적인 분쟁

내부 분쟁은 **회사와 직원 간**의 문제와 **직원 간**의 갈등으로 크게 나눌 수 있습니다. 이 중 회사와 직원 간의 갈등은 주로 근로관계와 관련된 것으로, 스타트업처럼 빠르게 성장하는 조직에서 종종 발생하는 일입니다. 급격한 성장 속에서 체계가 미흡하거나, 직원의 권리가 적절보호되지 못하는 경우 분쟁이 빈번하게 일어날 수 있습니다. 최근에는 이러한 분쟁이 생각보다 더 많이 일어나고 있으며, 근로자들이 관할 노동지청에 진정을 제기하거나 사업주가 형사 처벌을 받는 사례도 늘어나고 있습니다.

근로관계에서 가장 흔한 갈등 중 하나는 임금과 퇴직금 문제입니다. 임금은 근로자의 권리이자 생계와 직결된 문제이기 때문에, 조금의 지연이나 미지급도 심각한 법적 문제로 이어질 수 있습니다. 특히 퇴직금 분쟁은 근로자가 퇴사한 후에 많이 발생하는데, 이는 퇴직 후에도 회사에 대한 책임을 끝까지 져야 함을 의미합니다. 퇴직금은 단순한 금전적 보상이 아니라, 근로자가 회사에 헌신한 대가이기 때문에 더욱 신중하게 처리해야 합니다.

하지만 근로관계 문제는 단순히 임금이나 퇴직금에만 국한되지 않습니다. 근로시간, 휴가, 근로환경 등에 관한 분쟁도 꾸준히 제기되고 있습니다. 사업주는 이러한 모든 요소를 준수해야 하며, 특히 근로계약서는 반드시 서면으로 작성해 근로자에게 교부해야 합니다. 계약서에는 구체적인 근로조건이 명시되어 있어야 하며, 이를 위반할 경우 법적 제재를 받을 수 있습니다. 구두로 계약을 체결하거나, 메시지로 조건을 정하는 것은 모두 법적으로 무효입니다.

또한, 임금은 매월 적시에 지급해야 하며, 이를 지연하거나 체불할 경우 근로기준법에 따라 강력한 법적 처벌을 받을 수 있습니다. 퇴직금 역시 법에 따라 퇴사 후 14일 이내에 지급해야 하며, 이 또한 지체될 경우 사업주는 상당한 법적 책임을 져야 합니다. 이러한 문제는 근로자가 양해를 해주더라도 법적으로 면제되지 않으므로, 사업주는 항상 법적 기준에 따라 임금과 퇴직금을 적시에 지급해야 합니다.

직원 간의 분쟁도 현대의 조직에서 큰 문제로 대두되고 있습니다. 특히, 성희롱이나 성추행 같은 민감한 이슈는 직장에서 빈번하게 발생하며, 이는 회사 전체의 분위기와 생산성에 큰 악영향을 미칠 수 있습니다. 이러한 문제는 과거에는 숨기거나 쉬쉬하는 경향이 있었지만, 오늘날에는 사회적 인식이 변화하면서 문제가 발생하면 곧바로 외부로 알려지고, 심각한 결과로 이어질 수 있습니다.

성희롱 예방 교육은 이제 법적으로도 필수적인 요소로 자리 잡았으며, 이를 통해 직원들이 문제 발생 시 어떻게 대처해야 하는지 명확히 인지하게 해야 합니다. 가해자에 대해서는 강력한 징계 방침을 마련하고, 피해자 보호 조치를 신속히 취해야 합니다. 사업주는 직원 간의 갈등이 발생하지 않도록 예방하는 것이 중요하지만, 문제가 발생했을 때는 즉각적이고 공정한 징계를 통해 조직 내 신뢰를 유지해야 합니다.

그러나 징계를 잘못하면 오히려 분쟁을 더욱 확대시킬 수 있습니다. 가해자가 징계에 반발하거나, 피해자가 부당하게 느낄 경우 분쟁이 커져 법적 소송으로 번질 수 있습니다. 따라서 징계 절차는 공정하고 체계적으로 이루어져야 하며, 가해자와 피해자 모두 수긍할 수 있는 결과가 도출되도록 해야 합니다. 이를 위해 내부 규정을 명확히 하고, 징계 절차가 투명하게 진행될 수 있는 시스템을 갖추는 것이 필수적입니다.

성희롱이나 직장 내 괴롭힘 같은 문제는 사건 발생 후 처리하는 것보다 사전 예방이 가장 중요합니다. 이를 위해 회사는 정기적으로 직원 교육을 실시하고, 조직 문화 개선을 위해 노력해야 합니다. 강한 예방 교육과 함께 직원 간의 존중과 배려가 실천되는 문화를 만들어야만, 내부 분쟁을 최소화하고 건강한 조직을 유지할 수 있을 것입니다.

내부적인 분쟁을 해결하는 방법은 크게 사전 예방, 분쟁 발생 시 대처, 분쟁 해결 후의 관리로 나눌 수 있습니다.

먼저, **사전 예방**이 가장 중요합니다. 분쟁을 미리 방지하기 위해서는 명확한 규정과 제도를 마련해야 합니다. 근로계약서 작성은 필수이며, 모든 근로 조건을 구체적으로 명시하고 서면으로 교부해야 합니다. 또한, 회사는 성희롱 및 직장 내 괴롭힘과 같은 문제를 예방하기 위해 정기적인 교육을 실시하고, 직원 간의 원활한 소통을 장려하는 의사소통 창구를 마련해야 합니다. 이러한 사전적 조치는 갈등을 방지하고 조직 내 신뢰를 쌓는 데 큰 도움이 됩니다.

그러나 아무리 예방을 해도 분쟁이 발생할 수 있기 때문에, 분쟁이 발생했을 때는 **신속하고 공정한 대응**이 필요합니다. 내부적으로 조사위원회를 구성하거나 외부 전문가를 초빙해 중립적인 조사를 진행해야 하며, 문제 해결을 위한 대화와 조정을 통해 갈등을 풀어가는 것이 중요합니다. 이 과정에서 중재자가 중립적인 입장에서 갈등 당사자 간의 대화를 조정해 주는 역할을 할 수 있습니다. 특히 성희롱이나 성추행과 같은 민감한 사안에서는 신속하고 철저한 조사가 요구됩니다. 또한, 분쟁이 해결된 후에는 그 내용을 문서화해 당사자들이 모두 서명함으로써 재발 방지를 위한 근거로 남겨두는 것이 필요합니다.

분쟁 해결 후의 **관리**는 분쟁 해결 후에도 조직 내의 안정과 신뢰를 회복하는 데 필수적입니다. 분쟁이 해결된 이후에도 갈등의 여파가 남아 조직의 분위기에 영향을 미칠 수 있기 때문에, 관리 과정에서 몇 가지 핵심 요소를 신경 써야 합니다.

첫째, 피해자와 가해자에 대한 **후속 조치**가 필요합니다. 피해자에게는 심리적 지원이 중요합니다. 피해자의 정서적 안정을 위해 회사는 심리 상담 프로그램이나 휴가 등의 복지 지원을 제공할 수 있습니다. 이로써 피해자가 안전하게 업무에 복귀할 수 있도록 배려해야 합니다. 또한, 가해자에 대해서도 적절한 재교육 프로그램을 통해 문제 재발 방지를 위한 교육을 진행해야 하며, 회사 내 규범을 다시 학습하도록 유도해야 합니다.

둘째, 조직 내 **분위기 회복**이 중요합니다. 분쟁이 해결되었다 하더라도 회사 내 긴장감이 남아 있을 수 있습니다. 이때 경영진은 분쟁 해결 과정과 후속 조치에 대해 투명하게 공유하고, 직원들이 회사의 공정한 처리 방식을 신뢰할 수 있도록 개방적인 소통을 해야 합니다. 이와 함께, 팀워크를 회복하고 직원들이 다시 회사의 목표에 몰입할 수 있도록 팀 빌딩 활동이나 워크숍을 개최하여 조직 내 결속을 다질 수 있는 기회를 제공하는 것도 좋은 방법입니다.

셋째, 분쟁 후에는 회사의 내부 규정 및 절차를 재검토하여, 필요한 부분을 **보완**하는 것이 중요합니다. 회사는 문제 발생 후, 내부 규정이나 절차에 미비점이 있었다면 이를 개선하고, 특히 성희롱이나 직장 내 괴롭힘과 같은 민감한 문제에 대해 징계 절차를 강화하는 등 재발 방지를 위한 체계를 마련해야 합니다.

넷째, **지속적인 모니터링**이 필요합니다. 분쟁이 해결되었더라도 시간이 지나면서 다시 문제가 발생할 수 있기 때문에, 경영진은 조직 내

분위기를 꾸준히 관찰해야 합니다. 피해자와 가해자가 같은 공간에서 근무하는 경우라면 재발 방지를 위해 더 세심한 관리가 필요하며, 정기적인 피드백 시스템을 구축해 직원들의 불만이나 문제를 빠르게 파악하고 해결할 수 있는 체계를 마련하는 것이 좋습니다.

마지막으로, 조직 문화 개선을 위해 **지속적인 노력**이 필요합니다. 조직 내 분쟁은 신뢰 부족에서 비롯되기도 하므로, 회사는 직원 간의 존중과 배려가 실천되는 포용적 조직 문화를 형성하기 위한 노력을 기울여야 합니다. 이 과정에서 경영진이 솔선수범하여 공정하고 투명한 문화가 자리 잡을 수 있도록 해야 하며, 분쟁이 발생하지 않는 건강한 근무 환경을 조성하는 것이 중요합니다.

이처럼 사전 예방, 분쟁 발생 시 신속한 대응, 해결 후의 체계적인 관리는 내부적인 갈등이 사업에 미치는 부정적인 영향을 최소화할 수 있습니다. 분쟁을 단순히 해결하는 데 그치지 않고, 조직 내 신뢰를 회복하고, 지속적인 개선 노력을 통해 조직의 안정성을 강화하는 것이 핵심입니다.

(2) 외부적인 분쟁

외부적인 분쟁은 금전 분쟁과 비금전 분쟁으로 나눌 수 있으며, 이러한 구분은 주로 문제의 중심이 무엇인지에 따라 나뉩니다. 그러나 실제로 금전적 요소와 비금전적 요소는 복합적으로 얽힐 수 있습니다. 각 유형에 대해 구체적으로 살펴보겠습니다.

금전 분쟁은 주로 돈과 관련된 분쟁입니다. 예를 들어, 회사가 물품을 구매하거나 용역을 제공받는 과정에서 발생하는 미지급 금액, 사무실이나 창고 임대 시 임대료 미납 등 금전이 문제의 핵심이 되는 경우가 있습니다. 이러한 분쟁을 방지하기 위해서는 계약서 작성이 필수적이며, 특히 돈을 받을 입장인 경우에는 보증보험을 통해 보증증권을 받아두는 것이 좋습니다. 보증보험 발급 가능 여부는 보증보험사에 문의하여 확인할 수 있습니다.

비금전 분쟁의 주요 예로는 지식재산권과 관련된 문제가 있습니다. 지식재산권 분쟁은 주로 특허, 상표권, 영업비밀 등이 포함되며, 기업의 핵심 자산을 보호하기 위해서는 이들 권리를 적절하게 관리하는 것이 중요합니다. 특히 영업비밀과 관련된 분쟁은 많은 스타트업에게 민감한 이슈입니다.

가. 특허와 영업비밀의 차이

특허와 영업비밀은 둘 다 기업의 기술과 아이디어를 보호하는 중요한 방법이지만, 그 방식과 보호 범위에서 차이가 있습니다. **특허**는 발명이나 창의적인 아이디어를 공적으로 보호받는 제도로, 일정 기간 동안 독점적 권리를 보장받습니다. 특허는 발명을 보호하며, 이를 공개함으로써 경쟁사를 법적으로 제재할 수 있는 강력한 권리를 갖습니다. 그러나 한 번 특허가 등록되면 해당 기술은 공개되므로, 이를 활용하려는 제3자에게 기술이 노출될 위험도 있습니다.

반면, **영업비밀**은 공개되지 않은 기술이나 정보로, 비밀로 유지되면서 보호받는 것이 핵심입니다. 공개되지 않은 정보라면 법적으로 보호받을 수 있지만, 노출되는 순간 그 효력이 사라지게 됩니다. 따라서 기술이 특허로 보호받기보다는 비밀로 유지하는 것이 더 유리한 경우도 있습니다. 예를 들어, 경쟁사가 해당 기술을 쉽게 모방할 수 있는 경우에는 특허를 내기보다는 영업비밀로 관리하는 것이 더 나을 수 있습니다.

영업비밀을 보호하기 위해서는 세 가지 요건이 충족되어야 합니다.
1) **비공지성**: 해당 정보가 공개되지 않아야 하며, 이를 알고 있는 사람이 제한되어 있어야 합니다.
2) **경제적 가치**: 정보가 경제적으로 중요한 가치를 지니고 있어야 합니다.
3) **비밀 유지 노력**: 회사는 해당 정보를 비밀로 유지하기 위해 합리적인 노력을 기울여야 하며, 이를 위해 직원 교육, 비밀 서약서 작성, 비밀 구분 관리 등의 조치를 취해야 합니다.

나. 상표권 및 기타 지식재산권 분쟁

상표권은 브랜드와 관련된 지식재산권으로, 회사의 상품이나 서비스에 대한 식별력을 보호합니다. 상표권 분쟁은 주로 다른 회사가 유사한 이름이나 로고를 사용하여 소비자들에게 혼동을 일으킬 경우 발생합니다. 상표는 소비자들에게 브랜드의 가치를 각인시키는 중요한 자산이기 때문에, 상표권 보호는 회사의 이미지와 신뢰도를 유지하는 데 필수적입니다.

상표권 분쟁을 방지하기 위해서는 먼저 상표를 등록해야 합니다. 특허청에서 상표 등록을 통해 독점적 사용 권리를 취득할 수 있으며, 이를 통해 상표권 침해에 대해 법적 조치를 취할 수 있습니다. 상표권 침해가 발생한 경우, 사용 중지 가처분 신청이나 손해배상 청구를 통해 보호받을 수 있습니다.

지식재산권은 특허, 상표권 외에도 저작권, 디자인권 등 다양한 형태로 기업의 자산을 보호합니다. 각 권리는 법적으로 보호받을 수 있으며, 침해 시 법적 구제 방법을 통해 권리를 주장할 수 있습니다. 지식재산권 분쟁이 발생할 경우, 법적 자문을 통해 적절한 대응 방안을 마련하는 것이 중요합니다.

다. 영업비밀 침해와 구제책

영업비밀 침해는 다양한 형태로 나타날 수 있습니다. 주로 경쟁자가 회사의 비밀 정보를 탈취하거나, 내부 직원이 퇴사 후 영업비밀을 유출하는 경우가 대표적입니다. 침해 유형은 다음과 같습니다.
1) **부정취득**: 불법적인 방법으로 영업비밀을 취득하는 행위입니다. 해킹, 문서 탈취, 도청 등이 이에 해당합니다.
2) **무단 사용 및 공개**: 영업비밀을 허락 없이 사용하거나 제3자에게 유출하는 행위로, 직원이 퇴사 후 경쟁사에 정보를 제공하는 경우가 이에 해당합니다.
3) **부정경쟁**: 영업비밀을 이용해 부당한 경쟁 우위를 차지하는 행위로,

타사의 기술이나 아이디어를 불법적으로 활용하는 경우입니다.

영업비밀이 침해된 경우, 법적 구제를 받을 수 있습니다. 부정경쟁 방지 및 영업비밀보호에 관한 법률에 따라, 손해배상 청구나 사용금지 가처분 신청을 통해 침해 행위를 중지시킬 수 있습니다. 법원에서 침해 사실이 인정되면, 침해자는 징역형이나 벌금형에 처할 수 있으며, 회사는 침해로 인한 손해배상을 청구할 수 있습니다.

또한, 영업비밀 보호를 위해 **영업비밀 원본증명제도**를 활용할 수 있습니다. 이 제도는 영업비밀이 유출되었을 때, 원본을 보유하고 있었음을 증명하는 데 도움이 됩니다. 이를 통해 분쟁 발생 시 해당 정보가 처음부터 회사의 영업비밀이었음을 쉽게 증명할 수 있습니다.

결론적으로, 외부적인 분쟁은 금전적·비금전적 분쟁으로 나뉘며, 이를 예방하고 효과적으로 관리하는 것이 중요합니다. 금전적 분쟁의 경우 계약서를 명확히 작성하고, 비금전적 분쟁에서는 지식재산권, 특히 영업비밀과 상표권 보호에 대한 체계적인 준비가 필요합니다. 법적 분쟁을 사전에 방지하기 위해 전문가의 자문을 받는 것이 필수적이며, 분쟁이 발생할 경우 신속하게 대응하여 피해를 최소화해야 합니다.

상표 등록은 사업의 핵심 자산인 상표를 보호하기 위한 중요한 절차입니다. 상표는 브랜드 인식과 신뢰를 쌓는 데 큰 역할을 하므로, 법적으로 보호받기 위해 상표를 등록하는 것이 필수적입니다. 상표 등록 절차는 다음과 같습니다.

1. 상표 조사 및 검색

먼저, 등록하려는 상표가 이미 등록된 상표와 충돌하지 않는지 **특허청**에서 제공하는 **특허정보검색서비스(KIPRIS)** 사이트를 통해 확인할 수 있습니다. 등록하려는 상표가 이미 다른 회사에 의해 등록되었거나 유사한 상표가 있다면 등록이 거절될 수 있기 때문에, 상표 검색은 필수적인 단계입니다.

- **KIPRIS**(www.kipris.or.kr)에 접속하여 상표 검색 가능
- **상표의 유사 여부**를 철저히 검토해야 등록 거절을 방지할 수 있음

2. 상표 출원 준비

상표 검색이 완료되고 문제가 없으면, 상표 출원에 필요한 서류와 정보를 준비합니

다. **상표 출원**에는 다음과 같은 정보가 필요합니다.

- **출원인 정보**: 상표를 등록하려는 개인 또는 법인의 이름과 주소
- **상표 도안**: 문자 상표, 도형 상표, 결합 상표 등의 형태에 따라 상표 도안을 준비
- **상품 및 서비스 분류**: 상표가 적용될 상품이나 서비스의 목록을 준비합니다. 이를 위해 특허청의 **상품 및 서비스 분류표**를 참고해 등록할 상품이나 서비스를 정확히 선택해야 합니다.

3. 특허청에 상표 출원 신청

특허청에 상표 출원 신청은 **온라인** 또는 **오프라인**으로 진행할 수 있습니다.

- **온라인 출원**
- 특허청의 **전자출원시스템(특허로)**(www.patent.go.kr)에 접속하여 상표 출원을 진행할 수 있습니다.
- **특허로 계정**이 필요하므로, 계정이 없으면 먼저 회원가입 후 출원을 진행합니다.
- 필요한 서류와 정보를 제출하고, **출원료**를 납부합니다. 전자출원 시에는 오프라인보다 할인된 비용으로 출원할 수 있습니다.
- **오프라인 출원**
- 출원서를 작성한 후, **특허청**에 직접 방문하거나 **우편**으로 서류를 제출할 수 있습니다.
- 오프라인 출원 시 출원료는 온라인보다 다소 비쌉니다.

4. 출원료 납부

상표 출원 시에는 **출원료**를 납부해야 합니다. 출원료는 출원하는 상표의 종류와 상품 분류에 따라 다르며, 전자출원이 오프라인 출원보다 저렴합니다. 특허청의 **출원료** 관련 정보를 미리 확인하고 준비합니다.

- **전자출원**: 약 62,000원 (상품/서비스 1개 기준)
- **오프라인 출원**: 약 72,000원 (상품/서비스 1개 기준)
- 추가 상품/서비스 분류에 따라 추가 비용이 발생할 수 있음

5. 상표 심사

상표 출원 후, 특허청에서 상표의 적합성을 심사합니다. 심사 기간은 보통 **6개월에서 1년** 정도 소요되며, 심사 결과에 따라 등록 여부가 결정됩니다. 이때 **심사관의 의견 통지**가 있을 경우, 추가 보완자료를 제출하거나 수정해야 할 수 있습니다.

- 심사 결과에 따라 **등록 결정**이 나면, 등록료를 납부하고 상표가 최종 등록됩니다.
- 만약 거절되면 **거절이유통지서**를 받고, 이를 보완하거나 반박할 수 있는 기회를 가집니다.

6. 등록료 납부 및 상표 등록

상표 심사에서 등록이 결정되면, **등록료**를 납부해야 상표가 최종적으로 등록됩니다. 등록료는 상표 등록 후 **10년간 보호**되며, 이 기간이 만료되기 전에 갱신 신청을 통해 상표 권리를 연장할 수 있습니다.

- **등록료 납부 후** 상표가 공식적으로 등록되면, 상표권이 발생하며 법적으로 보호받습니다.

7. 상표권 갱신

상표 등록은 기본적으로 **10년간 보호**되며, 이후 필요에 따라 10년 단위로 갱신할 수 있습니다. 갱신 시에도 등록된 상표가 다른 상표와 충돌하지 않는지 검토 후, 필요한 서류를 제출하고 갱신료를 납부해야 합니다.

다음은 영업비밀 침해와 관련된 몇 가지 유명한 사례들입니다.

1. 구글 vs. 우버(2017)

구글의 자율주행차 부서인 Waymo와 Uber 간의 분쟁은 매우 유명한 사건입니다. 구글의 전 엔지니어였던 앤서니 레반도프스키가 Waymo의 자율주행차 관련 기술 자료를 무단으로 가져가 Uber에서 사용하려 한 사건으로, Uber는 결국 2억 4,500만 달러의 주식으로 구글과 합의했습니다. 이 사건은 자율주행차 기술을 둘러싼 치열한 경쟁을 상징하는 대표적 사례입니다.

2. 테슬라(2020)

테슬라는 전 직원 마틴 트립을 상대로 영업비밀 유출 소송을 제기했습니다. 트립은 테슬라의 배터리 제조와 관련된 기밀 정보를 외부로 유출한 혐의를 받았습니다. 이 사건은 퇴사한 직원이 회사의 기밀 정보를 유출하는 것에 대한 경각심을 불러일으켰으며, 내부 보안 프로토콜의 중요성을 강조했습니다.

3. 코카콜라(2006)

코카콜라의 직원들이 경쟁사 펩시에 회사의 비밀 레시피를 팔려다 실패한 사건입니다. 펩시는 이를 거부하고 FBI에 이를 알렸으며, 결국 이 사건은 형사 고소로 이어졌습니다. 이 사건은 기업의 내부 기밀 보호의 중요성을 잘 보여줍니다.

4. LG화학 vs. SK이노베이션(배터리 기술 유출 사건)

LG화학은 SK이노베이션을 상대로 전기차 배터리 관련 핵심 기술을 유출당했다고 주장하며 소송을 제기했습니다. 이 사건은 SK이노베이션이 LG화학의 전직 직원을 채용하면서 기술 정보를 가져갔다는 혐의로 미국 국제무역위원회(ITC)에까지 보고되었고, SK이노베이션이 패소하여 미국에서의 수입 금지 명령을 받는 등 큰 이슈가 되었습니다. 이 사건은 국내 대기업 간 기술 경쟁이 치열해지는 가운데, 퇴사자들에 의해 영업비밀이 유출되는 대표적인 사례로 주목받았습니다.

5. 삼성전자 반도체 기술 유출 사건(2018)

삼성전자의 협력업체 직원들이 삼성의 반도체 제조 기술을 중국 기업에 팔려고 시도하다가 적발된 사건도 있습니다. 이들은 삼성의 반도체 관련 기술을 복제해 중국 기업에 판매하려 했지만, 사전에 이를 탐지한 삼성 측의 내부 보안 시스템과 당국의 협조로 무산되었습니다. 이 사건은 대한민국의 반도체 산업 보호와 관련하여 큰 충격을 주었고, 영업비밀 유출의 심각성을 알리는 계기가 되었습니다.

6. H사 자동차 부품 업체 사건

국내 자동차 부품 제조업체 H사의 연구소장 A씨는 퇴사 후 경쟁업체에 기술 도면과 연구 데이터를 유출한 혐의로 기소되었습니다. A씨는 회사 내부에서 생산 및 제조 방법에 관한 핵심 정보를 빼내어 경쟁사에 제공했고, 이는 해당 경쟁사의 시장 진입에 도움을 준 것으로 밝혀졌습니다. 결국 A씨는 형사처벌을 받았고, H사는 경쟁사의 불공정 행위로 인해 심각한 매출 하락을 겪었습니다.

이러한 사례들은 영업비밀이 기업의 경쟁력 유지에 얼마나 중요한 자산인지, 그리고 이를 보호하기 위한 내부 보안과 법적 조치가 얼마나 중요한지 보여줍니다.

2. 분쟁의 해결 원칙

사업을 하다 보면 크고 작은 분쟁이 발생하기 마련입니다. 각 분쟁은 상황에 따라 그 성격과 해결 방법이 달라질 수밖에 없습니다. 그렇기에 모든 분쟁에 대한 일괄적인 해결책을 제시하기는 어렵지만, 몇 가지 핵심적인 원칙을 바탕으로 분쟁을 효과적으로 다룰 수 있습니다. 이 원칙들은 단순한 법적 지침을 넘어, 경험을 통해 배운 실용적인 교훈들입니다.

(1) 대화로 해결을 시도하라. 소송의 경제적 측면을 고려하라.

대화는 대부분의 분쟁에서 가장 우선적으로 시도해야 할 해결 방법입니다. 그 이유는 소송이 비용적, 시간적으로 큰 부담을 동반하기 때문입니다. 특히 법적 절차는 시간이 매우 오래 걸리고, 재판에 따라서는 1심에서 끝나지 않고 항소, 상고까지 이어질 가능성이 있습니다.

이런 경우, 소송이 진행되는 동안 사업에 상당한 자원이 소모되고 상대방과의 관계도 돌이킬 수 없게 될 수 있습니다. 따라서 상대방이 해결 의지를 보인다면, 양측이 협상 테이블에 앉아 합의할 수 있는 기회를 만드는 것이 중요합니다. 예를 들어, 상대방이 일시적으로 자금 사정이 좋지 않은 상황이라면 일부 금액을 먼저 지급하고 나머지를 추후에 지급하겠다는 약정을 체결할 수도 있습니다. 이렇게 하면 소송을 진행하는 것보다 더 빠르고 효율적으로 해결할 수 있으며, 장기적으로는 사업 파트너와의 관계도 유지될 수 있습니다.

합의는 또한 소송보다 더 유연하게 해결책을 마련할 수 있는 방법이기도 합니다. 법적 절차에서는 판결이 나오기까지 시간이 오래 걸리며, 판결이 양측 모두에게 만족스럽지 않을 수 있습니다. **대화를 통해 합의하는 방식**은 소송이 가지고 있는 불확실성과 긴 기간을 줄일 수 있는 가장 합리적인 접근 방식입니다.

(2) 대화가 불가능할 때는 과감하게 법적 조치를 취하라.

분쟁이 대화로 해결되지 않거나, 상대방이 악의적으로 시간을 끌고 있을 경우에는 빠르게 **법적 대응**을 시작하는 것이 필수적입니다. 여기서 중요한 것은 신속하게 대응하지 않으면 상대방이 재산을 은닉하거나, 부정한 방식으로 이익을 챙길 가능성이 높다는 점입니다.

특히 상대방이 **재산을 빼돌리거나 사해행위를 할 가능성**이 있다면 가압류나 가처분 같은 조치를 통해 상대방의 자산을 미리 보호할 수 있습니다. 이를 통해 분쟁 해결 과정에서 상대방이 법적 책임을 회피하지 못하게 막을 수 있습니다.

또한, 법적 절차를 신속하게 시작하지 않으면 상대방이 시간이 지남에 따라 재산을 모두 소진할 수도 있으므로, 소송을 고려할 때는 **빠른 대응**이 중요합니다. 물론, 소송을 제기할 경우에도 상대방에게 실질적인 자산이 있는지 여부를 파악하는 것이 중요합니다. 자산이 없다면 소송에서 승소해도 실익이 없을 수 있습니다.

(3) 전문가, 특히 변호사의 도움을 적극 활용하라.

법률 문제는 일반인이 해결하기 어려운 복잡한 절차와 법적 쟁점을 동반합니다. 분쟁이 발생했을 때는 전문가의 도움을 받는 것이 가장 효과적입니다. 특히 변호사는 해당 사건의 **쟁점과 해결 방안**을 명확히 분석하고, 소송이 필요한지, 합의를 시도할 때 어떻게 접근해야 하는지에 대한 현실적이고 법적인 조언을 제공합니다.

변호사를 활용하는 것은 단순한 비용 문제가 아니라, **시간과 자원을 절약하고 더 큰 손실을 방지하기 위한 투자**입니다. 소송에 들어가는 비용이 많을 수 있지만, 변호사를 통해 적절한 전략을 마련하고 상황을 분석하는 것이 더 큰 손해를 막을 수 있는 중요한 방법입니다. 실제로 분쟁의 초기 단계에서 전문가의 자문을 받지 않으면, 소송 과정에서 예상치 못한 문제가 발생할 수 있으며, 나중에 더 복잡한 소송으로 이어질 수 있습니다.

또한, 변호사는 법적 절차에서 발생할 수 있는 다양한 리스크를 미리 인지하고 이를 방지하는 역할을 하므로, **사전 예방**과 분쟁 해결에서 중요한 역할을 합니다.

이러한 원칙을 바탕으로 분쟁을 다룬다면, 보다 효율적이고 경제적인 해결책을 찾을 수 있을 것입니다. 넷플릭스 드라마 '더 글로리'에서 나오는 대사를 인용하며 본 장을 마칩니다.

"살면서 절대 아끼면 안 되는 돈이 변호사 비용이야."

🔍 영업비밀 분쟁에서 기업들이 많이 겪는 실수들

1. 영업비밀 보호에 대한 체계적 관리 부재

많은 기업이 영업비밀을 보호하는 데 필요한 체계적인 절차를 구축하지 않는 경우가 많습니다. 예를 들어, 중요한 기술 정보나 고객 정보를 비밀로 지정하지 않거나, 이를 직원들에게 명확하게 교육하지 않는 실수를 저지릅니다. **영업비밀은 합리적인 비밀유지 노력**이 필요하다는 법적 요건을 충족해야 보호받을 수 있습니다. 이를 소홀히 하면 영업비밀로 인정받지 못할 수 있습니다.

2. 직원 퇴사 시 비밀유지 서약서 및 비경쟁 약정 미비

많은 기업이 직원이 퇴사할 때 비밀유지 서약서나 경업금지약정서를 작성하지 않거나, 퇴사 이후에도 해당 정보 보호에 대한 명확한 제재 조항을 마련하지 않는 경우가 있습니다. 이는 퇴사한 직원이 경쟁사로 이직할 때 기업의 영업비밀을 유출하는 위험을 높입니다. 이런 계약이 미흡할 경우, 퇴사한 직원이 유출한 정보가 법적 보호를 받지 못할 수 있습니다.

3. 영업비밀과 특허 간의 구분을 모호하게 처리

기업들은 종종 자신들의 기술이 특허로 보호될지, 아니면 영업비밀로 유지되어야 할지에 대해 명확하게 판단하지 못합니다. **특허는 공개되어 법적 보호를 받지만, 공개됨으로써 경쟁자가 이를 복제하거나 개선할 기회를 제공합니다.** 반면, 영업비밀은 공개되지 않지만, 관리가 소홀할 경우 법적 보호를 받기 어렵습니다. 따라서, 기술이나 정보가 특허로 보호될지, 비공개된 채로 영업비밀로 관리될지를 전략적으로 판단해야 합니다.

4. 영업비밀 관련 서류 보관 및 증거 관리 미비

영업비밀 침해 분쟁에서 중요한 것은 **증거**입니다. 기업들은 종종 영업비밀에 대한 증거를 제대로 관리하지 않거나, 정보가 유출되었을 때 어떻게 대응할지에 대한 명확한 프로세스를 마련하지 않는 경우가 많습니다. **원본 증명 제도**나 보안 시스템을 통해 영업비밀을 철저히 관리하고, 이를 침해당했을 경우 즉각 대응할 수 있는 체계를 마련해야 합니다.

5. 기술적 보안 조치 미흡

물리적인 보안뿐만 아니라, 디지털 보안도 영업비밀 보호에서 중요한 요소입니다. 기업들은 종종 네트워크 보안, 암호화, 접근 제한 등 기술적 보안을 강화하지 않아 내부 정보가 외부로 쉽게 유출될 수 있는 위험을 무시합니다. 이는 경쟁사나 해커에 의해 중요한 정보가 쉽게 탈취되는 결과로 이어질 수 있습니다

경업금지약정(non-compete agreement)은 직원이 퇴사 후 일정 기간 동안 경쟁업체에 취업하거나 비슷한 사업을 시작하지 못하도록 제한하는 계약입니다. 이 약정은 회사가 자사의 영업비밀이나 중요한 사업 정보를 보호하기 위해 많이 사용됩니다. 하지만 헌법상 직업선택의 자유(헌법 제15조)는 모든 국민에게 자유롭게 직업을 선택할 권리를 보장하고 있기 때문에, 경업금지약정이 직업 선택의 자유를 제한하는 것이 합리적인지에 대한 논란이 발생합니다. 이에 대한 법원의 판례는 일정한 조건 하에 경업금지약정을 허용하면서도 직업 선택의 자유를 과도하게 침해하지 않도록 균형을 맞추고 있습니다.

1. 경업금지약정의 적법성 판단 기준

대한민국 대법원은 경업금지약정이 직업 선택의 자유를 제한할 수 있으나, 이것이 헌법적으로 허용되기 위해서는 아래와 같은 요건을 충족해야 한다고 판시하고 있습니다.

- **기업의 이익 보호 필요성:** 경업금지약정이 필요한 이유는 **영업비밀 보호**나 회사의 정당한 이익을 지키기 위해서입니다. 경업금지약정이 보호하려는 정보가 **기업의 영업비밀이나 중요한 기술 정보** 등일 경우, 법원은 이 약정의 정당성을 인정할 수 있습니다.
- **직업 선택의 자유에 대한 제한의 최소화:** 경업금지약정은 일정한 범위 내에서만 유효해야 합니다. 즉, 약정의 **지역적 범위**나 **기간**이 과도해서는 안 됩니다. 대법원은 **약정 기간이 지나치게 길거나, 적용되는 지역이 너무 넓어 직업 선택의 자유를 과도하게 침해할 경우** 이를 무효로 판단할 수 있습니다.
- **보상 제공 여부:** 경업금지약정은 **합리적인 보상**이 있을 경우 그 효력이 강화될 수 있습니다. 즉, 퇴직 후 경쟁을 금지하는 대신 일정 금액의 보상을 제공하는 경우, 법원은 그 약정을 더 쉽게 유효로 판단할 수 있습니다.

2. 판례의 입장

대법원은 2007년 판결(2007다24104)에서 경업금지약정이 유효하려면 **과도한 직업 선택의 자유 제한**을 피해야 하며, 경업금지약정의 효력을 인정하기 위한 요소로 **보호받을 가치가 있는 이익의 존재, 근로자의 생활 보장, 경업금지의 지역적·기간적 제한** 등을 종합적으로 판단해야 한다고 판시했습니다.

또한, 경업금지약정이 과도할 경우, 헌법상 보장된 **직업 선택의 자유**가 우선할 수 있다고 보았습니다. 즉, 법원은 경업금지약정이 일방적인 약정이 아니라, 근로자의 자유와 기업의 이익 보호 사이에 적절한 균형을 맞추도록 요구하고 있습니다.

3. 헌법재판소의 입장

헌법재판소도 경업금지약정이 직업 선택의 자유를 침해할 수 있다고 인정하면서도,

기업의 영업비밀 보호를 위한 목적이 정당하고, 제한이 필요한 경우라면 그 제한이 **최소한의 수준**이어야 한다고 보고 있습니다. 즉, 경업금지약정의 정당성은 근로자의 **자유와 기업의 보호 필요성**을 균형 있게 평가하는 것이 중요하다는 것입니다.

경업금지약정은 기업의 영업비밀 보호와 근로자의 직업 선택 자유 사이의 충돌에서 **법적 균형을 요구**합니다. 법원은 경업금지약정이 필요하지만 과도하지 않은 범위 내에서만 유효하다고 판단하며, 이를 위해 **기간, 지역적 제한, 보상** 등을 종합적으로 검토합니다.

제8장

스타트업의 종료

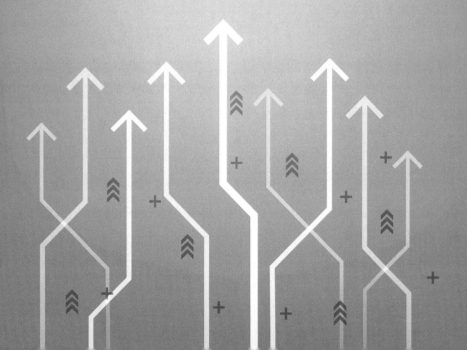

1. 엑시트(Exit)
2. 인수합병(M&A)
3. IPO
4. 스타트업의 실패

스타트업의 마지막 순간은 마치 항해의 끝자락과도 같습니다. 거친 파도를 헤치고 나아가 성공적으로 항구에 도착하는 순간이 있다면, 때로는 폭풍우 속에서 배를 접어야 할 때도 있습니다. 스타트업의 종료는 크게 성공적인 엑시트(Exit)와 비자발적인 폐업으로 나눌 수 있습니다. 이는 비즈니스 여정에서 마주하는 두 가지 다른 문이며, 어느 문을 열든 중요한 것은 그 과정을 어떻게 마무리하느냐에 있습니다.

물론, 스타트업의 끝이 반드시 엑시트와 폐업으로만 한정되는 것은 아닙니다. 피봇(Pivot)을 통해 새로운 방향으로 전환하거나, 합병(Merger), 자립(Sustained Operation) 등을 통해 기업이 지속될 수도 있습니다. 이처럼 스타트업의 종료는 다양한 방식으로 나타날 수 있지만, 성공적이든 아니든 중요한 것은 그 경험을 어떻게 배우고 성장의 기회로 삼느냐입니다.

스타트업의 엑시트는 '끝이자 새로운 시작'이라고 할 수 있습니다. 성공적인 엑시트는 투자자와 창업자에게는 축제와도 같은 순간입니다. 스타트업의 성장은 마치 씨앗이 자라나 열매를 맺는 것과 같지만, 그 열매를 제대로 수확하는 것도 매우 중요합니다. IPO(기업 공개)나 M&A(인수합병)는 엑시트의 두 가지 대표적인 방식으로, 이는 기업의 성장 가능성을 인정받고 창업자가 그 성과를 실현하는 중요한 단계입니다.

하지만 성공적인 엑시트만이 스타트업의 유일한 마지막은 아닙니다. 폐업은 또 다른 종류의 종료 방식입니다. 스타트업이 모든 도전을 극복하지 못할 때, 경영 상황이 더 이상 유지되지 못할 때, 비즈니스를 정리하고 새로운 기회를 찾는 것이 오히려 현명한 선택일 수 있습니다. "문을 닫는다고 해서 여정이 끝나는 것은 아니다."라는 말처럼, 실패는 끝이 아니라 또 다른 배움의 시작일 수 있습니다.

끝맺음에는 항상 여운이 남지만, 중요한 것은 그 과정에서 무엇을 얻었느냐입니다. "노련한 선원은 폭풍 속에서 길을 찾는다."라는 고사처럼, 성공이든 실패든 그 여정을 통해 얻은 경험과 교훈이 더 나은 내일을 만들어 줄 것입니다.

이제 드디어 마지막입니다. 처음 상담실 문을 두드리며 "어떻게 사업을 해야 할까요?"라고 물어보던 대표님의 긴 여정이 마무리될 순간이 왔습니다. 무수한 질문과 고민, 시행착오를 겪으며 끊임없이 나아가던 시간들이 떠오릅니다. 그때의 고민은 이제 더 큰 결단으로 이어져, 엑시트든 폐업이든 그 마지막 장을 써내려가야 할 시점입니다. 하지만 이 끝은 결코 여정의 종착역이 아닙니다. 스타트업의 성공과 실패는 모두 하나의 과정일 뿐, 그 배움과 경험은 대표님이 선택할 또 다른 길을 향한 출발점이 될 것입니다.

매 순간, 물음표로 시작된 그 첫 발걸음이 이제는 확신으로 이어지기를 바라며, 이 마지막 결단이 미래의 성공적인 발판이 되기를 기대합니다.

1. 엑시트(Exit)

엑시트(Exit)는 스타트업 생태계에서 창업자와 투자자 모두에게 중요한 순간을 의미합니다. 창업자에게는 '출구전략', 투자자에게는 '투자 회수'의 기회로, 이는 스타트업이 성공적으로 종료되면서 창업자와 투자자가 그 결실을 수확하는 과정입니다. 엑시트는 창업자가 회사를 더 큰 기업에 넘기거나 주식을 공개하여 자금을 회수하는 과정으로, 스타트업의 성공 여부를 판가름하는 중요한 지표로 사용됩니다.

(1) 엑시트의 종류

엑시트는 주로 두 가지 방식으로 이루어집니다.

- **기업공개**(IPO): 회사가 상장하여 주식을 공개적으로 매매하는 방식입니다. 이를 통해 투자자와 창업자는 지분을 현금화할 수 있으며, 회사는 주식 시장에서 가치를 인정받아 자본을 확충하게 됩니다. 기업공개는 회사가 대규모로 성장하고, 시장에서 명성을 쌓았을 때 가능한 방법입니다. IPO를 통한 엑시트는 특히 창업자에게 경제적 보상을 제공하면서 동시에 회사를 대중에게 공개하는 상징적인 단계입니다.
- **인수합병**(M&A): 다른 회사가 스타트업을 인수하거나 두 기업이 합병하는 방식입니다. 이는 스타트업의 기술력, 시장 점유율, 팀 역량 등을 높게 평가받아 대기업이나 경쟁사가 스타트업을 인수하는 형태입니다. M&A는 엑시트 방법 중 가장 활발하게 이루어지고 있으며, 특히 대기업이 새로운 시장에 진출하거나 기술적 우위를 확보하기 위한 수단으로 자주 선택됩니다.

(2) 엑시트의 중요성

엑시트는 스타트업의 목표이자, 창업자가 회사의 성장 과정을 마무리하고 그 성과를 금전적·비금전적으로 보상받는 순간입니다. 성공적인 엑시트는 투자자에게는 초기 투자에 대한 회수 기회를 제공하고, 창업자에게는 회사 운영의 중책에서 벗어나거나 새로운 도전을 시작할 수 있는 기반을 마련해 줍니다.

회사를 어느 정도까지 키운 후에 적당한 시점에서 엑시트를 고려하는 것은 창업자에게도 중요한 전략적 선택입니다. 회사를 창업하고 키우는 데는 개인적인 열정과 역량이 요구되지만, 일정 규모를 넘어서면 더 많은 자원과 인프라를 갖춘 회사로 인수되어야 더 큰 성장을 도모할 수 있기 때문입니다. 이 과정에서 창업자는 회사를 떠나거나, 인수된 기업의 경영 체제 내에서 새로운 기회를 잡을 수도 있습니다.

(3) 엑시트의 또 다른 측면: 피봇(Pivot)

엑시트가 항상 회사를 떠나는 방식으로 이루어지는 것은 아닙니다. 때로는 창업자가 기존의 사업 모델을 전환하는 **피봇**(Pivot)을 통해 새로운 사업 기회를 모색하기도 합니다. 피봇은 창업자가 기존 제품이나 서비스가 시장에서 제대로 성과를 내지 못할 때, 신속하게 전략을 바꾸어 새로운 시장이나 기술을 도입하는 방식입니다. 이를 통해 회사는 새로운 방향으로 지속적인 성장을 도모할 수 있습니다.

(4) 엑시트의 현실적 고려사항

창업자가 엑시트를 고려할 때에는 회사의 성장 단계, 투자자와의 관계, 시장 상황 등 다양한 요인들을 고려해야 합니다. 적절한 시점에서 회사를 매각하지 않으면, 회사의 가치를 최대한 높이 평가받지 못할 수도 있습니다. 또한, 엑시트 이후 회사 운영에 대한 명확한 계획을 세워야 하며, 새로운 경영진과의 협력 방안도 중요한 이슈가 됩니다.

엑시트는 단순한 종료가 아닌 새로운 시작을 의미합니다. 성공적인 엑시트를 통해 얻은 자본과 경험은 창업자가 또 다른 도전이나 투자 기회를 찾는 데 큰 자산이 됩니다. 이는 스타트업 생태계 내에서 선순환 구조를 만들어내며, 창업자와 투자자 모두에게 지속 가능한 성장 기회를 제공합니다.

엑시트 후 창업자의 역할은 단순히 회사에서 물러나는 것이 아니라, 여러 가지 중요한 역할을 수행하는 것으로 이어집니다. 엑시트 이후에도 창업자는 전략적 자문으로서 회사의 비전을 지속적으로 지도하거나, 새로운 경영진과의 협력을 통해 조직의 안정적인 통합을 돕습니다. 또한, 기업 문화와 브랜드 가치를 유지하는 데 중요한 역할을 하며, 새로운 비즈니스 기회를 탐색하거나 다른 스타트업을 지원하는 등 네트워크 구축에도 기여할 수 있습니다.

엑시트는 종착점이 아니라 새로운 시작입니다. 창업자는 엑시트 후에도 지속적인 리더십과 네트워크로 회사를 더 큰 성공으로 이끌고, 스타트업 생태계에 중요한 역할을 할 수 있습니다.

1. 타이밍의 중요성

엑시트의 성공 여부는 그 타이밍에 달려 있습니다. 창업자는 시장의 상황, 회사의 성장세, 경쟁사의 움직임을 면밀히 분석하여 엑시트 타이밍을 결정해야 합니다. 너무 이르게 엑시트를 시도하면 회사의 성장 잠재력을 충분히 발휘하지 못할 수 있고, 반대로 너무 늦으면 시장의 변화에 따라 기업 가치가 하락할 위험이 있습니다.

2. 창업자의 역할 변화

엑시트 이후에도 창업자는 회사에 남아 경영에 계속 참여하는 경우가 많습니다. 새로운 경영진과의 협업, 회사의 비전 유지, 기존 직원들의 사기 유지는 엑시트 후에도 중요한 과제가 될 수 있습니다. 이때 창업자의 역할은 전통적인 CEO에서 보다 전략적인 조언자로 바뀌기도 하며, 이러한 변화에 대비한 계획이 필요합니다.

3. 글로벌 엑시트 전략

스타트업이 글로벌 시장을 대상으로 엑시트를 고려할 경우, 현지화 전략과 글로벌 진출을 위한 준비가 중요합니다. 예를 들어, 미국과 같은 큰 시장에서 성공적인 엑시트를 이루기 위해서는 현지 법률과 규제, 시장 특성 등을 철저히 이해하고 접근해야 합니다. 이러한 글로벌 확장 전략은 투자자들의 관심을 끌고, 더 큰 엑시트 기회를 열어줄 수 있습니다.

4. 엑시트의 다양화

엑시트는 IPO나 M&A만이 아니라, 경영진 매각(MBO), 사모펀드의 투자(PE Buyout) 등의 방식도 고려할 수 있습니다. 경영진 매각은 회사의 경영진이 지분을 인수하는 방식으로, 기존 경영진이 회사를 지속적으로 성장시킬 수 있다는 점에서 안정적입니다. 또한 사모펀드를 통한 인수는 회사가 추가적인 성장 자본을 확보하여 더 큰 성장을 이룰 수 있는 기회를 제공합니다.

5. 엑시트 이후의 책임

엑시트는 끝이 아니며, 그 이후에도 창업자와 투자자는 중요한 책임을 가집니다. 기업의 지속적인 성장을 도모하기 위해 남은 임직원들과의 관계 유지, 기업 문화의 유지, 고객과의 신뢰 관계를 이어가는 것이 중요합니다. 엑시트가 성공적이더라도 회사가 이후에도 건강하게 성장할 수 있도록 지원하는 것이 필요합니다.

6. 엔젤 투자자와 엑시트

엑시트 전략에서 엔젤 투자자의 역할은 매우 중요합니다. 엔젤 투자자는 창업 초기 단계에 자본을 투자해 스타트업이 성장할 수 있도록 돕는 개인 투자자로, 보통 위험성이 큰 초기 투자에 나섭니다. 엑시트는 엔젤 투자자에게도 본인이 투자한 자금을 회수할 기회이며, 그들은 엑시트를 통해 초기 리스크를 감수한 대가로 큰 수익을 기대할 수 있습니다.

엔젤 투자자와의 관계는 엑시트 전략에서 신중히 관리해야 합니다. 엔젤 투자자는 회사의 운영에 깊게 관여하지 않더라도, 창업자가 엑시트를 추진할 때 그들의 의견을 고려하고 함께 전략을 세우는 것이 중요합니다. 엑시트 시점에서 엔젤 투자자는 IPO, M&A뿐만 아니라 자신의 지분을 다른 투자자나 기업에 매각하는 방식으로 투자 회수를 할 수 있습니다.

7. 엔젤 투자자의 기대와 엑시트 전략

엔젤 투자자는 보통 장기적인 성장을 바라보면서 엑시트를 기대합니다. 그들은 창업자와의 신뢰 관계 속에서 미래의 엑시트 가능성을 보고 투자에 참여하는 경우가 많습니다. 엑시트가 이루어질 때, 엔젤 투자자는 투자금을 회수하고 새로운 스타트업에 다시 투자할 기회를 찾습니다. 이는 스타트업 생태계의 순환적인 자본 흐름을 만들어내며, 창업자에게도 또 다른 기회를 제공합니다.

따라서, 엑시트는 투자자들, 특히 엔젤 투자자들에게 자본 회수의 기회이자 스타트업 생태계에서 새로운 투자 기회를 창출하는 중요한 순간이 됩니다.

성공적인 엑시트 사례로 창업자가 대박을 터뜨린 사례를 소개하겠습니다.

1. **왓츠앱(WhatsApp) 창업자, 얀 쿰과 브라이언 액튼**: 왓츠앱은 2014년에 페이스북에 약 **190억 달러**에 인수되었습니다. 창업자인 얀 쿰과 브라이언 액튼은 왓츠앱을 전 세계에서 가장 인기 있는 메시징 앱으로 키운 후, 엄청난 금액에 엑시트하며 스타트업 역사상 가장 성공적인 인수 중 하나를 기록했습니다.

2. **페이팔(PayPal)과 일론 머스크**: 페이팔 창업자 일론 머스크는 2002년 페이팔을 이베이에 **15억 달러**에 매각하며 성공적으로 엑시트했습니다. 이 자금을 바탕으로 그는 후에 스페이스X와 테슬라를 창업하며 새로운 성공을 이끌어냈습니다.

3. **유튜브(YouTube)의 엑시트**: 유튜브 창업자 채드 헐리, 스티브 첸, 자웨드 카림은 2006년 구글에 약 **16억 5천만 달러**에 유튜브를 매각하면서 성공적인 엑시트를 이루어냈습니다. 창업 후 2년 만에 큰 성과를 거둔 이 인수는 이후 유튜브를 세계 최대의 동영상 플랫폼으로 성장시키는 발판이 되었습니다.

4. **인스타그램(Instagram)**: 케빈 시스트롬과 마이크 크리거가 창업한 인스타그램은 2012년에 **페이스북에 약 10억 달러**에 인수되었습니다. 창업한 지 불과 2년 만에 인스타그램은 사진 공유 플랫폼의 선두주자가 되었으며, 이 인수로 두 창업자는 큰 성공을 거뒀습니다.

5. **짐패스(Gympass)**: 2019년 짐패스는 소프트뱅크 비전 펀드로부터 **3억 달러 투자**를 받아 대규모 엑시트를 했습니다. 짐패스는 피트니스 멤버십 서비스로, 창업자 카밀로 살라즈가 기업 고객을 위한 새로운 운동 방식 제공으로 큰 성공을 이루었습니다.

2. 인수합병(M&A)

인수합병(M&A)은 인수와 합병을 포괄하는 용어로, 기업 간의 지배권 또는 자산을 이전하는 과정을 뜻합니다. M&A는 주식매매, 영업양수도, 합병, 주식의 포괄적 교환으로 나뉘며 각각 고유한 절차와 리스크가 있습니다.

(1) 주식매매

주식매매는 가장 많이 활용되는 M&A 방식으로, 인수자는 목표 기업의 주식을 사들여 지배권을 획득합니다. 주식매매는 주식을 인수함으로써 기업 경영권을 확보하지만, 인수 대상 기업의 우발채무나 기타 법적 리스크가 그대로 승계된다는 점이 주요 위험 요소입니다. 채권자의 동의를 따로 받을 필요가 없다는 장점이 있으며, 비교적 신속하게 인수 절차를 마칠 수 있습니다. 하지만 주식을 사들이는 만큼 피인수기업의 자산뿐만 아니라 부채도 모두 떠안게 된다는 단점이 존재합니다.

(2) 영업양수도

영업양수도는 기업의 특정 사업부문이나 자산을 포함한 영업권을 양수받는 방식입니다. 이는 영업재산의 동일성을 유지하면서 양도받는 형태로, 스타트업의 경우 영업활동과 관련된 권리 전부를 양도받는 것으로 볼 수 있습니다. 영업양수도 방식에서는 주식매매와 달리 부채를 선택적으로 인수할 수 있지만, 고용 승계와 관련된 문제가 발생할 수 있으며, 인허가와 같은 법적 요건을 별도로 충족해야 한다는 점에서 주의가 필요합니다. 특히, 고용관계는 포괄승계가 적용되므로, 기존 근로계약 역시 양수기업으로 이전됩니다. 인허가의 경우에도 영업양수도가 자동으로 승계되지 않으며, 다시 인허가를 받아야 하는 상황이 발생할 수 있습니다.

영업양수도는 부채와 자산의 규모를 협의하여 정할 수 있다는 점에서 주식매매보다 유연하다고 할 수 있으나 그럼에도 영업권을 포괄적으로 승계한다는 측면에서는 기존 기업의 우발채무 등에 대한 리스크가 존재합니다. 그리고 양도인과 양수인 간에는 영업양수도 계약에 따라 영업을 양수도할 의무가 존재합니다. 또한 영업을 양도한 양도인은 10년간 동일한 특별시·광역시·시·군에서 동종업종을 영위하지 못하며,[1] 영업을 양수한 양수인은 기존 기업의 상호를 계속 사용하는 경우 영업으로 인한 제3자에 대한 채무에 대하여 2년간 변제할 책임이 있습니다.[2] 상호 사용에 대하여 변제할 책임을 두는 이유는 제3자의 경우에는 영업양도 사실을 모르는 경우가 대부분이므로, 양수인이 동일 상호를 사용하는 경우에 책임을 지도록 법에서 규정한 것입니다. 단, 이 경우에도 양수인이 등기를 했거나 제3자에게 통지를 한 경우에는 예외가 적용됩니다. 특히, 양수인이 동일한 상호를 계속 사용하다가 예상하지 못한 채무 책임을 지는 경우가 많으니 이 부분은 유의하여야 하고, 양도인의 경우도 동종영업을 못한다는 점은 유의하여야 할 부분입니다.

(3) 합병

합병은 두 개 이상의 회사가 하나로 합쳐져 새로운 회사로 탄생하거나, 한 회사가 다른 회사를 흡수하는 방식입니다. 합병의 방식은 신설합병과 흡수합병으로 나뉘며, 신설합병은 기존 기업들이 소멸하고 완전히 새로운 법인이 설립되는 방식입니다. 반면, 흡수합병은 기존 회사 중 하나가 소멸하고 나머지 회사가 모든 자산과 부채를 승계하게 됩니다. 이 과정에서 합병에 참여하는 주주의 권리를 보호하기 위해 주식매수청구권이 부여될 수 있습니다. 특히, 상장사의 경우 합병과 관련된 주주총회 승인, 주식매수청구권 행사 등 법적 절차를 준수해야 합니다. 주식의 포괄적 교환은 두 회사가 있을 때 한 회사에서 다

---

1   상법 제41조(영업양도인의 경업금지) ① 영업을 양도한 경우에 다른 약정이 없으면 양도인은 10년간 동일한 특별시·광역시·시·군과 인접 특별시·광역시·시·군에서 동종영업을 하지 못한다.

2   상법 제42조(상호를 속용하는 양수인의 책임) ① 영업양수인이 양도인의 상호를 계속 사용하는 경우에는 양도인의 영업으로 인한 제3자의 채권에 대하여 양수인도 변제할 책임이 있다.
   ② 전항의 규정은 양수인이 영업양도를 받은 후 지체없이 양도인의 채무에 대한 책임이 없음을 등기한 때에는 적용하지 아니한다. 양도인과 양수인이 지체없이 제3자에 대하여 그 뜻을 통지한 경우에 그 통지를 받은 제3자에 대하여도 같다.

른 회사의 주식을 100% 전부 인수를 하고 그 대신에 다른 회사의 주주들에게 자신의 신주를 발행해 주는 것을 말합니다. 결론적으로 인수당하는 회사의 주주들은 모회사의 주주가 되는 것이고, 자신이 가지고 있던 주식은 전부 모회사에 넘기는 것이 됩니다.

(4) 주식의 포괄적 교환

주식의 포괄적 교환은 한 기업이 다른 기업의 주식을 100% 취득하고, 그 대가로 피인수기업의 주주에게 신주를 발행하는 방식입니다. 이는 인수기업이 피인수기업의 모든 주식을 인수하는 대신, 피인수기업의 주주들이 인수기업의 주주가 되는 구조입니다. 주식의 포괄적 교환은 주주총회의 특별 결의를 필요로 하며, 반대하는 주주에게는 주식매수청구권이 주어집니다. 주주총회 결의를 통해 인수 절차를 진행해야 하며, 만약 반대 주주가 있을 경우 해당 주주의 주식을 인수기업이 매수해야 합니다.

(5) M&A: 성공적인 결합을 위한 신중한 여정

M&A(인수합병)는 그 범위와 절차가 매우 방대하고 복잡합니다. 이 책에서는 최대한 요점을 간략히 설명하는 데 중점을 두었지만, 더 깊이 있는 내용을 원하는 독자들을 위해 국내에서 이미 다양한 교재와 자료들이 나와 있습니다. 특히, 중소벤처기업부와 한국벤처캐피탈협회에서 운영하는 M&A 거래정보망은 PDF 파일 형태로 상세한 내용을 제공하므로 이를 참고하는 것이 좋습니다.

M&A는 **결혼**과 비슷한 면이 있습니다. 단순히 기업 간의 결합이 아니라, 서로의 장점과 단점을 이해하고, 지속 가능한 관계를 맺을 수 있는지 신중히 검토하는 과정이기 때문이죠. 양해각서(MOU)는 이 과정을 시작하는 약혼서와도 같습니다. MOU는 단순한 의사표시로만 여겨지기도 하지만, 실제로는 법적 책임이 따를 수 있습니다. 가령, 피인

수기업에 대해 독점적 협상권을 부여한 상태에서 타이밍을 놓치면 예상하지 못한 기회를 상실할 수 있기 때문에, 이를 보완하기 위해 위약금이나 손해배상 조항을 추가할 필요가 있습니다.

실사(due diligence)는 M&A 과정에서 반드시 필요한 절차입니다. 결혼 전에 상대방의 신용이나 건강 상태를 확인하는 것처럼, 인수기업은 피인수기업의 재정 상태, 법적 문제, 재무 리스크 등을 면밀히 검토해야 합니다. 이는 인수 후 발생할 수 있는 문제를 미리 파악해 인수기업이 예상치 못한 손실을 입지 않도록 예방하는 데 큰 역할을 합니다. 이 과정은 법률, 재무, 회계 전문가들이 모두 참여하여 다양한 분야에서 검토가 이루어져야 하며, 피인수기업이 제공한 정보의 정확성을 확인하는 데 중점을 둡니다.

실사는 특히 재무 상태와 계약상의 의무, 부채, 법적 리스크 등을 철저히 분석합니다. 예를 들어, 피인수기업이 제공한 재무제표가 실제로 신뢰할 수 있는지 또는 숨겨진 채무가 없는지 등을 파악하는 과정이죠. 만약 이 단계에서 실사가 충분하지 않으면, 인수 후에 예상치 못한 재정적 문제가 발생할 수 있습니다. 따라서 실사 과정은 매우 꼼꼼하게 진행되어야 하며, 이를 통해 인수기업이 피인수기업의 실제 가치를 정확히 파악할 수 있습니다.

M&A는 본질적으로 두 기업 중 하나를 사고파는 과정입니다. 이 과정에서 가장 중요한 것은 적정한 가격을 찾는 것입니다. 가격이 너무 높거나 낮으면 실패로 이어질 수 있지만, 무조건 싸게 사고 비싸게 파는 것이 성공을 보장하지는 않습니다. 다양한 변수를 고려한 정확한 가치 평가가 필요합니다. 이를 위해 철저한 실사가 필수적입니다. 회계 부정이나 숨겨진 부채 등을 발견할 수 있으며, 실사를 통해 인수 후 발생할 수 있는 문제들을 사전에 방지할 수 있습니다. 실사 과정에서 예상치 못한 재무적·법적 리스크를 사전에 파악하는 것이 성공적인 M&A의 핵심입니다.

실사는 특히 재무제표, 부채, 계약의 의무 사항, 법적 리스크 등을 분석하여 기업의 실제 상태를 확인하는 과정입니다. 이를 통해 매수기업은 인수하려는 대상 기업이 제공한 정보가 정확한지, 향후 발생할 수 있는 문제는 없는지 파악할 수 있습니다. 인수 후 예상치 못한 재정적 문제나 법적 책임은 기업에 큰 부담이 될 수 있기 때문에, 실사 과정은 매우 중요합니다. 실사를 생략하거나 불충분하게 진행하면, 예상치 못한 손실로 이어질 수 있습니다.

실사 과정에서 중요한 것은 가격뿐만이 아니라 인수 이후의 리스크를 고려하여 조건을 재조정하거나 추가적인 법적 보호 장치를 마련하는 것입니다. 실사를 통해 드러난 문제를 바탕으로 계약 조건을 조정하거나, 때에 따라서는 거래 자체를 재검토할 수도 있습니다. 이런 신중한 접근이 인수합병의 성공 가능성을 높여줍니다.

이처럼 M&A는 결혼처럼 신중한 계획과 꼼꼼한 실사가 필요하며, 그 과정에서 문제가 발견된다면 계약 조건을 조정하거나 추가적인 법적 장치를 마련하는 것이 중요합니다.

(6) 사례 연구: 카카오와 카닥의 M&A

카카오가 2015년 8월에 인수한 자동차 수리 앱 카닥은 카카오가 자동차 수리와 유지보수 서비스를 통해 기존 운송 교통 서비스 사업을 확장하려는 전략적 판단에서 이루어졌습니다. 카닥은 2012년 다음의 사내 벤처로 시작해 자동차 외장 수리 모바일 마켓 플레이스를 구축하고 서비스를 제공했습니다. 2014년 다음에서 독립 후 '주식회사 카닥'을 설립하며 1년 반 동안 4배 성장했으며, 결국 카카오는 카닥의 지분 53.7%를 95억 원에 인수해 자회사로 편입했습니다.

카닥의 앱은 모바일 플랫폼을 통해 이용자와 자동차 수리 업체들을 연결해 주는 서비스로, 파손 부위를 찍어 올리면 7분 이내에 세 곳 이상의 수리 업체 견적을 제공받을 수 있습니다. 이 앱은 전국의 주요 도시와 자동차 수리 업체들과의 제휴 덕분에 성공적으로 서비스를 제공하며, 누적 거래액 100억 원을 기록했습니다. 카닥은 O2O 서비스로 자동차 애프터마켓에서 혁신을 이루며, 카카오와의 협력을 통해 새로운 성장 동력을 찾았습니다.

카카오는 카카오톡이라는 강력한 유저 베이스와 카닥의 기술을 결합해 시너지를 만들었으며, 양사는 서로의 강점을 잘 활용해 모두에게 성공적인 M&A 사례로 남게 되었습니다. 카닥은 카카오에 인수된 후 더욱 성장했으며, 이는 스타트업이 엑시트를 통해 더 큰 기회를 얻을 수 있음을 보여줍니다.

3. IPO

IPO(Initial Public Offering)란 기업공개를 의미하며, 아직 대중에게 공개되지 않은 기업이 주식시장에 상장하기 위해 주식을 법적인 절차를 통해 불특정 다수의 투자자에게 공개하는 것입니다. 이는 주로 자본을 효율적으로 조달하기 위해 사용되며, 많은 창업자에게는 성공적인 기업 경영의 궁극적인 목표로 여겨집니다. 기업이 IPO를 통해 상장되면 불특정 다수의 투자자로부터 자본을 유치할 수 있고, 이 자본을 바탕으로 기업은 안정적이고 지속 가능한 성장을 도모할 수 있습니다.

IPO 과정이 끝나면 기업은 대중에게 주식을 공개하게 됩니다. 이렇게 되면 누구나 손쉽게 스마트폰으로 그 기업의 주식을 사고팔 수 있게 됩니다. 상장된 기업은 대중과 직접적으로 연결되며, 우리는 그 기업의 성장 과정에 참여할 수 있는 기회를 얻습니다. IPO가 복잡하게 느껴질 수 있지만, 사실 주식 거래를 시작하는 출발점에 불과합니다. 어렵게 생각하지 말고, 일상 속 주식 거래의 기회를 제공하는 과정이라고 보면 됩니다.

IPO는 단순히 자본을 모으는 것뿐만 아니라 기업의 투명성과 신뢰도를 높여주는 중요한 계기가 됩니다. 주식시장에 상장되면 기업의 재무 상태, 경영 실적, 미래 성장 가능성 등이 공개되기 때문에, 기업의 투명성을 높이고 외부 투자자들의 신뢰를 얻는 데 도움이 됩니다. 또한 IPO를 통해 창업자는 자신의 지분을 대중에게 매각하여 대규모 자본을 확보할 수 있고, 주식 부자로 거듭날 수 있습니다. 하지만 IPO 이후에는 기업의 경영권이 분산되고 주주들의 요구를 반영한 의사결정이 필요해지므로 창업자는 더 이상 전적인 경영권을 행사하기 어렵게 될 수도 있습니다.

IPO를 성공적으로 추진하기 위해서는 많은 법적 절차와 사전 준비가 필요합니다. 우리나라에서 IPO를 추진하려면 자본시장과 금융투자업에 관한 법률을 준수해야 하며, 주식시장에서 상장하기 위한 엄격한 절차를 밟아야 합니다. 상장을 위해 증권거래소와 사전 협의를 거치고, 그 후 증권사를 선정하여 상장 예비심사를 청구해야 합니다. 상장 예비심사를 통과하면 금융감독원에 증권신고서를 제출하여 승인을 받아야 하고, 이를 통해 상장 일정이 확정되면 실제 주식시장에서 거래가 시작됩니다.

1) **사전 준비**: 기업은 먼저 상장 준비를 해야 합니다. 이를 위해 재무제표, 법적 문서, 사업 계획 등을 정리하고, 내부 구조를 조정해 기업이 공개될 준비가 되었는지 확인합니다.

2) **증권사 선정**: 기업은 IPO를 주관할 증권사를 선정합니다. 증권사는 기업의 IPO를 진행하고 주식 발행 및 공모가 책정 등에 중요한 역할을 합니다.

3) **상장 예비 심사**: 증권거래소에 상장 신청을 하기 전에 예비 심사를 받습니다. 이는 기업의 재무 상태, 경영 실적, 시장에서의 위치 등을 평가하여 상장 여부를 결정하는 과정입니다.

4) **증권신고서 제출**: 예비 심사를 통과한 후, 기업은 금융감독원에 증권신고서를 제출합니다. 이 서류는 기업의 재무 정보, 경영 전략, 위험 요소 등을 포함하여 투자자들에게 제공될 정보입니다.

5) **공모주 청약**: 증권신고서가 승인되면, 기업은 공모주를 발행합니다. 공모주는 불특정 다수의 투자자에게 제공되며, 투자자들

은 공모주 청약에 참여할 수 있습니다.

6) **상장 승인 및 거래 시작**: 공모 절차가 끝난 후 증권거래소에서 상장 승인을 받게 되면, 상장일이 확정되고 주식시장에서 거래가 시작됩니다.

▶ **IPO절차**[3]

3   신한투자증권 홈페이지 참조 (https://www.shinhansec.com/siw/ib/ecm/ib_ecm_ipo_tab1_2/contents.do).

IPO는 스타트업에게 매우 높은 진입장벽을 제공하는데, 그 이유는 여러 가지가 있습니다. 우선 IPO를 진행하기 위해서는 기업이 엄격한 재무 실사와 회계 검증을 통과해야 하며, 법적 규제를 충족시켜야 합니다. 이 과정에서 기업의 투명성을 입증해야 하고, 일정한 수익성 및 안정된 비즈니스 모델을 보유하고 있어야 합니다. 또한, IPO 과정에서 발생하는 비용 부담이 상당히 크며, 상장 이후에도 지속적인 공시와 주주 관리 의무가 부여되기 때문에 불확실성이 높은 스타트업에게는 부담이 클 수 있습니다. 이러한 이유들로 인해 많은 스타트업들은 IPO 대신 M&A나 ICO와 같은 대안적인 자본 조달 방법을 선호하게 됩니다.

이런 이유로 많은 스타트업들은 IPO 대신 앞에서 설명한 인수합병(M&A)이나 ICO(Initial Coin Offering)와 같은 대안적 방법을 선택하고 있습니다. 최근 가장 성공적인 스타트업 사례로 꼽히는 카카오는 전통적인 IPO 방식을 택하지 않고, 기존 상장사였던 다음과의 합병을 통해 **우회 상장**[4]하는 방법을 택했습니다. 이는 기업가치를 안정적으로 평가받고 빠르게 성장할 수 있는 방법을 선택한 것으로 평가됩니다.[5]

현대 스타트업들은 전통적인 IPO를 통한 자본 유치 대신, 대기업과의 협업을 통한 M&A나 ICO와 같은 방법을 선택하여 더 빠르게 성장하려는 경향이 있습니다. IPO가 예전만큼 모든 스타트업의 목표가 되고 있지는 않지만, IPO는 여전히 성공적인 자본 조달 및 기업 성장의 중요한 기회로 남아 있습니다. 기업이 대중과 연결되고, 더 큰 자본을 통해 확장할 수 있는 기회를 제공한다는 점에서 그 존재감을 결코 무시할 수 없는 중요한 성공 전략인 것입니다.

---

4 우회상장(Backdoor Listing)은 기존에 상장된 회사와 비상장회사가 합병하여 상장을 우회하는 방식입니다. 비상장회사는 IPO(기업공개)를 거치지 않고, 상장 절차를 간소화할 수 있습니다. 상장된 기업의 껍데기만 남은 상태에서 비상장기업이 인수하거나 합병하는 형태로 이루어지며, 이 과정에서 상장 비용과 시간을 절약할 수 있습니다. 그러나 우회상장은 자본 구조나 기업 운영에 대한 투명성 문제가 발생할 수 있어 신중한 검토가 필요합니다.

5 장원석, "카카오는 왜 직접상장을 포기하고 우회상장을 택했을까", 2014. 5. 27, 미디어펜 (https://mediapen.com/news/view/34884).

우리가 뿌린 모든 씨앗이 성공적으로 자라는 것은 아닙니다. 토양이 좋지 않거나 농부의 손길이 부족할 때, 스타트업도 성장하지 못하고 실패할 수 있습니다. 마찬가지로, 모든 스타트업이 엑시트를 통해 성공으로 나아가길 기대하지만, 현실은 대부분의 스타트업이 실패를 경험합니다. 실패는 사업의 과정에서 피할 수 없는 부분이며, 이를 통해 우리는 더 나은 성장을 위한 교훈을 얻습니다. 스타트업이 실패하거나 폐업을 맞이하는 것은 끝이 아니라, 다음 도전을 위한 발판이 될 수 있습니다.

실패는 대부분의 기업들이 맞닥뜨리는 현실이며, 특히 우리나라에서는 스타트업의 실패율이 상대적으로 더 높은 편입니다. 따라서 스타트업을 시작할 때, 실패 가능성을 염두에 두고 철저히 준비하는 것이 중요합니다. 실패를 경험하더라도 좌절하지 않고, 그 과정을 통해 배운 교훈을 바탕으로 다시 도전할 수 있는 정신적 무장이 필요합니다. 실패는 끝이 아닌 새로운 시작의 발판이 될 수 있습니다.

(1) 폐업신고

스타트업이 실패했을 때는 사업을 무리하게 지속하기보다는 적절한 시기에 정리하는 것이 중요한 전략입니다. 사업을 그만두기 위해서는 **폐업신고**가 필요합니다. 폐업신고는 개인사업자나 법인사업자가 더 이상 수익 활동을 하지 않겠다는 의사를 공식적으로 국세청에 알리는 절차입니다. 즉, 사업자가 사업을 종료하고 세무서에 이를 보고하는 과정으로, 국세청에서 사업체의 소득 및 부가가치세 등의 납세 의무를 정리하는 데 중요한 역할을 합니다. 폐업신고가 완료되면 해당 사업자는 더 이상 세금 신고 의무를 지지 않으며, 이를 통해 사업의 종료를 법적으로 확정하게 됩니다.

개인사업자는 국세청홈택스(www.hometax.go.kr)를 통해 온라인으로 간편하게 폐업신고를 할 수 있습니다. 필요한 서류를 준비하고, 신고서를 작성한 후 제출하면 됩니다. 사업장 주소, 사업자등록번호, 거래 내역 등 필요한 정보를 미리 준비해 두면 빠른 처리가 가능합니다. 법인은 **법인해산 및 청산 절차**를 거쳐야 합니다. 법인의 경우, 법인세 신고와 장부 정리가 중요한데, 이때 전문가의 도움을 받는 것이 여러모로 유리합니다. **개인사업자**는 폐업신고 후 부가가치세와 종합소득세를 정리하고, 4대보험 상실 신고도 진행해야 합니다. **법인사업자**는 폐업신고뿐만 아니라 법인해산과 청산절차를 따로 진행해야 하며, 이 과정에서 복잡한 절차와 규정을 지키지 않으면 큰 재정적 손해를 입을 수 있습니다. 특히, 폐업신고 후에도 사업 관련 법적, 재정적 문제들이 발생할 수 있기 때문에 폐업과 관련된 절차는 신중하게 진행되어야 합니다.

▶ 국세청홈택스를 통한 온라인 폐업신고

(2) 회생절차

회생절차란 회사가 손실이 누적되어 파산의 위기에 직면해 있을 때 이자를 낮춰주거나 채무의 상환일을 늦춰주는 등의 조치를 취해준다면 회생할 가능성이 있는 경우에 채권자, 주주, 이해관계인의 이해를 조정하는 것으로 "채무자 회생 및 파산에 관한 법률"에 의해 규율되는 절차입니다.[6] 즉, 회사가 현재 어려운 상황에 처해 있지만, 일정한 지원을 받는다면 다시 회생할 가능성이 있을 때 이 절차를 통해 지원을 받는 것입니다. 회생절차는 기업이 완전히 사라지지 않도록 보호하고, 사회와 이해관계자에게 발생할 수 있는 손해를 줄이는 데 목적이 있습니다. 개인사업자와 법인사업자 모두 회생절차를 신청할 수 있으며, 이는 기업의 생존 가능성을 높이고 경제적 손실을 최소화하려는 것입니다.

법원이 주관하는 이 절차를 통해 기업은 10년 동안 채무를 분할 상환할 수 있는 혜택을 누리게 됩니다. 이자 지급 시기도 연기되며, 채권 추심과 가압류의 압박에서 벗어날 수 있습니다. 특히, 회생절차는 기존 경영진이 계속해서 회사를 운영할 기회를 제공하기도 합니다. 경영진의 능력과 경험이 필요하다고 판단되면 그들이 계속해서 경영을 맡아 진행할 수 있습니다. 이를 통해 기업은 실직 방지와 세금 납부 연기 등의 추가 혜택도 받을 수 있습니다. 회생절차는 단순히 기업을 살리는 것 이상의 의미를 가지고 있으며, 파산을 방지하고 사회적 손실을 최소화하는 데 중점을 둡니다.

그러나 많은 경영자는 회생절차를 피하려는 경향이 있습니다. 이는 회생절차에 대한 부정적인 인식이나 경영권 상실에 대한 두려움 때문일 수 있습니다. 그러나 회생절차를 필요한 시기에 제대로 활용하지 않으면 기업은 더 큰 위기에 빠질 수 있습니다. 특히, 사업이 더 이상 정상적으로 운영되지 않는 상태에서 적절한 법적 보호를 받지 않으면,

---

6 정용근, 고급회계, 경문사, 2005, p.429.

이후 기업가치 평가에서도 큰 손실을 입을 수 있습니다. 비용에 대한 부담이 있는 경우, 30억 원 이하의 소액 영업소득자라면 간이 회생절차를 통해 절차를 간소화할 수 있습니다. 적절한 시기에 법원의 감독 하에 회생절차를 밟는다면 사업을 구할 기회가 생기고, 재기의 발판을 마련할 수도 있습니다.

회생절차는 회생 가능성이 있는 기업에게 재기의 기회를 주지만, 파산은 그와 반대로 모든 자산을 청산하고 기업을 해산하는 절차입니다. 파산은 회생이 불가능할 때 선택하는 마지막 수단입니다. 회생은 기업의 지속적인 운영을 목표로 하며, 이를 통해 회사는 다시 정상적으로 돌아갈 기회를 얻게 됩니다. 반면, 파산은 기업의 종결을 의미하며, 이는 채권자들에게 자산을 분배하고 기업을 해산하는 과정으로 이어집니다. 회생은 기업과 사회 모두에게 긍정적인 기회를 제공하지만, 파산은 더 이상 회생할 수 없는 상황에서 최후의 선택이 됩니다.

회생절차는 단지 파산을 막는 수단이 아니라, 스타트업의 생존 가능성을 높이는 중요한 전략적 도구로 활용될 수 있습니다. 이를 통해 사업은 재정비되고, 중요한 이해관계자들과의 신뢰를 회복하며, 새로운 투자 기회를 얻을 가능성도 생깁니다. 따라서 경영자는 회생을 마지막에 어쩔 수 없이 찾는 절차로 생각하지 말고, 상황에 따라 필요한 전략적 선택지로 고려해야 합니다. 스타트업이 성장과 확장을 목표로 할 때처럼, 위기 상황에서는 적절한 법적 보호를 통해 새로운 기회를 모색하는 것이 중요합니다.

(3) 파산 절차

기업이 회생절차를 밟기 어려운 경우, 결국 마지막으로 선택할 수 있는 절차는 파산입니다. **파산**은 기업이 재정적으로 회복 불가능한 상태에 도달했을 때 선택하는 법적 절차로, 채무를 더 이상 변제할 수 없을 때 법인 재산을 모두 현금화하여 채권자들에게 우선순위에 따라 채무를 변제하는 것을 말합니다. 파산 절차의 목적은 단순히 기업의 종결이 아니라, 채권자들이 일정 부분이라도 채권을 회수할 수 있도록 돕고, 법인 대표가 기존 채무를 정리한 후 새로운 출발을 할 수 있도록 지원하는 데 있습니다. 이러한 절차는 실패한 기업가에게도 다시 시작할 기회를 제공하고, 채권자에게도 일정한 보상을 제공하려는 법적 보호 장치입니다.

법원은 파산 신청이 접수되면, 직권으로 조사를 통해 기각 사유가 있는지 검토합니다. 만약 기각 사유(채무자 회생 및 파산에 관한 법률 제309조)가 없다면, 파산원인이 존재한다고 인정될 때 파산 선고 결정을 내리게 됩니다. 파산 선고의 요건은 몇 가지로 나눌 수 있습니다. ① 파산의 원인이 되는 사실이 존재해야 하고, ② 채무자가 파산 능력이 있으며, ③ 파산을 막는 장애가 없어야 하며, ④ 적법한 파산 신청이 있어야 합니다. 이 요건을 모두 충족하면 법원은 파산 선고를 내립니다.

파산 선고가 이루어지면, 채무자는 법적으로 파산자로 간주되며, 자신의 재산에 대한 관리와 처분권을 상실하게 됩니다. 그 결과, 파산재단이 성립되어 채무자의 모든 재산은 파산재단에 속하게 되고, 채권자들은 파산자에 대해 개별적으로 권리를 행사할 수 없으며, 파산 절차에 참가해야만 권리를 주장할 수 있습니다. 이때, 법원은 파산관재인을 선임하여 파산재단에 속하는 재산에 대한 관리와 처분권을 파산관재인이 대신 행사합니다. 법원은 파산 선고와 동시에 파산관재인을 임명하고, 주요 사항을 공고하며, 알려진 채권자, 채무자 및 파산재단에 속하는 재산의 소유자에게 별도의 통보를 합니다.

파산 절차가 완료되면 모든 채무는 탕감되고, 파산자는 경제 활동에 제약 없이 새로운 시작을 할 수 있게 됩니다. 또한, 파산과 관련된 형사적 책임에서도 벗어나게 되며, 파산 절차가 종료된 이후 새롭게 사업을 시작할 수도 있습니다. 물론 파산 절차를 밟으면 채권자들이 손해를 입을 수 있기 때문에 도의적 책임을 고려해 채무를 갚는 것이 바람직하지만, 상황이 너무 어렵다면 법에서 규정하는 파산 절차를 통해 새로운 출발을 고려할 수 있습니다. 파산이 끝은 아닙니다. 법적 절차를 적절히 활용하면 다시 한 번 인생을 새롭게 시작할 기회가 주어지기 때문입니다. 헨리 포드 역시 두 번의 파산을 겪고 나서야 포드 자동차 회사를 성공적으로 세울 수 있었습니다. 만약 그가 파산을 두려워했다면, 오늘날 자동차 산업을 혁신한 기업가로 기억되지 않았을 것입니다. 미국의 도널드 트럼프 전 대통령 역시 네 차례나 기업 파산을 경험했지만, 결국 그의 기업들은 다시 회생하여 성공적인 비즈니스를 이어갔습니다. 실패는 그저 과정일 뿐, 성공으로 가는 길 위에 놓인 돌다리일 수 있습니다.

파산 절차는 많은 사람들에게 두려움의 대상일 수 있지만, 파산을 통해 부채를 정리하고 새로운 출발을 할 수 있는 기회를 얻을 수 있습니다. 이는 실패를 딛고 다시 일어설 수 있는 제도적 기반을 마련해주는 중요한 과정입니다. 따라서 파산 절차는 실패한 사업의 종결이 아니라, 재기를 위한 법적 도구로서 새로운 시작을 준비하는 중요한 기회가 될 수 있습니다. 경제적으로 감당하기 어려운 상황에 처했을 때, 과감하게 파산 절차를 고려하는 것이 스스로와 주변을 위한 새로운 길을 열 수 있는 중요한 선택이 될 수 있습니다.

제 9 장

책을 마치며

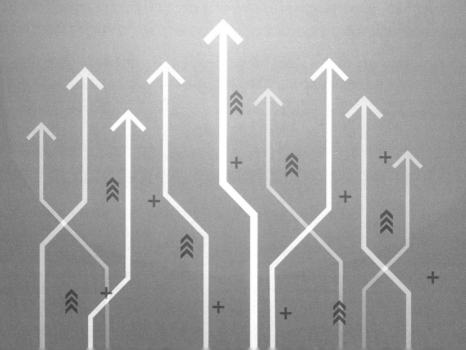

제9장
책을 마치며

스타트업의 여정은 한 알의 **씨앗**에서 시작됩니다. 창업의 아이디어가 바로 그 씨앗입니다. 씨앗이 싹을 틔우고 자라려면 적절한 환경이 필요한 것처럼, 스타트업도 성공하기 위해서는 알맞은 환경과 철저한 준비가 필수적입니다. 회사의 형태, 즉 개인사업자로 할지 법인으로 할지를 결정하는 것은 마치 씨앗을 심을 **화분**을 고르는 것과 같습니다. 화분이 적절해야 씨앗이 건강하게 자랄 수 있는 법입니다. 화분이 너무 작으면 나무가 자랄 공간이 부족하고, 너무 크면 영양분을 제대로 흡수하지 못할 수 있듯이, 사업의 구조와 규모 역시 신중하게 결정해야 합니다.

사업을 함께할 동료는 마치 공동 경작자, 즉 함께 농사를 짓는 **농부**와 같습니다. 서로 신뢰하고 협력하지 않으면 아무리 좋은 씨앗이라도 열매를 맺기 어렵습니다. 유비, 관우, 장비가 전장에서 함께 싸우며 신뢰를 쌓아 성공을 이룬 것처럼, 동업자 역시 스타트업 성공의 중요한 열쇠입니다. 서로의 역량을 믿고 함께 나아가야만 그 여정에서 성공을 거둘 수 있습니다. 또한, 나를 믿고 따르는 직원들은 농사를 비옥하게 하는 **토양**과도 같아서, 그들의 헌신과 노력이 없다면 사업은 뿌리를 내리지 못하고 성장할 수 없습니다.

저는 변호사로서 창업과 폐업에 이르기까지 수많은 상담을 해왔습니다. 그 과정에서 사업이 어려움을 겪기도 하지만, 성공적으로 엑시트를 이루어 달콤한 **열매**를 맺는 사례를 많이 보아왔습니다. 스타트업의 성공은 단순한 재정적 보상 이상의 의미가 있으며, 그 과정에서 느끼는 보람은 무엇과도 비교할 수 없습니다. 독자 여러분도 스타트업이라는 씨앗을 심고, 그 달콤한 과실을 맛보길 진심으로 바랍니다.

물론 스타트업은 가뭄이나 폭풍우 같은 여러 역경을 만나기도 합니다. 때로는 씨앗이 제대로 자라지 못하거나, 예상치 못한 문제로 인해 나무가 뿌리를 내리지 못할 때도 있습니다. 그러나 중요한 것은, 씨앗을 심지 않으면 열매를 맺을 기회조차 없다는 점입니다. 세계적으로 유명한 성공한 기업가들 역시 실패를 딛고 일어선 사례가 많습니다. 월트 디즈니는 여러 차례 사업 실패를 겪었고, 애플의 창립자 스티브 잡스 역시 한때 자신이 만든 회사에서 쫓겨났습니다. 그러나 이들은 좌절하지 않고 다시 시작해 결국 놀라운 성공을 이루어냈습니다.

우리나라의 산업 구조가 대기업 중심이라는 지적이 있지만, 최근에는 정부와 지방자치단체, 대기업에서 스타트업 지원 사업을 활발히 펼치고 있습니다. 초기 자본이 부족하더라도 다양한 지원 프로그램을 통해 스타트업을 시작할 기회는 열려 있습니다. 설령 실패하더라도, **살아 있는 한** 다시 일어설 수 있는 여러 방법들이 존재합니다.

스타트업 창업자들이 이 책을 통해 법률적인 고민을 덜고 창업에 더욱 집중할 수 있기를 바랍니다. 마치 농부가 토양을 준비하고 날씨를 예측하여 씨앗을 심듯이, 창업자들도 철저한 준비와 계획을 통해 성공의 가능성을 높일 수 있습니다. 실패는 그저 성공으로 가는 과정일 뿐입니다. 그 과정에서 중요한 것은 동료와의 협력, 직원들의 노력, 그리고 창업자의 끈기입니다.

마지막으로, 이 책이 스타트업이라는 씨앗을 심고 키우려는 여러분에게 작은 도움이 되기를 바랍니다. 그리고 그 씨앗이 튼튼한 나무로 자라나 풍성한 열매를 맺는 날이 오기를 진심으로 기원합니다. 스타트업을 통한 여러분의 열정과 노력이 반드시 값진 결실로 이어지기를 바랍니다.

이 책의 마지막 장을 쓰면서 지난 여정을 돌아봅니다.

처음 김민규 변호사님과 "장사하는 법, 쓰자!"고 결심했던 날이 떠오릅니다. 창업이라는 두렵고도 설레는 길을 걷고자 하는 분들에게 실질적이고 구체적인 도움을 드리고자 했던 마음이 가장 컸습니다. 창업은 단순히 좋은 아이디어에서 시작되지만, 그 아이디어를 현실로 바꾸고 수익을 창출하기까지는 수많은 도전과 난관이 기다리고 있습니다. 이 책은 그 과정을 헤쳐 나가기 위한 철저한 준비와 올바른 선택이 얼마나 중요한지, 그리고 스타트업의 성공과 실패를 가르는 분기점이 무엇인지 담아내기 위해 노력한 결과물입니다.

첫 장에서는 창업의 이유에 대해 고민해 보았습니다. 반복적인 직장 생활에서 벗어나고자 하는 갈망, 창의적인 아이디어를 실현하려는 열망, 그리고 자신만의 방식으로 성공하고자 하는 꿈. 이처럼 창업을 결심하는 이유는 다양하지만, 대부분의 스타트업이 실패한다는 냉혹한 현실 또한 외면할 수 없는 사실입니다. 그럼에도 불구하고, '린 스타트업'이라는 현실적 접근법을 통해 작게 시작해 큰 성과를 이루는 방법을 함께 모색했습니다.

이어지는 장에서는 사업의 형태를 결정하고 자본금을 마련하며, 동료와 직원을 모으는 구체적인 방법에 대해 다뤘습니다. 특히, 계약서 작성의 중요성과 올바른 사무실 선택 등 창업 초기의 실질적인 문제를 해결하기 위한 구체적인 팁들을 적어보았습니다. 이 과정에서 '씨앗'과 '화분'의 비유를 사용했습니다. 좋은 아이디어라는 씨앗이 잘 자라기 위해서는 적절한 사업 형태라는 화분이 필요하며, 그 화분을 어떻게 준비하고 관리하느냐에 따라 성공 여부가 결정될 수밖에 없습니다.

책의 후반부에서는 분쟁 해결 방법과 엑시트 전략, 실패와 재기의 중요성에 대해 이야기했습니다. 사업은 단순히 시작하는 것에 그치지 않고, 지속 가능성과 성장 가능성을 유지하며 궁극적으로 성공적인 마무리를 이루는 것이 목표입니다. 물론, 엑시트만이 정답은 아닙니다. 실패를 통해 배우고, 이를 바탕으로 새로운 도전을 준비하는 과정도 창업 여정에서 중요한 부분입니다.

이 모든 내용을 담아내기 위해 제 경험과 기억을 떠올리고, 다양한 사례를 조사하며, 법률과 경영 전략을 정리했습니다. 이 책이 단순히 한 번 읽고 치워버리는 인테리어 소품이 아니라, 독자 여러분이 현실적인 도움을 받을 수 있는 지침서가 되기를 희망합니다.

사랑하는 가족들이 없었다면 이 책이 세상에 나올 수 없었을 것입니다. 지면을 빌어 늘 묵묵히 응원해준 아내와 두 아들, 언제나 따뜻한 조언을 아끼지 않으신 어머니와 동생, 장인어른과 장모님께 깊은 감사를 드립니다. 언제나 든든한 버팀목이 되어주시는 김민규 변호사님은 물론, 이 책이 출간되기까지 지원과 노력을 아끼지 않으신 박영사 장유나 차장님, 정연환 과장님께도 진심으로 감사드립니다.

이제 여러분은 한 사람의 창업가로서, 혹은 장사꾼으로서 첫걸음을 내딛을 준비가 되셨습니다. 작은 씨앗을 심고, 정성을 다해 물을 주고, 햇볕을 쬐며, 때로는 가지를 치는 노력을 통해 여러분의 씨앗은 결국 튼튼한 나무로 성장할 것입니다. 그 나무가 풍성한 열매를 맺고, 여러분의 손길이 세상을 더 나은 방향으로 바꾸는 데 기여하길 진심으로 바랍니다.

그리고 언젠가 여러분이 유니콘 기업으로 성장하는 날, 꼭 연락주세요. 여러분의 성공 이야기를 들으며, 이 책이 여러분의 여정에 조금이나마 힘이 되었던 한 구절로 남을 수 있다면 그것만으로도 큰 기쁨이 될 것입니다.

여러분의 도전과 성공을 진심으로 응원하며, 이 책의 마침표를 찍습니다.

2024년 12월
이상훈 드림

저자 약력

김민규

부산에서 유년 시절을 보내고 서울에서 대학에서는 인문학을 전공하였고, 해병대 중위 전역 후 법학전문대학원을 졸업하면서 변호사 자격증을 취득하여 서울 삼성동 소재 작은 법률사무소에서 현재까지 기업 인수합병, 부정경쟁방지법 사건 등 스타트업을 포함한 기업 사건 전반과 형사 사건 위주로 고객의 어려움을 해결하고 있습니다.

이상훈

부산에서 나고 자라 법학을 전공하고, 상경하여 법학전문대학원을 졸업했습니다. 변호사 자격이 생긴 이래로, 법학전문 석사, 형법으로 법학박사 과정과 금융디지털전문가 과정을 수료했습니다. 작은 로펌과 사무실에서 송무와 재판을 했고, 금융회사와 핀테크 회사, 국회에서도 일했습니다. 지금은 어느 회사의 준법감시인으로서 내부통제와 법무 전반을 살피고 있습니다.

스타트업 스타트

초판발행	2025년 1월 10일
지은이	김민규·이상훈
펴낸이	안종만·안상준
편 집	장유나
기획/마케팅	정연환
표지디자인	BEN STORY
제 작	고철민·김원표
펴낸곳	(주)**박영사**
	서울특별시 금천구 가산디지털2로 53, 210호(가산동, 한라시그마밸리)
	등록 1959.3.11. 제300−1959−1호(倫)
전 화	02)733−6771
f a x	02)736−4818
e-mail	pys@pybook.co.kr
homepage	www.pybook.co.kr
ISBN	979−11−303−4833−9 93360

copyright©김민규·이상훈, 2025, Printed in Korea

* 파본은 구입하신 곳에서 교환해 드립니다. 본서의 무단복제행위를 금합니다.

정 가	20,000원